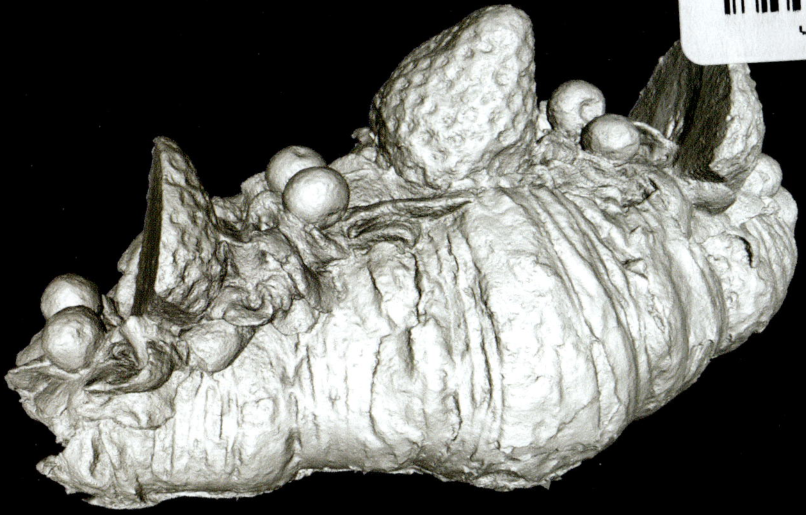

리얼리티 캡쳐(Reality Capture)를 이용한
포토 스캔 시작하기

진성민 저

VIELBooks
비엘북스

2022년 11월 15일 1판 1쇄 인쇄
2022년 11월 25일 1판 1쇄 발행

지은이 진성민
펴낸이 김종원
펴낸곳 비엘북스

주소 경기도 고양시 일산동구 백석동 1335 624호 비엘북스
전화 070-7613-3606
팩스 02-6455-3606
등록 2009년 5월 14일 제 313-2009-107호
출판사 홈페이지 http://www.vielbooks.com
저자 문의 3dpotsm@naver.com
도서 문의 vielbooks@vielbooks.com

ISBN 979-11-86573-59-4(13000)
정가 29,000원

이 책을 만든 사람들
기획·진행 비엘플래너스
교정·교열 비엘플래너스
편집디자인 CVDESIGN

Copyright © 2022 by 진성민. All Rights Reserved.
First edition Printed 2022. Printed in Korea.

이 책의 어느 부분도 저작권자나 비엘북스 발행인의 승인 문서 없이 일부 또는 전부를 사진 복사나 디스크 복사 및 기타 정보 재생 시스템을 비롯하여 현재 알려지거나 향후 발명될 어떤 전기적, 기계적 또는 다른 수단을 통해 복사, 재생하거나 이용할 수 없음.

저자의 말

매번 새로운 3D 기술이 등장하지만 시간이 지나면 또 다른 신기술에 잊혀지곤 합니다. 포토스캔 기술도 사라지는 기술이 될 것인지 궁금했지만, 이 책을 마무리하면서 그런 걱정은 하지 않아도 될 것 같은 확신이 생겼습니다.

포토스캔은 게임 제작뿐 아니라 3D를 사용하는 영상, 건축, 역사, 교육 등 다양한 분야에서 활용할 수 있습니다. 제가 담당하는 3D 게임배경 제작 분야에는 캐주얼한 스타일과 현실과 비슷한 스타일, 이렇게 크게 2가지로 구분됩니다. 사실적인 스타일의 제품을 만들려면 현실의 물체를 이해하고 그것을 구현해야 하는데 이를 일일이 제작하는 것은 엄청난 시간과 인력이 필요하게 됩니다. 이러한 어려움은 현실의 공간 자체를 그대로 3D로 가져올 수 있는 포토스캔 기술로 상당히 해소될 수 있어서 앞으로는 보다 사실적이고 실감나는 3D 현실을 체험할 수 있게 될 것입니다.

이 책에는 제가 그동안 다양한 시행착오를 겪으며 알아낸 포토스캔 제작 경험을 모았고, 누구나 알기 쉽게 포토스캔을 배워볼 수 있는 따라하기 예제들로 준비했습니다. 포토스캔을 처음 접했을 때 사진에서 3D로 변환되는 과정이 너무나 신기했습니다. 독자분들도 예제를 따라하면서 현실의 사진이미지들이 3D 모델로 변화되는 과정을 경험해 보셨으면 좋겠습니다. 이 책을 통해서 서로 함께 정보를 나누며 성장하는 관계로 이어지길 기대합니다.

업계에 들어오기 전부터 저에게 많은 가르침과 방향을 제시해주신 라이언하트의 김우상님, 항상 조용히 지원해 주시는 크래프톤의 백경훈님, 학생 때부터 도와주신 서강대 게임&평생교육원 도준석 교수님, 매번 조언을 아껴주지 않으시는 엔픽셀 석지웅님께 감사의 말씀을 드립니다. 또한, 바다건너 일면식이 없음에도 기꺼이 추천사를 써주신 큐슈대학교 Yuichi Kano 교수님께도 감사의 말씀을 전합니다. 지금의 제가 일어설 수 있도록 도움을 주신 많은 동료와 지인 3D 아티스트분들께도 감사드립니다.

마지막으로 항상 곁에서 도와주시고 사랑을 주신 어머니, 아버지 그리고 사랑하는 동생 정훈이에게도 감사하다는 말씀을 전하고 싶습니다.

2022년 11월
진성민

추천의 말

3D 포토스캔 기술은 짧은 시간에 많은 발전을 이루어 왔으며 활용도 또한 점차 영역을 넓혀가고 있습니다. 현재까지의 발전 속도를 미루어 보아 앞으로 쉽고 빠르게 퀄리티 있는 3D 결과물을 얻으려면 3D 포토스캔 지식이 필수가 될 것 같습니다. 따라서 관련 지식들을 미리 공부해 보고 경험해 보는 것은 향후 3D 관련 업무를 하시는 분들에게도 매우 큰 도움이 될 것이라 생각합니다. 이 책에는 필자가 겪었던 다양한 시행착오들을 어떻게 극복하고 해결했는지, 그리고 제작된 리소스를 어떻게 활용할지에 대한 노하우들이 친절하게 설명되어 있어서 3D 포토스캔을 시작하는 분들에게 아주 훌륭한 이정표 역할을 할 수 있을 것입니다. 관련 서적이 거의 전무한 국내 상황에서 3D 포토스캔 입문서를 찾고 계시는 분들께 이 책을 추천드리며, 산업 전반에 다양한 방식으로 포토스캔을 활용하는 분들이 많아지길 기대합니다.

백경훈 | PUBG New State Art Director

그동안 많은 아티스트들은 현실의 오브젝트를 3D 가상 공간에서 표현해 왔습니다. 스캔 기술은 많은 고민의 집약체 중 하나이며, 이 책을 통하여 여러 스캔의 방식과 후처리 작업에 대한 이론적, 경험적인 과정을 엿볼 수 있습니다. 쉽지 않은 내용을 친절하게 책으로 집필해 준 저자 진성민 님에게 박수를 보냅니다.

석지웅 | 엔픽셀 크로노오디세이 3D 배경 파트장

이 책은 막연히 낯선 기술로만 이해하고 있던 포토스캔 기술을 가볍게 시작해볼 수 있는 입문서입니다. 사진 소스를 효과적으로 스캔하고 가공하는 방법에 대해서 간접적으로 배울 수 있으며, 그것을 실무적으로 해석하는 과정도 도움을 줍니다. 저자의 실패와 성공 사례들을 참고하면서 예제를 하나씩 따라하다 보면, 포토스캔이 새로운 시선으로 3D 퀄리티를 올려주는 도구가 될 것입니다.

김우상 | 라이언하트 오딘 레벨디자이너

최근 AAA급 블록버스터 게임과 영화들에서 포토스캔을 이용한 고퀄리티 콘텐츠들이 사용되고 있습니다. 대표적으로 세계 최대 규모의 포토스캔 라이브러리를 제공하는 퀵셀의 메가스캔은 3D 스캐닝과 텍스처, 자동화 소프트웨어를 통한 기술로 게임과 영화 산업에서 현실과 같은 하이퀄리티 3D콘텐츠 제작에 많은 도움을 주고 있습니다. 이 책은 이러한 포토스캔 기술의 기본개념부터 촬영, 소프트웨어 사용, 후처리 방법 등까지 포토스캔의 프로세스를 체계적으로 설명하고 있습니다. 그리고 다양한 예제를 통해 실무자의 값진 노하우를 전달받을 수 있는 책입니다. 포토스캔의 저변 확대를 위해 집필된 이 책은 포토스캔을 시작하려는 많은 분들에게 매우 훌륭한 가이드가 될 것입니다.

도준석 | 서강대 게임&평생교육원 / 게임그래픽 & 만화 애니메이션 과정 교수

바로 이런 책이 나오기를 기다리고 있었습니다. 포토스캔에는 복잡한 프로세스가 있습니다. 인터넷에는 포토스캔에 대한 정보가 넘쳐나지만 모두 단편적이어서 이 책처럼 모든 일련의 흐름을 구체적으로 알기가 쉽지 않습니다. 특히, 3D 용어 설명, 소프트웨어의 조작 방법 등 포토스캔에 유용한 내용들이 집필되어 있습니다. 그리고 피사체에 형태에 따라 포토스캔하는 방법이 다르지만, 그 부분들도 잘 설명하고 있습니다. 포토스캔은 확실히 힘든 분야이긴 합니다. 처음에는 여러 번의 시행착오와 많은 시간이 필요할 것이고 원하는 대로 결과물이 나오지 않아서 상심할 수도 있습니다. 그럴 때 이 책이 큰 도움이 되어 작품이 완성되었다면 더욱 더 기쁠 것 같습니다. 이 책과 카메라, 컴퓨터를 준비해서 두근거리는 [포토스캔 여행]을 떠나보시기 바랍니다.

Yuichi KANO / Kyushu University / Project Associate Professor

이 책의 특징

포토스캔/포토그래메트리는 이미지 또는 레이저 스캔을 통하여 현실에 있는 사물 및 공간을 사실적인 3D 모델로 변환하는 기술입니다. 최신 기술은 아니지만 현실 속의 물체, 공간을 디지털 세상으로 빠르게 가져오는 장점 때문에 다양한 산업 속에서 빛을 발하고 있는 분야입니다.

스마트폰 / 디지털 카메라만 있으면,
누구나 3D 스캔이 가능한 시대!

리얼리티 캡쳐(Reality Capture)로
현실의 공간을 디지털로 완성한다!

이 책에서는 리얼리티 캡쳐(Reality Capture)를 이용하여 개인들도 손쉽게 포토스캔 모델을 만들 수 있는 방법을 소개합니다. 스마트폰으로 촬영한 이미지 소스를 기반으로 3D스캔 모델링을 하거나, DSLR 카메라를 이용하여 좀 더 정밀한 3D 스캔모델링을 완성하는 방법에 대해서 설명하고 있습니다. 또한 드론을 이용한 항공 촬영 예제와 드론 촬영에 필요한 준비 사항들에 대해서도 소개합니다.

- 리얼리티 캡쳐의 기초 활용법 소개
- 사진 소스로 3D 데이터를 만드는 과정
- 저자가 직접 촬영한 20기가 분량의 예제 사진소스 제공
- 다양한 성공/실패 사례 소개
- 드론 촬영을 준비하는 방법
- 내가 만든 3D 스캔 데이터를 등록/판매하는 방법

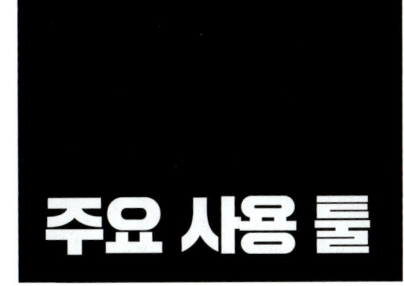

주요 사용 툴

이 책에서 사용하는 프로그램은 CapturingReality의 리얼리티 캡쳐(Reality Capture) 입니다.
다양한 포토스캔 프로그램이 있지만 리얼리티 캡쳐(Reality Capture)를 선택한 이유는 저렴하고 사용하기 편리하며 결과물의 퀄리티가 좋기 때문입니다. 그리고, 무료 소프트웨어입니다.

https://www.capturingreality.com

카메라로 여러 장의 사진을 시퀀스 촬영했다면,
리얼리티 캡쳐로 멋진 3D 모델링 데이터를 만들어 보세요!

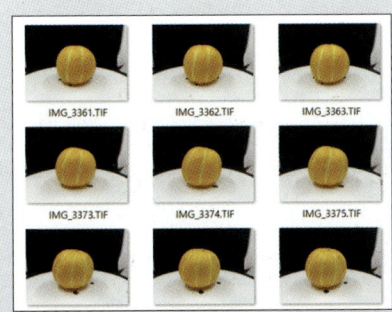

제작 예제

이 책에서는 12개의 예제를 제작하면서 다음과 같은 예제 파일을 제공합니다.

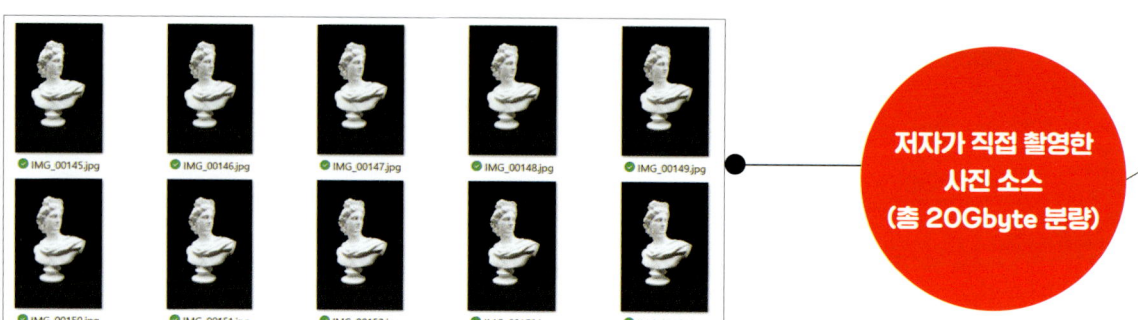

저자가 직접 촬영한
사진 소스
(총 20Gbyte 분량)

예제의 제작과정을
동영상으로 제공

리얼리티 캡쳐의
최초 데이터와
후처리된
최종 데이터

제작 예제

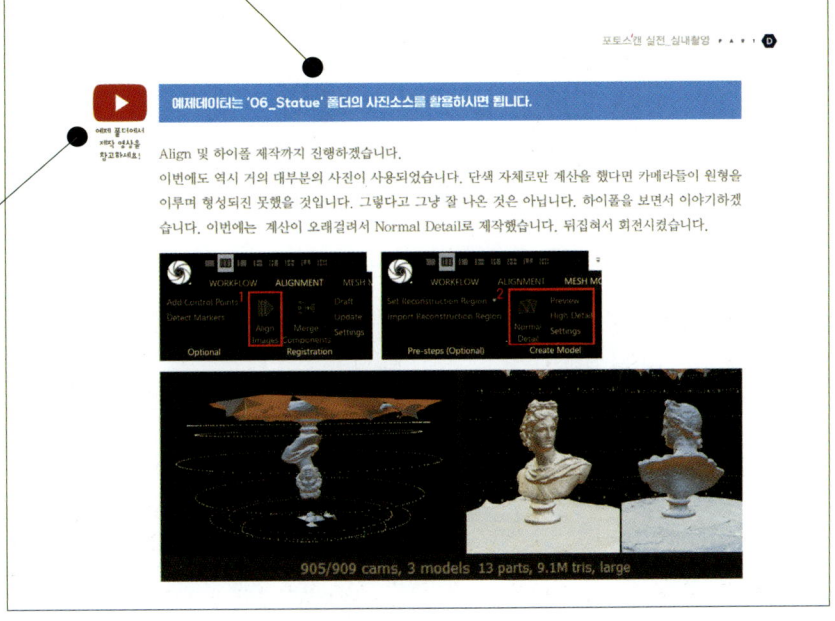

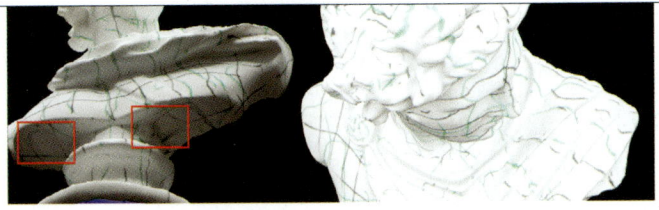

예제 리스트

예제데이터에 대하여

이 책에서 소개하는 예제들을 원활하게 진행하려면 예제데이터가 필요합니다.
아래 예제데이터 다운로드 방법을 참고하셔서 예제데이터를 미리 준비해주세요.

DVD의 잦은 파손을 방지하고 예제데이터의 원활한 업데이트를 위해서 예제데이터의 다운로드 시스템을 제공하고 있습니다. 책을 구입하신 분들은 반드시 예제데이터를 다운로드하셔서 진행에 불편함이 없기를 바랍니다.

이 책을 구입하신 후 꼭 해야 할 2가지!

1. 예제데이터 다운로드 하기

비엘북스 홈페이지에서 예제데이터를 다운로드 합니다.
· 비엘북스 | http://www.vielbooks.com

2. 예제데이터 비밀번호 해제하기

예제데이터는 암호화 압축되어 있습니다.
· 비밀번호 'psc288'을 입력하면 압축 해제됩니다.

압축해제는 윈도우 OS 환경에서 '알집' 또는 '반디집'을 이용해주세요.

문의사항

예제데이터의 다운로드 및 압축해제 오류 등의 문제는 아래 연락처로 문의해주세요.
· 전 화 | 070-7613-3606
· 메 일 | vielbooks@vielbooks.com
· 블로그 | http://blog.naver.com/xsi2maya

목차

Part 01 _ 포토스캔   16

1. 포토스캔은?   18
2. 포토스캔의 기본 제작 흐름   22

Part 02 _ 포토스캔 준비하기   26

1. 포토스캔의 촬영 방법과 종류   28
2. 포토스캔 준비물   29
3. 촬영 시 주의 사항   36
4. 주요 프로그램 및 작업 과정   40
5. 자주 사용하는 3D 관련 용어   42

Part 03 _ 리얼리티 캡쳐의 기본 기능   46

1. 포토스캔의 촬영 방법과 종류   48

Part 04 _ 포토스캔의 실전 (실내 촬영 편)   74

1. 스마트폰으로 실내 촬영하기(참외 만들기)   76
2. 스마트폰으로 실내 촬영하기(작은돌 만들기)   101
3. DSLR로 실내 촬영하기(작은돌 만들기)   110
4. DSLR로 실내 촬영하기(빵 만들기)   115
5. DSLR로 실내 촬영하기(딸기 크로와상 만들기)   120
6. DSLR로 실내 촬영하기(석고상)   125
7. DSLR로 실내 촬영하기(물고기)   131
8. DSLR로 실내 촬영하기(신발)   137
9. DSLR로 실내 촬영하기(새)   141

Part 05 _ 포토스캔의 실전 (실외 촬영 편)   146

1. 실외 촬영 시 주의할 점   148
2. 스마트폰으로 실외 촬영하기(바위)   149
3. DSLR로 실외 촬영하기(바위)   156
4. DSLR로 실외 촬영하기(나무밑동)   160

목차

Part 06_ 포토스캔의 실전 (드론 촬영 편)   166

    1. 드론 촬영을 하려면   168
    2. 드론 촬영하기(해안 바위)   170
    3. 드론 촬영하기(산책로)   176

Part 07 _ 포토스캔의 실전 (식물 촬영 편)   184

    1. 식물 촬영을 하려면   186
    2. 이미지를 활용한 3D 변환   187

Part 08 _ 후처리   202

    1. 후처리 개요   204
    2. 참외 수정하기   205
    3. 석고상 수정하기   211
    4. 컬러체커의 활용 및 이미지 일괄 수정   217
    5. 나무 밑동 수정하기   220
    6. 바위 수정하기   239

Part 09_ 실패와 가능성을 확인한 사례 — 244

1. 실패 사례들 — 246
2. 가능성을 확인한 사례 — 253

Part 10 _ 제작 관련 정보 및 그 후 — 258

1. 드론 촬영을 위한 준비물 — 260
2. 제작한 3D 메쉬 업로드 및 판매해 보기 — 269
   - Sketchfab에서 업로드 및 판매해 보기 — 271
   - cgtrader에서 업로드 및 판매해 보기 — 281
3. 포토스캔 관련 도움되는 사이트 — 285
4. 정리하며 — 287

PHOTO SCAN GUIDE

1 포토스캔은?

포토스캔은 이미지 또는 레이저 스캔을 통하여 현실에 있는 사물 및 공간을 사실적인 3D 모델로 변환하는 기술이며 최신 기술은 아니지만 근 5년 사이에 급격한 발전을 거듭하고 있는 분야입니다. 현실 속의 물체, 공간을 디지털 세상으로 가져오는 특징으로 인해 포토스캔 기술은 다양한 산업에서 발전을 거듭하고 있습니다.

포토스캔과 관련된 분야를 몇 개 소개해보겠습니다.
현실을 그대로 옮겨오는 포토스캔의 특징을 활용하면 문화 유산 자료들을 효과적으로 3D로 옮겨와서 보존 및 교육용으로 활용할 수 있습니다. 건축물과 같은 거대한 유적부터 조각상 같이 작은 유물까지 크기 제한 없이 모두 옮겨올 수 있습니다.

현실과 동일한 디테일을 요구하는 게임분야에서 포토스캔은 더욱 효과적입니다. 현실의 특정 물체를 옮겨오거나 인공물, 식물 및 절벽같은 자연물도 옮겨올 수 있어서 현실감을 충족시켜줄 수 있습니다.

VR도 게임과 유사한 환경이라 좋은 효과를 볼 수 있습니다. 가상의 전시회를 구축하거나 대형 콘서트 무대를 기획할 때 효과적일 수 있습니다.

현실의 물체를 포토스캔하여 합성된 영상을 만든다면 좀 더 현실감 넘치는 영상도 만들어볼 수 있을 것입니다.

측량은 주로 드론을 활용한 스캔 방식인데, 해외에서는 이미 드론 측량을 산업에 도입하여 빠르게 활용하고 있고, 국내에서는 2018년도부터 드론의 공공측량제도가 도입되어 점점 산업의 규모가 커지고 있습니다. 주로 건설 현장에서 손쉽게 부지 및 건물 등을 파악할 때 효과적일 것입니다.

3D 프린팅에서도 활용성이 좋습니다. 현실의 물체를 3D로 변환하여 3D 프린팅을 통해 다시 현실 속 물체로 만들 수 있고 이런 과정을 통해 다양한 복제화도 노려볼 수 있습니다.

인체 스캔은 비교적 뚜렷한 목적을 가지고 스캔을 하는데 유명한 사람을 그대로 옮겨오거나 의상을 3D화 할 때, 또는 피부의 질감을 얻기 위해서도 사용됩니다.

포토스캔은 앞서 제시한 분야가 전부는 아닙니다. 현실 속 물체를 그대로 옮겨올 수 있다는 특징은 사용자가 어떻게 사용하는 지에 따라 다양한 분야에서 활용해볼 수 있을 것입니다.

2 포토스캔의 기본 제작 흐름

포토스캔은 사진의 색상값을 계산하여 3D로 변환해 주는 기술입니다.
현실 세상의 사물들을 그대로 옮겨온다는 점 때문에 3D로 옮겨와도 현실 세계의 재질이나 형태 등을 그대로 재현하고 사용할 수 있다는 큰 장점이 있는 기술입니다.

세부적인 작업 과정이 있지만, 포토스캔 작업 과정은 크게 3단계로 나누어집니다.

1 대상을 선정한 후 돌아가면서 사진을 찍습니다.

2 프로그램에서 계산을 통해 3D로 변환합니다.

3 가공을 통해 마무리합니다.

본인이 원하는 수준의 결과물을 손쉽게 제작을 할 수 있습니다.
다른 경우도 확인해보겠습니다.

1 대상을 선정한 후 돌아가면서 사진을 찍습니다.

② **리얼리티 캡쳐(Reality Capture) 프로그램을 통해 3D로 변환합니다.**

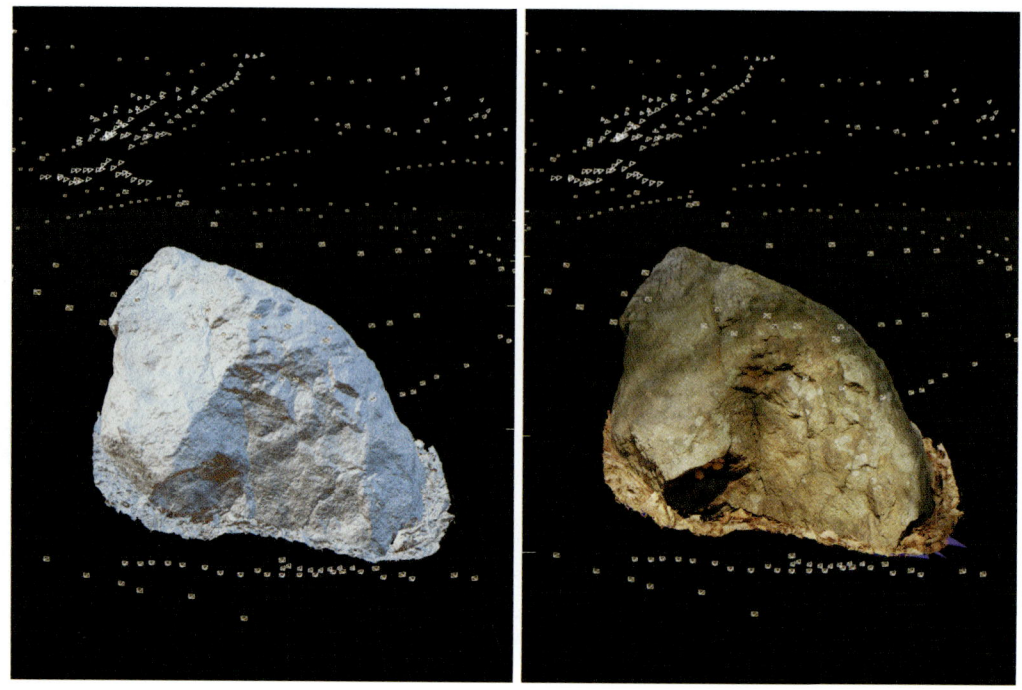

③ **3dsMax / Photoshop / Substance 등을 이용해서 3D 데이터를 마무리합니다.**

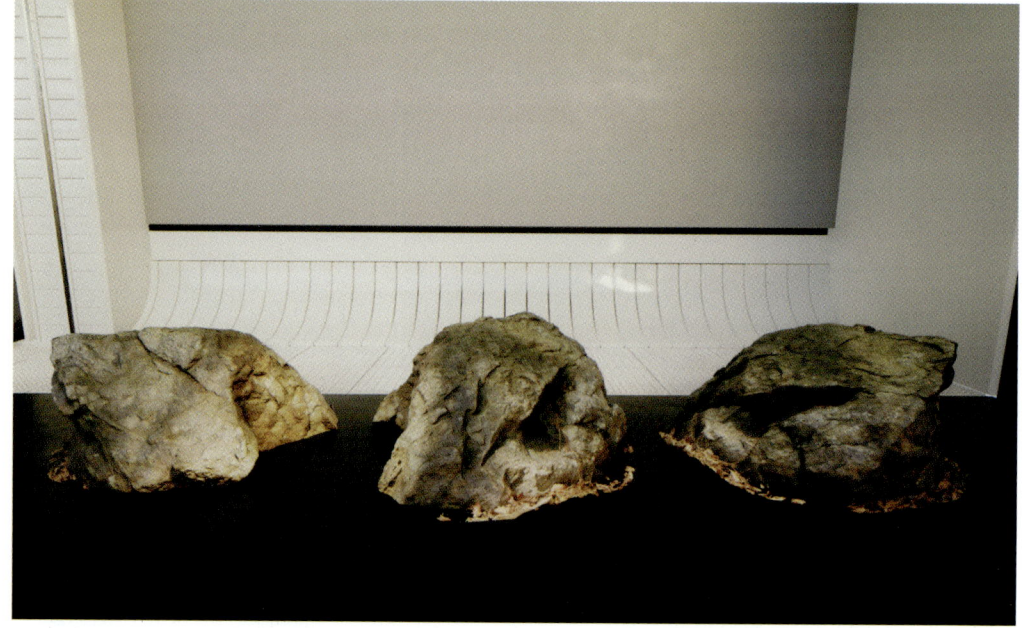

전반적인 과정은 이렇습니다.
이후 소개될 과정을 잘 따라하다보면 원하는 물체를 손쉽게 포토스캔 할 수 있을 것입니다.

포토스캔은 쉽고 빠르게 3D 데이터를 제작할 수 있지만 본인이 원하는 목적에 맞게 제작하려면 상당한 숙련도가 필요한 기술입니다. 장비와 숙련도에 따라 결과물이 천차만별이지만 기술적인 방법은 간단합니다. PBR(Physical Based Rendering, 물리 기반 렌더링) 기반의 환경에서는 현실적인 느낌의 환경, 사물을 필요로 하는데 현실 세계의 사물을 그대로 가져올 수 있는 포토스캔은 좋은 경쟁력을 가진 기술이라고 생각합니다.

포토스캔은 게임개발 분야부터 교육 및 연구자료 제작, 측량, 건축, 문화유산 복원 등 이미 다양한 분야에서 활용되고 있지만 아쉽게도 국내는 해외에 비해서 아직 활발하진 못한 것 같습니다. 인터넷에서 Photoscan, Photogrammetry를 검색하면 포토스캔에 관한 다양한 자료들을 확인할 수 있는데, 국내에는 포토스캔을 시도하는 분들이 생각보다 적지만 필요로 하는 사람은 많다는 것을 느꼈습니다. 해외에는 생물의 박제본이나 유적, 문화 유산을 포토스캔으로 3D화 시켜서 누구나 쉽게 확인할 수 있도록 데이터를 구축해 놓았습니다. 또한 사물뿐만 아니라 사람이나 동물, 특정 공간 등도 3D로 구현이 가능하기 때문에 활용성이 높은 기술임에는 분명합니다.

이렇게 유용한 기술임에도 최근에서야 관심을 받는 이유는 SW의 발전이 뒷받침을 해 주기 때문이라고 생각합니다. 필자가 공부를 시작할 때만 해도 지금처럼 좋은 결과물을 쉽게 얻기 어려웠지만, 지금은 Reality Capture의 발전으로 누구나 쉽게 포토스캔을 해볼 수 있게 된 것 같습니다.

이 책을 집필한 이유는 포토스캔이 좋은 것은 알겠는데 어떻게 시작해야 할지 막막한 분들에게 도움을 드리고 싶어서입니다. 제가 공부할 때는 한글로 된 책이나 자료가 부족해서 맨땅에 헤딩하듯이 다양한 테스트를 하면서 다양한 경험과 정보를 쌓았었는데, 이러한 노력의 결과들이 처음 시작하는 분들에게 작은 힘이 되어드렸으면 합니다.

PHOTO SCAN GUIDE

PART

포토스캔 준비하기

1 포토스캔의 촬영 방법과 종류

포토스캔에는 크게 3가지 촬영 방법이 존재합니다.

> ❶ 스마트폰, DSLR 카메라 등을 이용한 촬영
> ❷ 드론을 이용한 촬영
> ❸ 3D 스캐너를 이용한 촬영

카메라를 이용한 포토스캔 촬영 방법은 스마트폰의 카메라나 DSLR 등으로 촬영하는 방법과 동일합니다. 작은 물체부터 사람 크기의 물체까지 스캔이 용이하며 범용성이 좋은 촬영 방법입니다. 대형 스튜디오에서 사물을 촬영할 때 수백 개의 DSLR을 세팅해 놓고 촬영하는 것을 종종 봤을 것입니다. 카메라 1대로 촬영하면 수백 장의 사진을 찍는데 시간이 오래 걸리기 때문입니다. 범용성이 좋고 쉽게 접근할 수 있지만, 사람 정도의 크기를 넘는 물체는 스캔하기 어려운 단점도 있습니다. 2~3m 정도라면 봉을 사용하거나 어딘가 올라가서 촬영하면 되겠지만 그 이상의 크기는 직접 촬영하기 쉽지 않습니다.

그래서 드론을 이용하기도 합니다. 드론 촬영은 거대한 물체나 공간을 촬영하기 위해 이용합니다. 앞서 말했던 카메라를 이용한 촬영 방법은 크기에 대한 제약이 명확하지만, 거대한 물체나 공간, 건물 등을 스캔하려면 드론을 이용하여 스캔을 할 필요가 있습니다. 드론을 이용하려면 장비를 구매해야 하고 시작하기에 앞서 자격증, 허가 등의 제약이 있습니다.

3D 스캐너는 위 2가지 방법의 장점을 모두 갖고 있습니다. 반사가 강하거나 어느정도 투명한 물체는 스캔할 수 없는데 3D 스캐너를 사용하면 3D로 변환이 가능합니다. 정말 정밀하게 스캔까지 가능하지만 가장 큰 단점은 가격입니다. 고가의 비용 때문에 개인이 사용하긴 어렵겠지만 회사에서는 가능한 방식입니다. 이 책에서는 3D 스캐너를 제외하고 스마트폰 / DSLR / 드론 촬영 위주로 소개하려고 합니다.

2. 포토스캔 준비물

포토스캔을 하려면 몇 가지 준비물이 필요합니다.
포토스캔으로 3D 메쉬를 제작할 때 가장 큰 영향을 주는 것은 사진 촬영입니다. 초반에 사진 촬영을 어떤 퀄리티로 완성하느냐에 따라 최종 3D 메쉬의 퀄리티가 결정될 수 있기 때문입니다. 3D 툴로 조각상을 직접 모델링하려면 상당한 시간이 필요하겠지만, 포토스캔을 이용하면 절반의 시간으로 단축시킬 수 있으므로 좋은 결과를 얻으려면 최대한 촬영 준비에 신경쓰는 것이 중요합니다.
아래는 포토스캔을 위해 필요한 기본적인 준비물입니다.

❶ 미니 스튜디오
❷ 턴테이블
❸ DSLR(+CPL 필터)
❹ 컬러체커
❺ 카메라 앱(모바일 기준)

❶ 미니 스튜디오

첫 번째는 미니 스튜디오가 필요합니다.
촬영할 물체를 미니 스튜디오 안에 넣고 촬영하면 빛과 그림자의 형성에 도움을 줍니다. 아까 초반에 컬러 정보를 기반으로 계산을 한다고 했는데, 정확한 색정보에 방해가 되는 것이 있다면 빛과 그림자입니다. 빛과 그림자가 있으면 물체의 정확한 색정보를 얻기 어렵기 때문에 이를 없애주는 역할을 하는 것이 미니 스튜디오입니다. 미니 스튜디오 속 물체는 일정한 빛을 거의 모든 각도에서 받기 때문에 평소 환경에서 촬영할 때보다 물체 본래의 색을 얻을 수 있습니다. 필자도 초반에는 미니 스튜디오를 구매하지 않았었는데, 구매하고 난 후 작업물의 퀄리티가 확실히 좋아졌습니다. 강력히 추천드립니다.

❷ 턴테이블

두 번째는 미니스튜디오와 같이 사용해야 하는 턴테이블입니다.
미니 스튜디오 안에서 물체를 넣고 촬영할 때 물체를 기준으로 회전할 수 없기 때문에 턴테이블 위에 물체를 얹어 놓은 뒤 회전시켜가며 촬영합니다. 미니스튜디오를 구매하면 가로×세로×높이가 각각 4~50cm 내외입니다. 한쪽 면만 뚫려있고 바닥을 포함한 나머지 5면이 막혀 있는 구조라서 카메라를 고정하고 턴테이블을 돌려가며 촬영하면 되기 때문에 상당히 도움이 됩니다. 미니 스튜디오에 필수 아이템이라고 할 수 있습니다. 일반 환경에서 턴테이블만을 단독으로 사용하면 안 됩니다. 후에 실패 사례로 자세히 소개할 것인데 배경이 단색으로 묻히지 않아서 사진을 찍어도 실패하게 됩니다.

❸ DSLR 카메라

세 번째는 DSLR입니다.
DSLR을 먼저 소개하지 않은 이유는 개인이 사용하기엔 고가의 비용을 부담해야 하기 때문입니다. 저가형에서부터 고가형 제품으로 분류되어 있고, 디테일한 렌즈 세팅으로 좋은 퀄리티의 이미지를 얻을 수 있다는 장점이 있습니다. 조절할 수 있는 조리갯값의 범위, 사진의 화질제어 등의 차이가 고급형과 보급형을 선택하는 기준으로 볼 수 있습니다. 이 책에서는 스마트폰도 사용하고 DSLR도 사용하여 포토스캔 작업을 해볼 것입니다.

스마트폰의 카메라는 많은 기능적 발전을 해 오고 있지만 조리개 기능은 다소 한정적입니다. 또한, 제공하는 화질과 포맷도 다양하지 않아서 아쉬운 부분도 있습니다. 따라서 DSLR을 보유하고 있다면 DSLR을 사용하는 것이 좀 더 좋은 결과물을 얻을 수 있습니다. 추가로 후에 자세히 설명하겠지만, RAW 포맷으로 촬영하면 포토샵, 라이트룸 등의 프로그램에서 촬영 이미지들을 일괄 보정할 수 있어서 DSLR을 추천하고 있습니다.

DSLR을 사용하면 설정해야 할 부분이 있습니다. 개인별 취향 차이로 설정 옵션이 다를 순 있지만 반드시 3가지 옵션은 알맞게 설정해 주어야 합니다. 그것은 ISO, 조리개(F값), 이미지 포맷입니다.

ISO란? 빛에 대한 센서의 감도를 말합니다. 이 수치가 높으면 적은 빛도 감지를 할 수 있어서 사진의 밝기를 조절할 수 있습니다. 어두운 밤일수록 해당 수치가 높으면 원하는 결과가 잘 나올 것입니다. 아래 이미지만 보더라도 적절한 환경에 맞는 수치를 찾아낼 수 있을 것입니다.

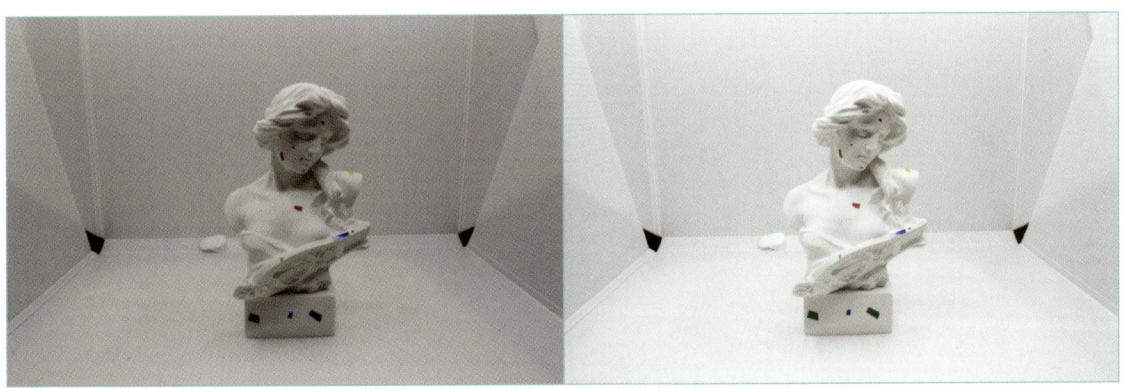

ISO 200　　　　　　　　　　　　　ISO 400

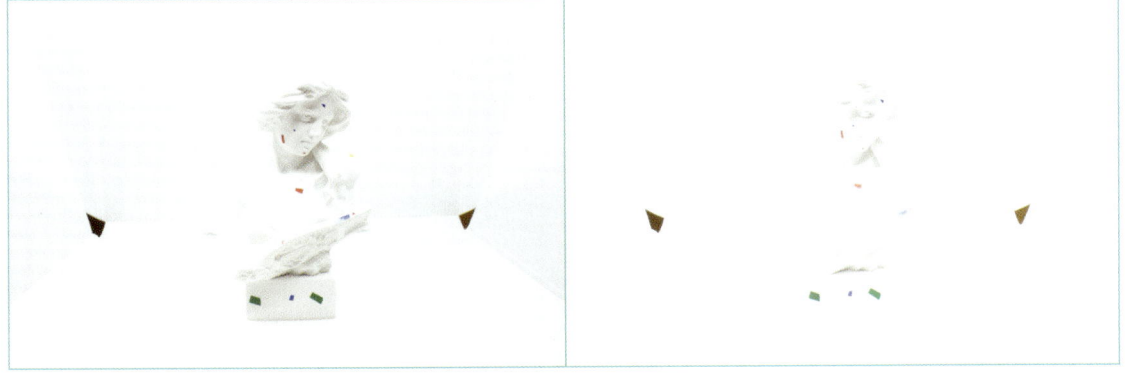

ISO 800　　　　　　　　　　　　　ISO 1600

조리개는 렌즈가 얼마나 열리는지에 대한 수치로, 해당 수치를 통해 렌즈에 들어오는 빛의 양을 조절합니다. 이런 조리개의 수치값을 F값이라고 합니다. F값을 자세히 보지 않으면 밝기 차이만 나는 것처럼 보일 수 있습니다.

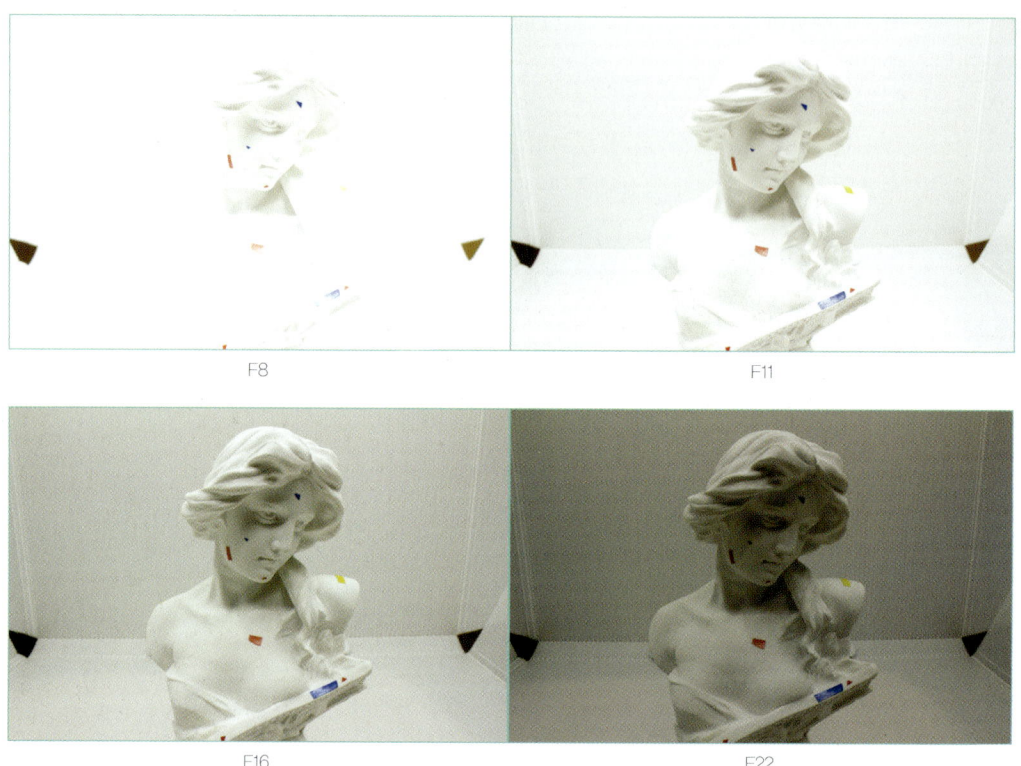

아래 확대한 이미지를 비교해 보면 F값이 낮은 왼쪽의 경우 뒷 배경이 흐릿하게 보입니다. F값이 높은 오른쪽은 뒷 배경이 선명하게 나옵니다. 배경이 흐리면 선명한 경우보다 결과물이 더 안 좋을 수밖에 없습니다. 색을 기반으로 계산하는 프로그램이라서 흐린 사진은 색 정보가 단순할 수 밖에 없습니다. 그렇다고해서 무턱대고 높이기만 한다면 사진이 어두워지기 때문에 ISO와 함께 적절하게 설정하면 좋은 결과물을 얻을 수 있을 것입니다.

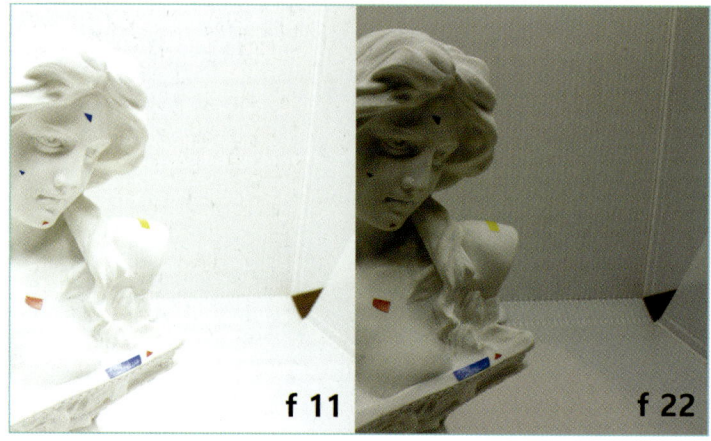

이미지의 포맷도 매우 중요합니다. 앞서 설명드린 것처럼 같은 시간을 투자해서 촬영을 해도 JPG로 촬영했을 때와 RAW로 촬영했을 때의 결과가 다를 수 있고 비슷하더라도 더 좋은 텍스쳐를 얻으려면 정보를 더 많이 담을 수 있는 포맷으로 촬영해야 합니다.

이렇게 3가지의 옵션은 반드시 신경써서 설정해야 합니다. 개인적으로는 미니 스튜디오로 촬영할 때 아래와 같은 옵션으로 촬영합니다. ISO 400, F20, RAW 포맷으로 설정하여 촬영하고, 실외에선 ISO만 조절하는 방식으로 촬영합니다. 이 옵션들은 절대적인 것은 아니고 처음부터 본인에게 맞는 옵션을 찾기 어렵다면 기준으로 제시하는 옵션으로 생각하면 됩니다. 해당 옵션으로 촬영해 보면서 환경에 맞게 조절하다보면 좀 더 쉽게 원하는 결과물을 얻을 수 있을 것입니다.

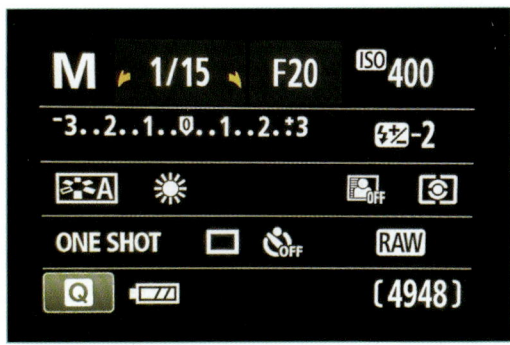

CPL 필터는 반사광을 제거해 주는 필터입니다. 반사가 강한 물체를 촬영할 때 효과적인 렌즈 필름입니다. 어느 정도 반사를 제거해 주기 때문에 사용성도 있지만 좋은 결과물을 위해선 숙련된 촬영실력이 필요합니다. 그리고 전체적으로 조금 어둡게 나온다는 단점이 있습니다. 이 필터는 모든 반사를 지워주는 것은 아니고 비메탈 물체의 반사만 효과적으로 없애줍니다.

CPL 필터 적용 전

CPL 필터 적용 후

❹ 컬러체커

네 번째는 야외 촬영용 준비물인 컬러체커입니다.

컬러체커는 실내에서도 사용하면 좋지만 야외에서 좀 더 효과적인 아이템입니다. 컬러체커를 사용하는 이유는 물체 고유의 색을 찾기 위함입니다. 야외 촬영할 때는 주변 환경 때문에 물체 고유의 색정보를 얻기 힘듭니다. 이때 컬러체커를 한번 얹어 놓고 촬영을 하면 나중에 촬영본을 일괄 수정할 때 컬러체커의 색상값을 참고하면서 물체 고유의 색을 얻을 수 있게 됩니다. 컬러체커를 잘 활용하려면 일괄 편집 가능한 포맷으로 촬영할 수 있는 DSLR이 필요합니다.

❺ 카메라 앱(모바일)

다섯 번째는 카메라 앱입니다.

안드로이드 핸드폰의 경우에는 기본 카메라 앱에서 옵션을 조절하면 사용하기 좋고, 아이폰은 기본 카메라 앱의 포맷이 jpg이기 때문에 전문 카메라 앱을 하나 구매하여 사용하는 것을 추천합니다.

안드로이드 폰의 기본 카메라 앱은 기술적인 장점이 있습니다. 설정해 주면 프로 모드에서 RAW 파일로 저장할 수 있어서 추후 손쉬운 보정 작업이 가능합니다. 아래 이미지는 갤럭시 S10 기준입니다.

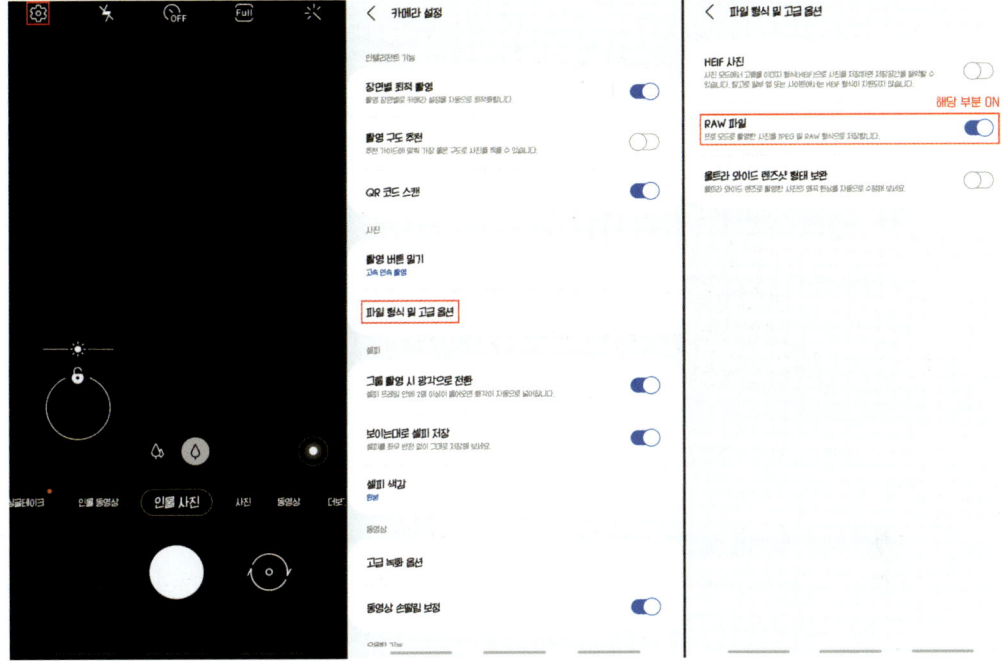

아이폰의 기본 카메라로 촬영하면 압축 손실 확장자로 저장되기 때문에 기본 카메라 앱보다는 별도의 카메라 앱을 사용하는 것이 훨씬 좋습니다. 개인적으로는 ProCam 8을 추천합니다. 이 카메라 앱의 장점은 다양한 확장자(TIFF, RAW)로 촬영이 가능하다는 것이 가장 큰 장점입니다. 단점이라면 가격이 유료입니다.

실내에서 DSLR 혹은 스마트폰 카메라 + 미니 스튜디오 + 턴테이블을 사용하고 실외에서 DSLR 혹은 스마트폰 카메라 혹은 드론 + 여유가 되면 컬러체커. 이 조합을 기억하시면 좋습니다.

3 촬영 시 주의 사항

사진이 차지하는 작업비중이 굉장히 높고, 사실상 재촬영이 불가능하기 때문에 최대한 신경써서 촬영해야 하는데 이때 하지 말아야 할 사항과 주의해야 할 사항을 간단히 정리해 봤습니다.

❶ 하지 말아야 할 것

- **카메라의 설정값은 촬영 중에 자주 바꾸지 말 것**

  카메라의 설정값은 종류가 매우 다양합니다. 조리개, ISO, 셔터속도 정도가 결과물에 영향을 주는데 이 설정값들이 바뀌면 결과물의 색상값에 영향을 줄 수 있습니다. 가령 ISO를 800에서 600으로 낮추면 결과물은 어둡게 나오게 되는데, 육안으로 보기엔 그저 어두워졌다고만 인식되지만 컴퓨터는 정보값으로 인식하기 때문에 계산이 어려워지게 됩니다. 당시

- **움직이는 물체를 촬영하지 말 것**

  움직이는 물체를 촬영하게 되면 피사체가 흐릿해집니다. 피사체가 흐려지면 색상 정보도 흐려지기 때문에 정확한 계산이 불가능하게 되므로 움직이는 물체는 촬영하면 안 됩니다.

- **동영상으로 촬영하지 말 것**

  현재 Reality Capture에서는 동영상 지원을 하지 않기 때문에 동영상으로 촬영하지 마시길 바랍니다. 앞서 말한 움직이지 않는 물체를 촬영해야 한다는 것과 동일한 맥락입니다. 동영상으로 촬영하면 주변의 환경 정보들이 계속 변경되기 때문에 동영상으로는 원하는 결과물을 얻기 어렵습니다.

- **파노라마 사진은 찍지 말 것**

  카메라의 파노라마 기능은 추천하지 않습니다. 파노라마 촬영은 사진에 왜곡이 들어가기 때문입니다. 파노라마 사진은 색정보 계산에 방해만 되기 때문에 파노라마 촬영은 추천하지 않습니다.

❷ 주의해야 할 것

- **일정한 조명(빛)과 그림자를 유지할 것**

  이 부분은 계속 강조했지만 최대한 신경써야 합니다. 실외 촬영은 빛과 그림자를 인위적으로 조절할 수 없지만 의외로 날씨의 선택에서 도움을 받을 수 있습니다. 바로 흐린 날에 촬영하는 것입니다. 평소 의식하지 않으면 눈치 못 챌 수 있는데 흐린 날에는 그림자가 잘 보이지 않습니다. 물체 원색대로 촬영은 불가능하겠지만 그림자가 없다는 건 상당한 차이입니다. 실내 촬영은 미니 스튜디오가 빛과 그림자를 최대한 없애주기 때문에 미니스튜디오만 사용하면 큰 걱정이 없습니다.

- **가급적 높은 해상도로 촬영할 것**

  색상 정보를 많이 얻을 수록 3D 모델의 디테일이 높아지고 좀 더 정확한 계산을 하게 해줍니다. 결과물의 Texture도 당연히 더 높은 디테일로 제작이 가능해집니다. 그렇기에 해상도가 높다는 것은 보다 색상 정보를 많이 담을 수 있다는 뜻이기에 가능하면 높은 해상도로 촬영하는 것이 좋습니다.

- **초점이 흐려지지 않게 촬영할 것**

  위에서 여러 번 말했던 부분같지만 조금 다른 포인트가 있습니다. 촬영을 밖에서 하든 실내에서 하던지 할 때 수 백장을 찍다보면 귀찮아지거나 힘이 들어서 처음 촬영을 시작했을 때랑 중간, 후반에 가서 초점도 제대로 안 잡고 촬영을 하게되는 경우가 있는데 그러다보면 결과물의 확인했을 때 초점도 나가있고 물체가 사진의 반도 안 찍혀있는 등 시간을 내서 촬영하는 것이 의미가 없어지는 경우가 생기기도 합니다. 그런 경우를 미연에 방지하기 위해 비슷한 맥락의 주의사항을 추가했습니다.

- **투명하거나 반사가 많고 빛나는 물체는 피할 것**

  포토스캔의 한계가 바로 이 부분입니다. 사진 촬영으로 불가능한 것은 투명하거나 빛나는 물체입니다. 빛나는 물체는 그 형태가 빛에 의해 사라지기 때문입니다. 은은하게 빛나는 물체라면 가능할 수도 있지만 기본적으로 빛나는 물체는 색깔처럼 사진에 담기 어렵기 때문에 추천하지 않습니다.

  투명한 물체는 2가지 조건 중 하나를 충족시켜야만 스캔이 가능합니다. 물체에 무광 스프레이를 뿌리거나 레이저 스캐너를 사용하는 방법뿐입니다. 투명한 물체나 반사가 많은 물체는 색상 정보가 보는 방향에 따라 쉽게 변화합니다. 보는 방향에 따라 하이라이트가 맺히는 부분이 변하고 투명한 물체는 투명하기 때문에 본래의 색상정보를 뒷배경에 묻혀버리게 됩니다. 투명한 물체를 반드시 스캔해야 한다면 무광 스프레이를 뿌려야 합니다. 반사가 강해서 빛이 맺히는 물체들은 무광 스프레이가 어느 정도 해결해 줄 수 있는 방법입니다. 하지만 물체에 뿌리면 분사액이 흡착되기 때문에 물체가 망가질 수 있다는 단점이 있습니다.

- **야외 촬영 시 최대한 날씨 변화가 없는 환경에서 촬영할 것**
  야외에서 촬영하다 보면 시간이 지나면서 간혹 구름이 지나가거나 태양 빛이 줄어드는 등 시간에 따른 외부 요인들의 변화를 겪을 수 있습니다. 완전한 그림자 속에서 촬영하면 괜찮지만 태양 아래에서 촬영할 때는 특히 구름을 조심해야 합니다. 구름이 도중에 가리게 되면 그림자로 인해 얼룩이 생길 수 있으므로 이런 상황은 피하는 것이 좋습니다.

- **완전한 단색인 물체는 피할 것**
  완전히 하얀 석고상이나 병처럼 전체가 단색으로 이루어진 물체는 색상 정보가 적기 때문에 높은 확률로 결과물이 좋지 않습니다. 이런 경우 펜으로 사물에 낙서하듯이 선을 그어주면 모델로 변환해 줍니다. 다양한 색으로 많이 넣어주는 것이 좋은 결과물을 얻을 수 있는 방법이기도 합니다.

- **한 면이 여러 번 찍히도록 촬영할 것**
  사진을 촬영할 때 겹치도록 촬영을 하는 것이 좋습니다. 이전 사진과 다음 사진 간의 각도가 30도 넘지 않도록 찍으면 더욱 도움이 됩니다. 물론 수백 장을 촬영해야 하기 때문에 안 겹칠 수 없겠지만 그래도 가급적 이 부분을 의식하고 촬영하는 것을 추천합니다.

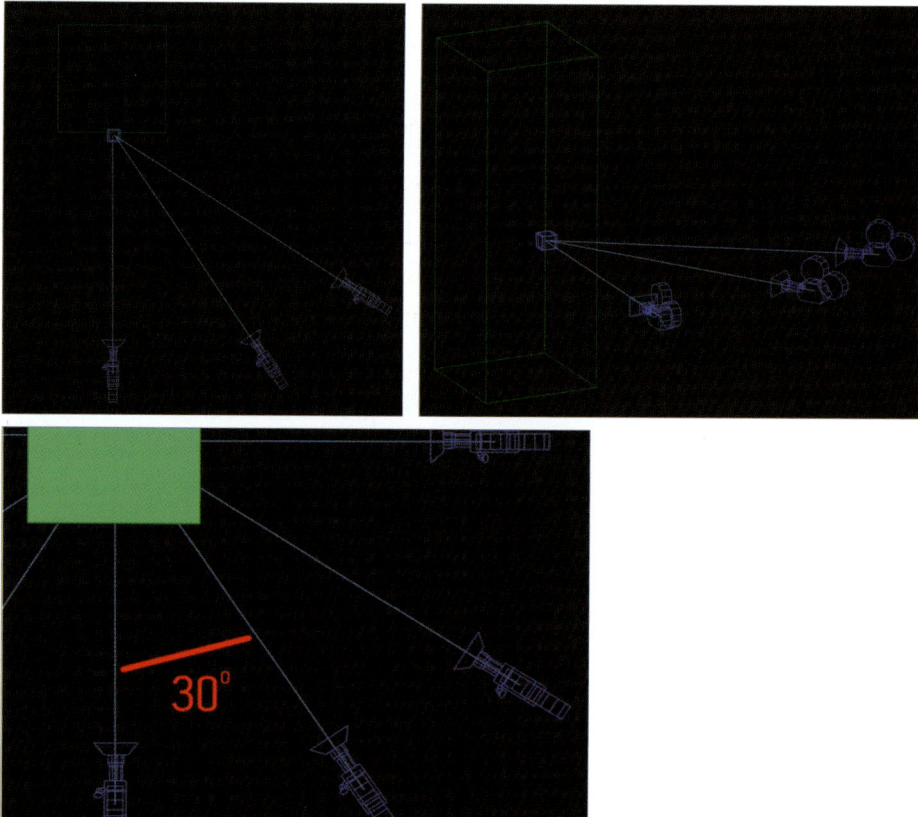

• 다양한 각도에서 촬영할 것

스캔을 할 때 3D 프로그램에서 제작한다고 생각하면 됩니다. 뭔가를 제작할 때 모든 방향의 면을 생각하고 제작해야 하는 것처럼 촬영도 잘 보이는 앞, 옆, 뒤 만을 촬영할 것이 아니라 맨 위에서 보는 각도나 맨 아래에서 보는 각도도 반드시 촬영해야 합니다. 대충 봤을 때 잘 보이겠다 싶을 수 있지만 프로그램은 사진에 나온 부분만 정확히 알 수 있기 때문에 다양한 각도로 촬영하는 것을 추천합니다.

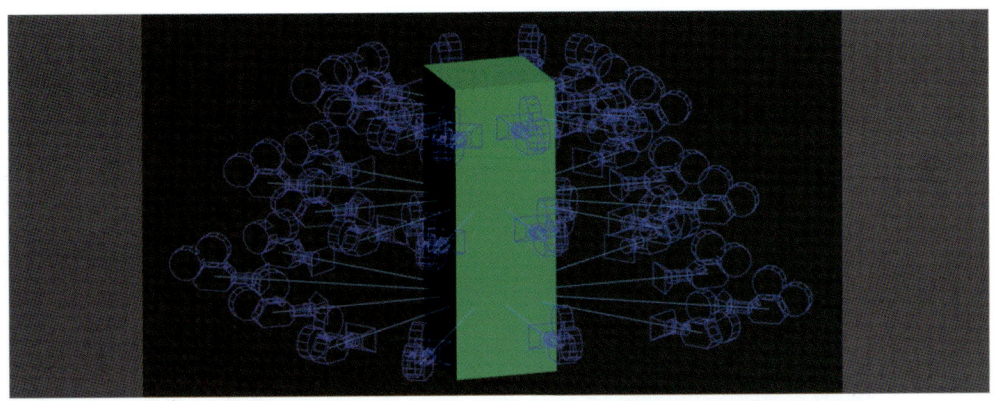

• 물체의 형태를 따라가며 촬영할 것

촬영하고자 하는 물체의 형태는 다양하기 때문에 물체의 형태에 따라 촬영해야 합니다. 튀어나온 곳도 있고 움푹 패인 부분도 있다면 그에 맞게 적절한 거리를 두고 사진 촬영을 하는 것이 좋습니다.

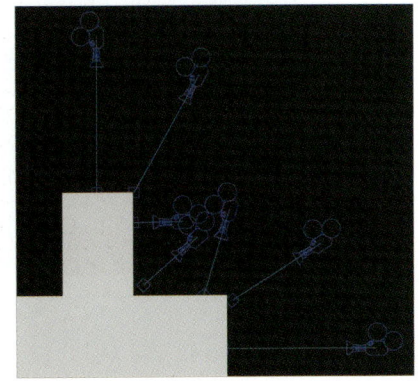

• 최대한 많이 촬영할 것

앞서 설명한 모든 주의사항을 놓치더라도 반드시 기억해야 하는 것은 최대한 많이 찍는 것입니다. 물체에 크기에 따라 다르겠지만 개인적인 경험으로는 1m이내의 물체는 500장 정도가 적당한 것 같고 크기가 클수록 촬영 장수가 늘어나야 합니다. **어떤 물체를 촬영하든지 최소 500장 정도는 촬영해야 원하는 결과물을 얻을 확률이 높습니다.**

경험으로 체득하는 것도 좋지만 미리 알아두고 작업에 들어가면 시행착오를 줄일 수 있으니 주의사항을 꼼꼼히 읽어보시길 바랍니다.

4 주요 프로그램 및 작업 과정

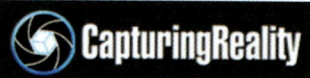

이 책에서 사용하는 프로그램은 CapturingReality의 RealityCapture 입니다. 회사명과 프로그램 명이 비슷합니다. 다양한 포토스캔 프로그램이 있지만 RealityCapture를 선택한 이유는 저렴하고 사용하기 편하며 결과물의 퀄리티가 좋기 때문입니다. 그리고, 기본적으로 무료 소프트웨어입니다.

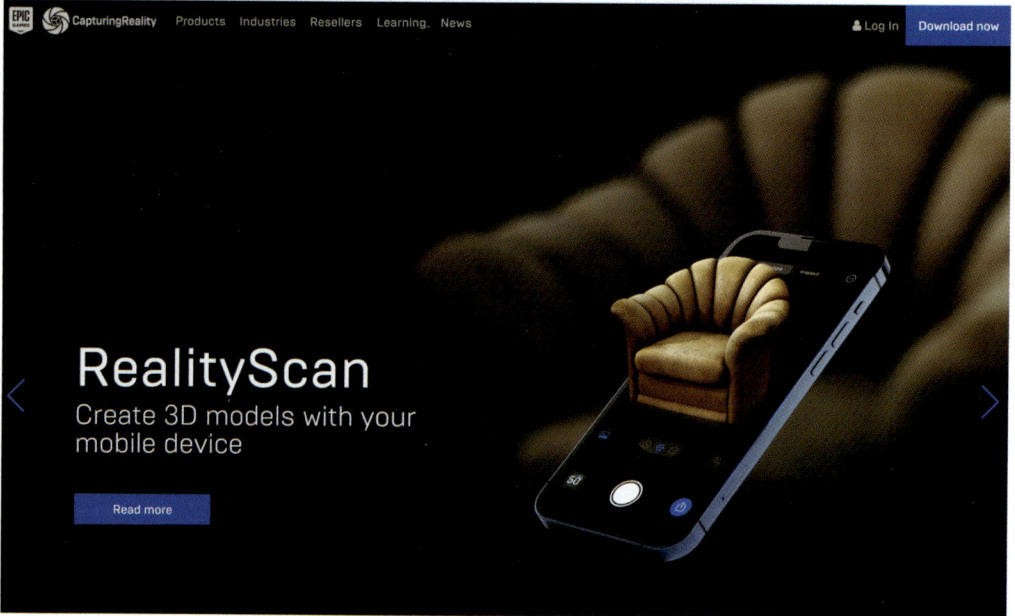

이런 강점 때문에 공부하고 연구하기에 적합하고, 마일리지를 결제/충전해서 결과물을 추출할 때 차감하는 방식이라서 필요한 순간에만 지출할 수 있습니다. 단순한 형태의 모델이라면 한 번 추출할 때 1만원도 안 되는 저렴한 금액으로 사용할 수 있습니다. 회사 차원에서 사용한다면 라이선스를 구매하는 방법도 있습니다.

또한 CapturingReality는 에픽게임즈로 인수 합병이 되었기에 앞으로도 꾸준하게 발전할 것입니다.

기본적인 작업 과정은 다음과 같습니다.

사진 촬영을 하고 1차적으로 하이폴리곤 모델(삼각형의 개수가 많은 3D 모델)과 Texture를 만들고, Texture는 버리고 하이폴리곤 메쉬만 사용할 수 있고, 프로그램 내 기능으로 모델링 데이터를 가볍게 만들어서 추출하는 방법이 있습니다. 이후 작업은 타 프로그램에서 이뤄집니다. 중간 정도 용량의 모델로 만드느냐 가벼운 용량의 모델로 만드느냐를 정해야 후처리 방법을 정할 수 있습니다.

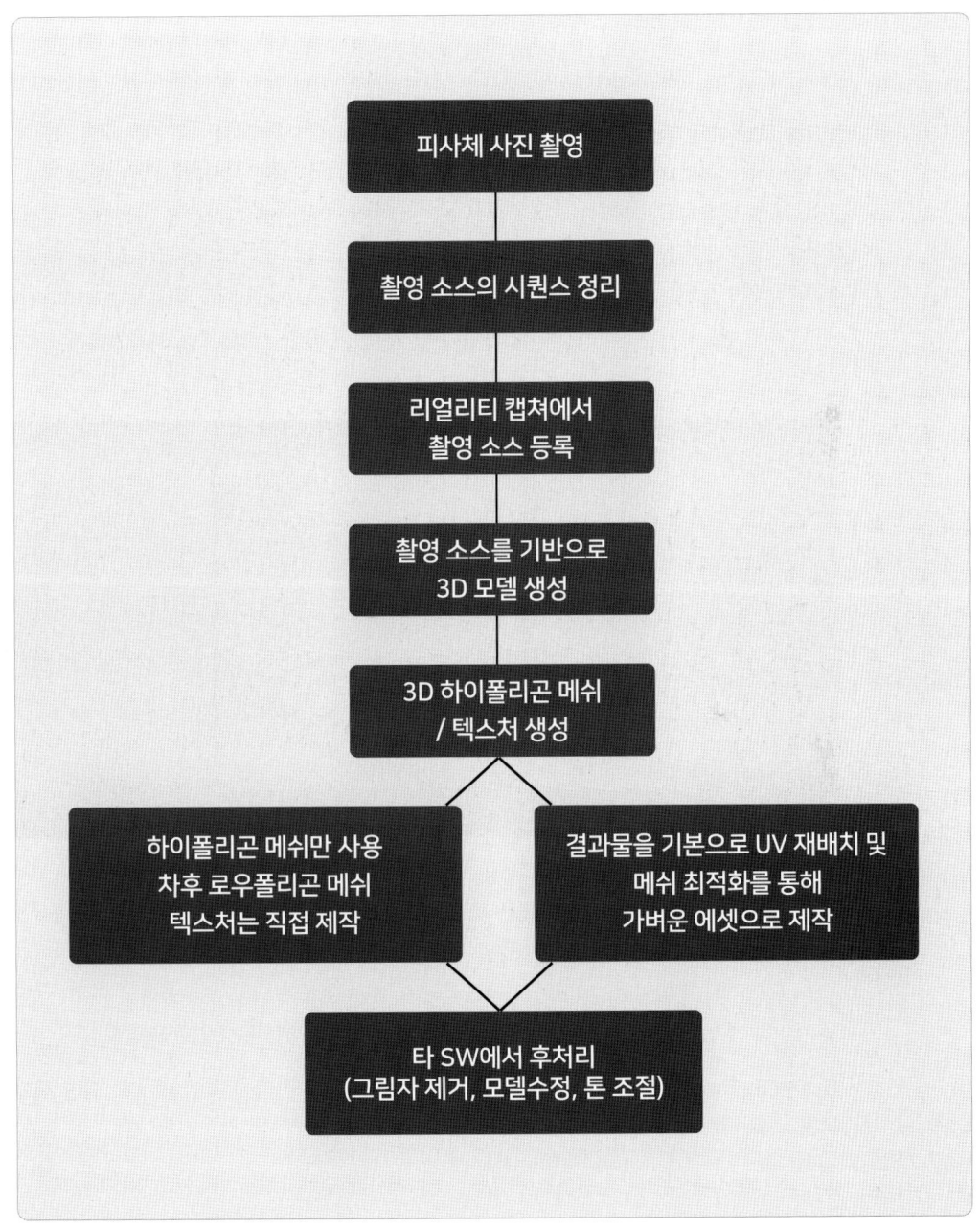

5 자주 사용하는 3D 관련 용어

설명에 앞서 3D가 익숙한 분도 있고 아닌 분도 있을 것입니다. 자주 등장할 용어들을 간단하게 설명하려고 하니 가볍게 읽어보시고 튜토리얼을 따라 하다가 궁금하면 한 번씩 찾아보시기 바랍니다.

- 메쉬(Mesh) / 모델(Model) : 기본적으로 3D로 만들어진 물체를 말하며 메쉬, 모델이라고 부릅니다.

- 트라이(Tri) / 폴리곤(Polygon) / 버텍스(Vertex) : 메쉬를 구성하는 최소 단위입니다. 트라이는 메쉬를 구성하는 최소 단위 중 삼각형 단위를 말하고 폴리곤은 3개 이상의 선분으로 구성된 다각형, 버텍스는 점을 말합니다. 트라이가 다각형의 최소 단위이기 때문에 다각형을 삼각형을 쪼갰을 때의 개수, 즉 사각형을 삼각형으로 쪼개면 2개의 삼각형인 것입니다. 그 수치를 표현해주고 있는 것입니다. 왼쪽 이미지를 보면 삼각형을 선택했기에 폴리곤 1개, 트라이 1개로 나옵니다. 가운데 이미지는 사각형을 선택했기에 폴리곤 1개, 트라이 2개입니다. 우측 이미지는 버텍스만 4개 선택해서 4개라고 표시됩니다.

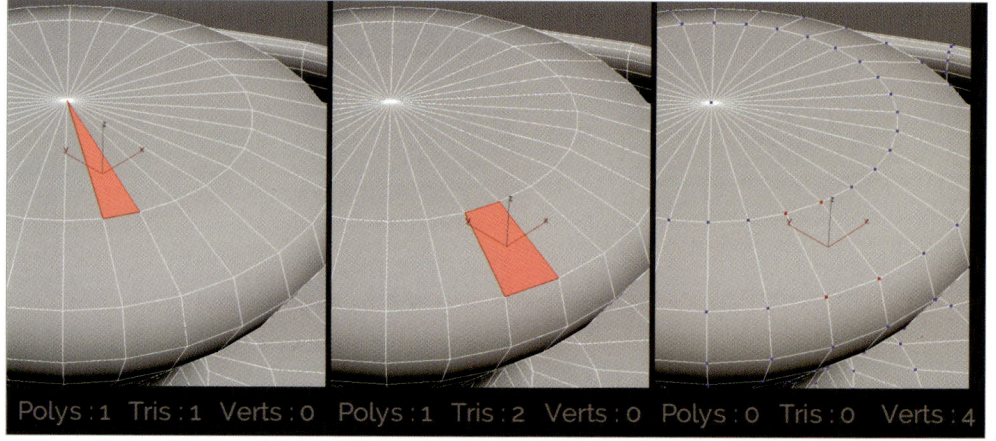

- 하이폴리곤(High Polygon;하이폴) / 로우폴리곤(Low Polygon;로폴) : 메쉬를 구성하는 최소 단위, 다각형을 폴리곤이라고 부릅니다. 폴리곤이 많은 메쉬를 하이폴리곤(하이폴), 적은 메쉬를 로우폴리곤(로폴)이라고 부릅니다. 당연히 하이폴리곤 메쉬는 용량이 크고 로우폴리곤 메쉬는 가볍습니다. 이 두 가지를 나누는 별도의 기준은 없으니 상대적인 의미로 이해하시기 바랍니다.

- 텍스처(Texture) : 3D 모델의 색, 질감 등의 정보가 담긴 이미지 파일입니다. 쉽게 생각해서 모델은 뼈 및 근육, 텍스처는 가죽이라고 생각하면 됩니다.

- **언랩(Unwrap) / UV** : 언랩은 3D 모델을 잘라서 펼친 후 그 모델의 도면을 만드는 작업입니다. 이 공정에서 제작하는 도면을 UV라고 부릅니다. 모델에 언랩을 하여 2D화하여 펼쳐 놓은 후 그 위에 질감이나 컬러 등을 넣어서 Texture 파일을 만들기 때문에 언랩은 반드시 필요한 공정입니다.

Mesh   UV

- **LOD(Level Of Detail)** : 게임에서 많이 사용되는 용어입니다. 게임에서는 사용할 수 있는 메모리 등의 자원이 한정적이다 보니 테두리를 유지하면서 모델들을 사용하게 되는데 A라는 물체를 코앞에서 볼 때와 10km 멀어진 곳에서 볼 때 눈에 담기는 크기 차이가 클 것입니다. 그래서 코앞에서 10만 개로 표현됐다면 10km 멀어진 곳에선 10개로 표현해도 큰 차이가 없어집니다. 이를 처리하는 기법이 LOD(Level Of Detail) 입니다. 포토스캔으로 정말 정밀한 모델을 제작해야 될 수도 있고 좀 단순하게 제작해야 할 수도 있습니다. 그리고 앞의 두 가지 중에 정해지지 않았거나 가늠되지 않을 때 LOD를 만들어 두면 상황에 맞게 모델을 사용할 수 있을 것입니다. 이런 간편함에 비해 제작하는 시간이 이 프로그램에서 굉장히 적어서 필수로 알아두어야 할 용어에 추가했습니다.

LOD0 : 4.2K Tris

LOD1 : 2.1K Tris

LOD2 : 422 Tris

LOD3 : 211 Tris

- **PBR(Physical based rendering)** : PBR은 물리 기반 렌더링의 줄임말로 요즘 나오는 게임, 영상은 현실과 최대한 비슷하게 만드는 것을 추구하는데 그것의 기반이 되는 렌더링 환경입니다. 물리를 기반으로 하기 때문에 사용되는 Texture가 물리를 기반으로 한 Texture가 사용됩니다. 반사를 조절하는 Texture, 금속인지 아닌지를 파악하게 해 주는 Texture, 색상 정보만을 알 수 있는 Texture 등으로 나누어져서 사용되는 환경이 PBR 기반 환경입니다.

- **디퓨즈(Diffuse Texture)** : 디퓨즈는 기본 색상정보+반사, 그림자 등의 외부 요소가 담긴 Texture입니다. 특정 프로그램에 따라 다르게 부르기도 하고 성질이 차이도 있지만 여기서는 동일한 의미라고 이해하면 좋을 것 같습니다.

- **알베도(Albedo Texture)** : 물체의 순수한 고유 색상 정보만을 담고 있는 Texture입니다. Base Color Texture와 같다고 보면 됩니다. Diffuse Texture에 들어간 요소들이 나누어져서 사용하는 경우가 있는데 그중 색상을 빼 온 Texture가 Albedo Texture라고 생각하면 됩니다. 이 부분이 중요한 이유는 앞서 설명한 PBR에서 여러 장의 Texture를 묶어서 사용하기 때문에 확실하게 나눠지는 것이 무엇보다 중요하기 때문입니다. 참고로 아래 그림의 좌측에는 빛의 영향을 받은 이미지인데 우측에는 그런 부분이 없고 물체의 고유색만을 확인할 수 있습니다.

Diffuse   Albedo

- **노멀(Normal Texture)** : 적은 폴리곤으로는 많은 디테일을 표현해 주지 못하는 데 Normal Texture를 사용하면 1개의 폴리곤임에도 돌 표면 같은 디테일을 줄 수 있습니다. X, Y, Z축을 각각 R, G, B 채널에 정보를 이미지화해서 저장한 Texture라서 일반적으로 색이 푸르스름합니다.

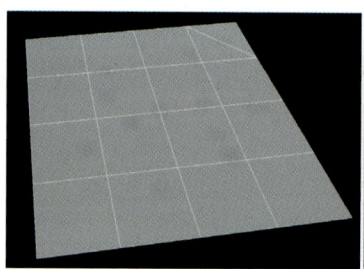 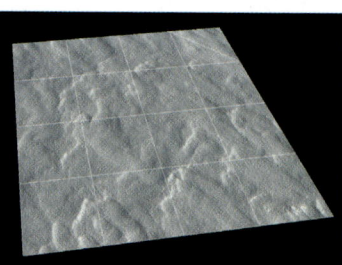 

Normal X   Normal O   Normal Map

- **알파맵(Alpha Texture)** : 투명도를 조절하는 Texture 입니다. 아래 그림처럼 알파맵(Alpha Texture)을 적용시키면 주변부가 투명하게 보여서 나뭇잎 같은 형태를 표현할 때에 좋습니다. 하지만 알파맵을 사용할 수 있는 환경에서만 구현할 수 있습니다.

알파맵 적용 전   알파맵 적용 후

Albedo Texture   Alpha Texture

- **스무딩 그룹(Smoothing Group)** : 모델의 표면이 아무 설정 없는 상태에선 각진 상태인데 스무딩그룹을 그룹을 원하는 대로 나누어서 적용해 놓으면 각진 부분이 부드럽게 보입니다.

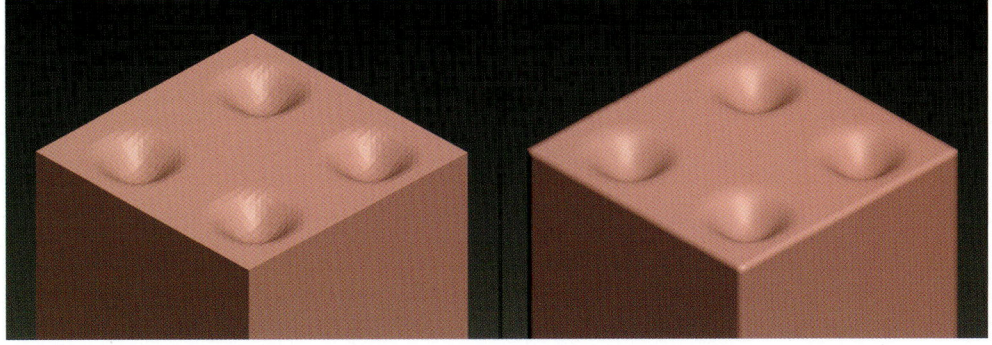

Smoothing X   Smoothing O

PHOTO SCAN GUIDE

포토스캔의 간단한 사용법

1 리얼리티 캡쳐(Reality Capture)의 기본 기능 알아보기

기능을 하나하나 설명하기보다는 간단한 예제를 만들어 보면서 전체 작업 과정을 소개하고, 이후 세부적인 부분은 추후 관련 예제를 진행하면서 설명하겠습니다. 이 책에서는 RealityCapture 1.2.0.17385 버전을 사용했습니다.

프로그램을 설치하기 위해 홈페이지 방문을 합니다. 직접 회원 가입을 하거나 에픽게임즈 계정을 사용해도 되는데 에픽게임즈의 계정 사용을 추천합니다. 메인 홈페이지에서 우측 상단의 Download now를 클릭하면 바로 다운로드가 됩니다. 다운이 안 되는 경우, 개인 메일로 다운로드할 수도 있습니다.

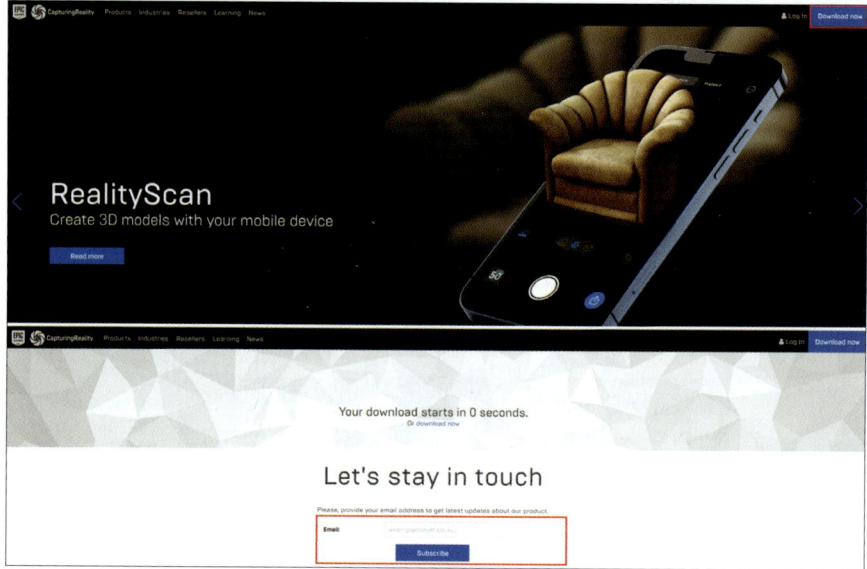

https://www.capturingreality.com

다운로드한 설치파일을 실행하여 설치를 완료합니다.

이 프로그램은 이미지를 활용하여 계산하다 보니 진행 과정에서 캐시 파일이 발생하게 됩니다. 나중에 작업 파일을 다시 열 때 앞서 계산하면서 만든 캐시 파일을 사용하는데 그 캐시 파일들을 SSD에 저장하겠냐고 물어보는 메시지입니다. 가급적 SSD에 저장하는 것이 작업 속도에 도움을 주기 때문에 '예'를 눌러서 캐시 파일의 저장경로를 변경해줍니다.

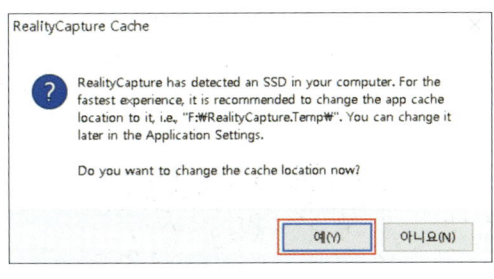

프로그램을 실행하게 되면 나타나는 라이선스를 활성화시키는 메시지입니다. 이 부분이 체크되지 않으면 프로그램이 실행되지 않습니다. Activate를 클릭합니다.

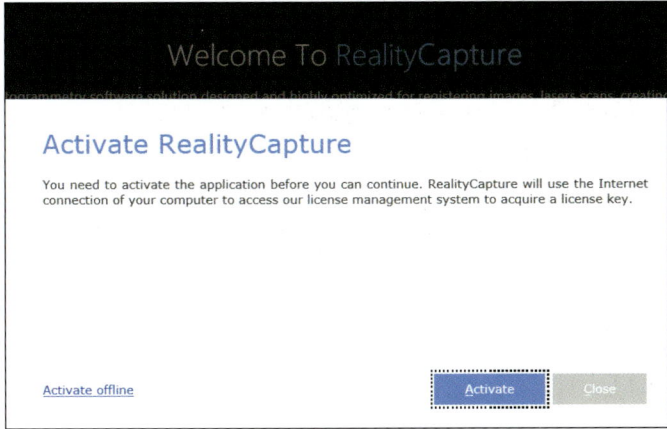

로그인은 2가지 방법으로 가능합니다.
에픽게임즈 아이디와 기타 아이디로 로그인 할 수 있는데, 에픽게임즈와 연동하여 사용할 것이기 때문에 에픽게임즈로 로그인합니다. 좌측 검정 버튼, Sign in with Epic Games를 클릭합니다.

로그인을 하면 PPI 라이선스의 동의를 구하는 메시지가 나타납니다.

기본적으로 이 프로그램은 사용하는 것은 무료지만 결과물을 추출할 때에는 별도의 비용이 발생합니다. 체크하고 Activate를 클릭하면 PPI 라이센스를 설명하는 메시지가 나옵니다.

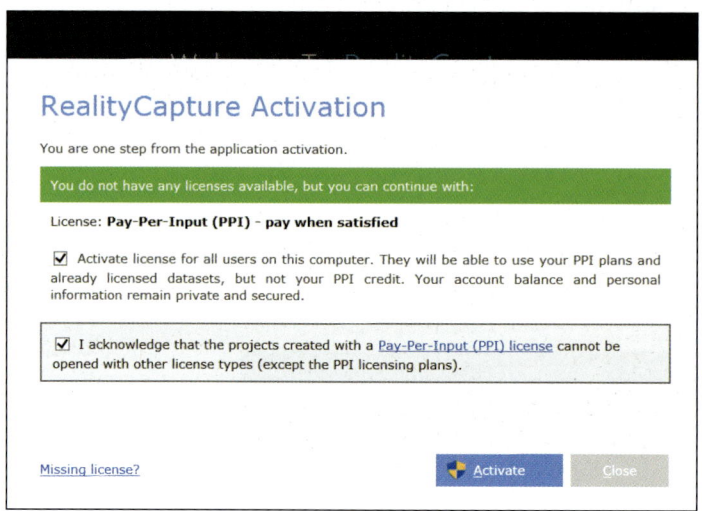

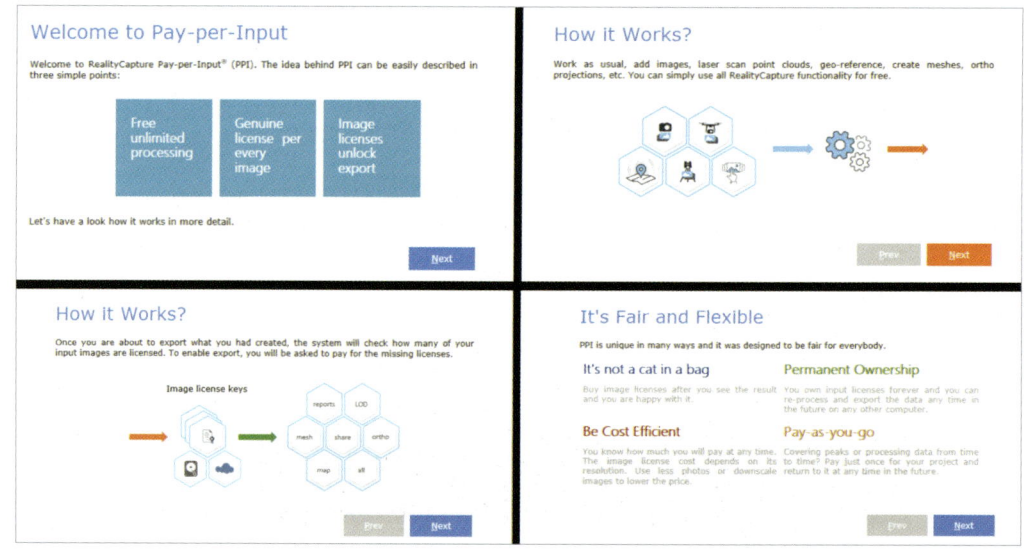

RealityCapture를 실행하고, 화면의 좌측 상단 아이콘에서 원하는 형태의 레이아웃으로 바꿔줍니다.

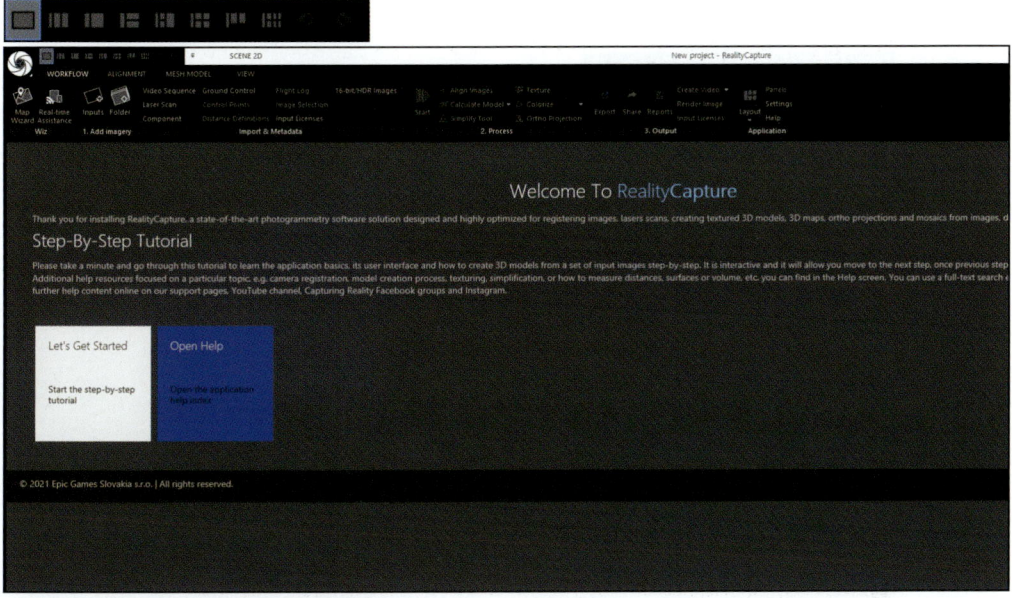

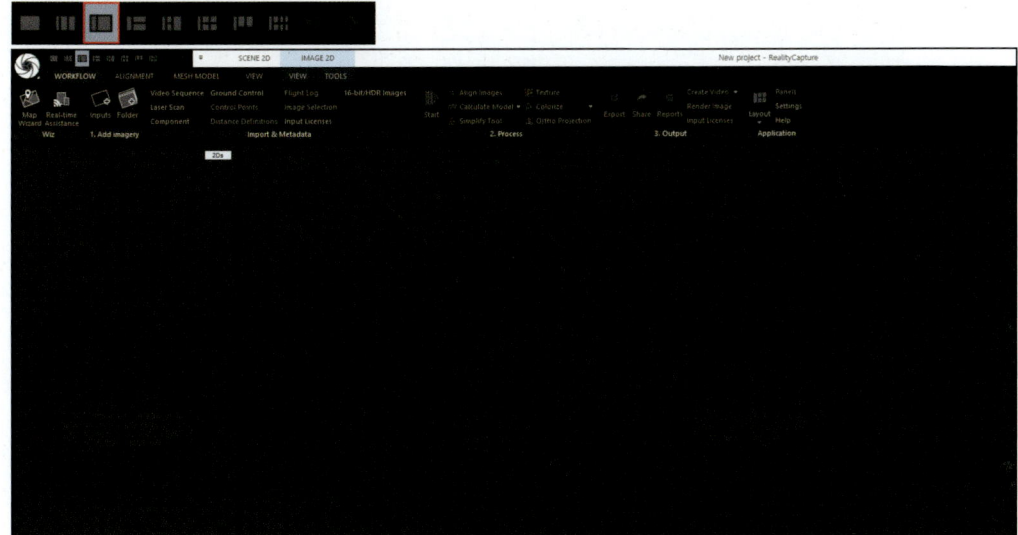

처음 설치하고 켰을 때는 튜토리얼만을 보여주기 때문에 설정과 작업을 하기 위한 레이아웃으로 변경해 줍니다

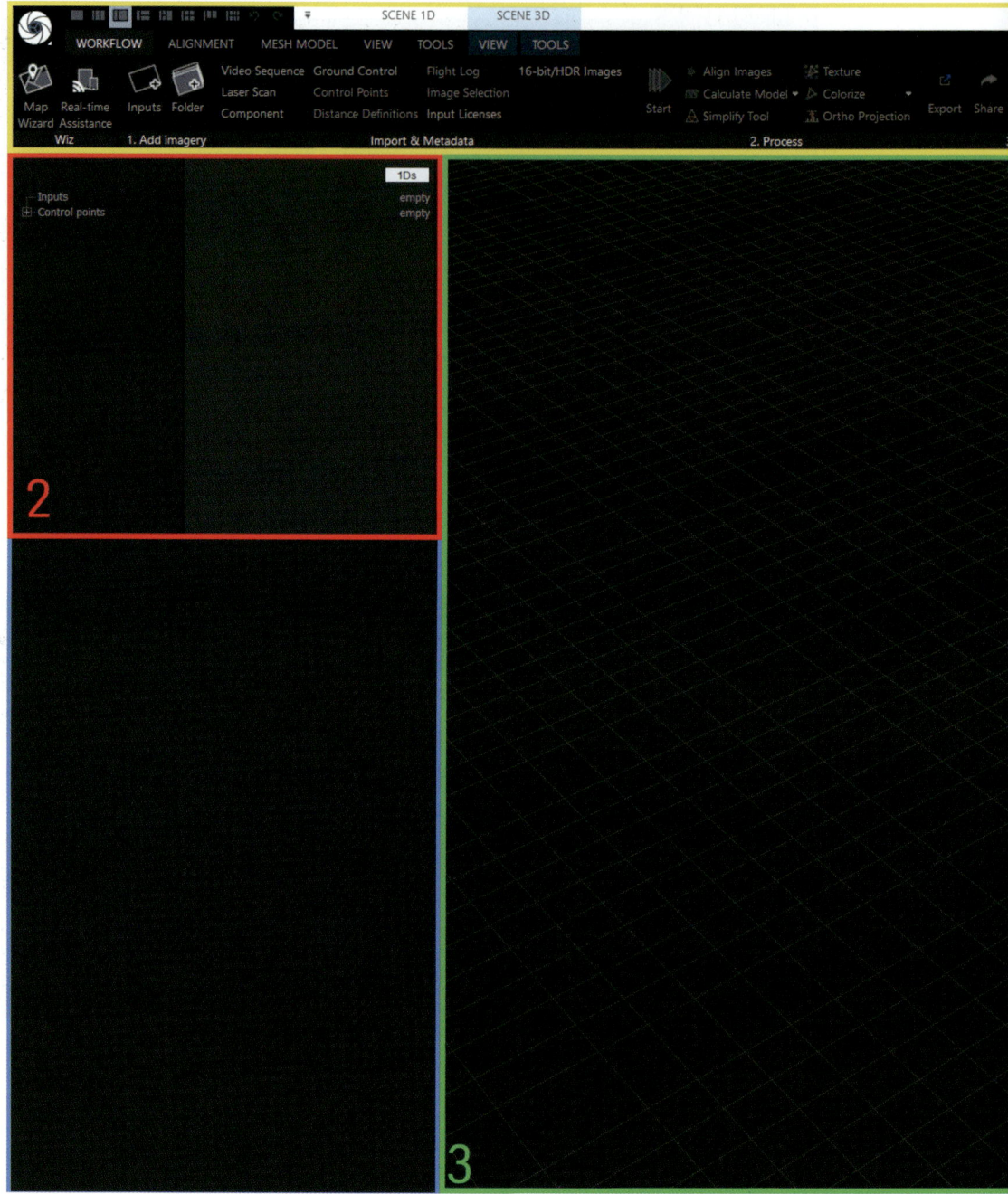

포토스캔의 간단한 사용법 PART C

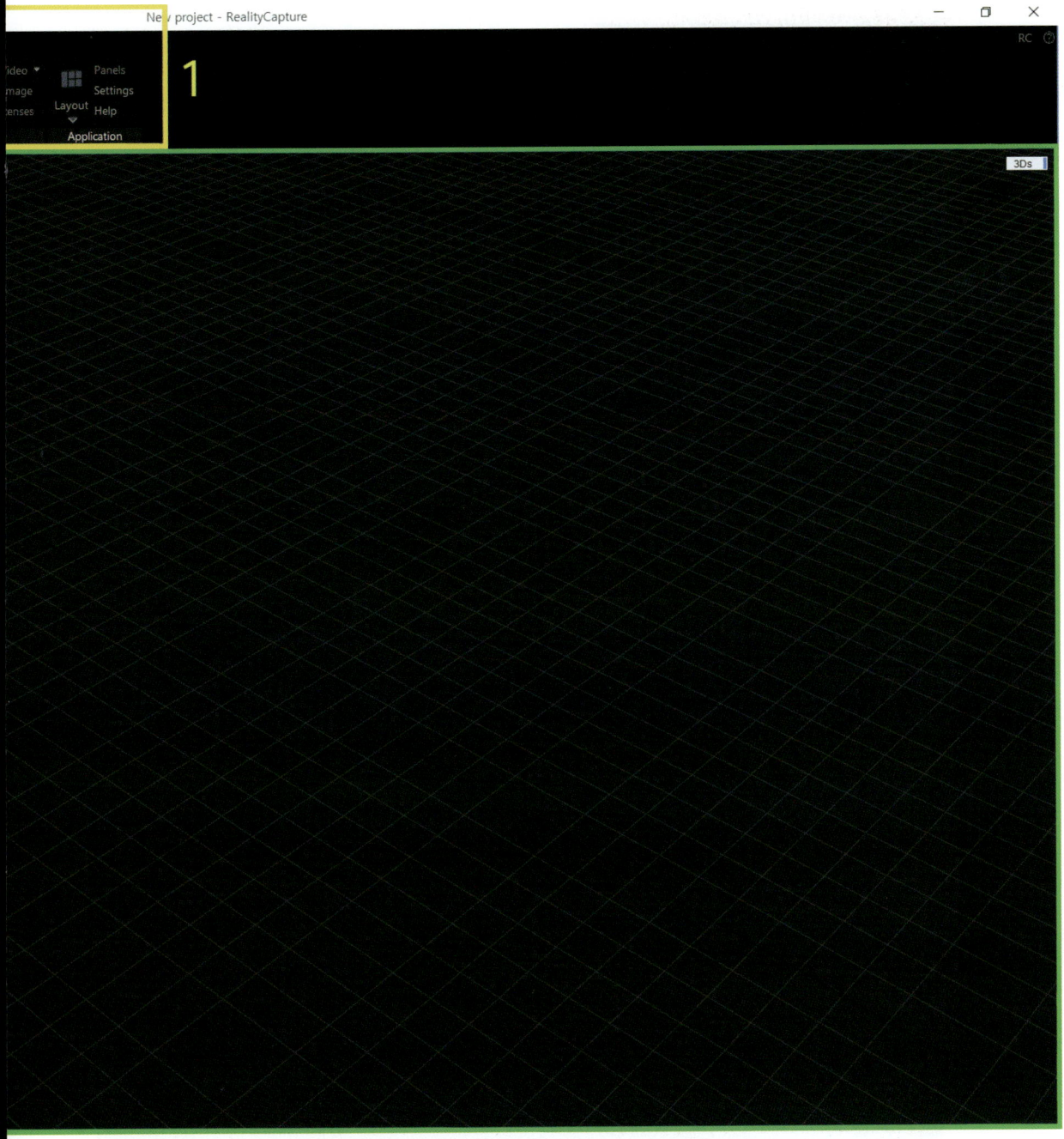

❶ 제작 과정에 관련된 기능

좌측 상단의 레이아웃 UI 버튼으로 원하는 레이아웃으로 설정합니다. 저는 2개의 뷰를 활용합니다.

작업을 시작하기 전에 Settings 옵션에서 작업에 필요한 설정들을 알아보겠습니다.

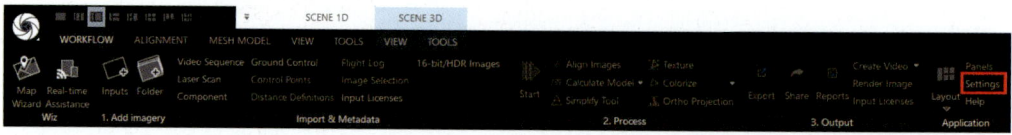

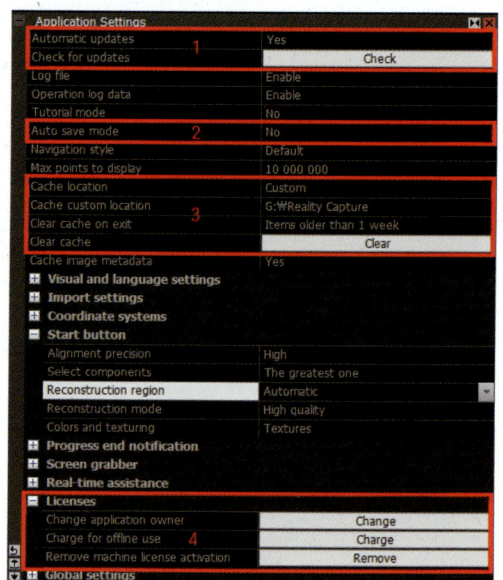

❶ 업데이트 관련 기능입니다.
자동 업데이트 설정/업데이트 유무 확인 기능인데 취향에 따라 설정하면 됩니다.

❷ 자동저장 기능입니다. 이것도 취향에 따라 설정하면 되지만 작업 특성상 굉장히 무거운 데이터를 다루기 때문에 켜지 않고 사용합니다.

❸ 프로그램 캐시의 저장위치를 설정합니다. 3D 모델을 계산하면 캐시 파일이 생깁니다. 해당 파일은 계산정보가 담겨있고 지우면 새로 계산을 해야 합니다. 사진 장수가 늘어날수록 캐시 파일도 많아지고 무거워집니다. 그러니 빈 용량이 많은 위치로 저장 경로를 지정해줍니다. Clear를 클릭하면 캐시파일이 삭제됩니다.

❹ 라이센스 옵션 관련 내용입니다. 에픽게임즈 계정을 사용하면 라이센스 문제로 가끔 저장이 안 되는 경우가 있는데 이럴 때 Remove machine license activation > Remove를 선택하면 저장이 됩니다. 그리고 다시 프로그램을 실행하여 로그인하면 라이선스 파일이 생깁니다.

❷ 1번 기능들의 세부 설정

1번의 기능들을 사용하거나 설정을 켜면 메뉴가 열리는 곳입니다.

❸ 3D / 2D 프리뷰

사진이 메쉬로 제작되면 표시된 화면에서 확인이 가능합니다. 각 기능에 대한 부분은 작업을 진행하면서 설명드리겠습니다.

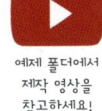
예제 폴더에서 제작 영상을 참고하세요!

예제데이터는 'OO_크루아상' 폴더의 사진소스를 활용하시면 됩니다.

1. 사진 추가(Add)

WORKFLOW 〉 Add imagery를 클릭하여 예제폴더의 크루아상 사진들을 불러옵니다.

Inputs : 개별적으로 사진을 추가히기

Folder : 폴더 선택하여 일괄적으로 추가하기

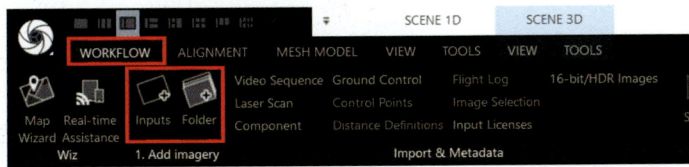

이미지 추가 후 Images 글자를 클릭하면 Inputs 설정이 뜨는데 Group을 클릭합니다.

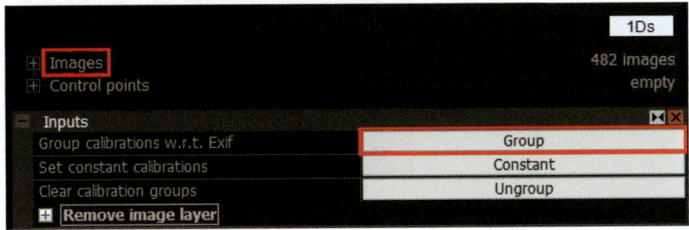

2. 사진 정렬(Alignment)

ALIGNMENT 〉 Align Images 〉 Settings 클릭하면 Alignment 설정을 할 수 있습니다. 여기선 주요한 옵션 위주로 설명을 하겠습니다.

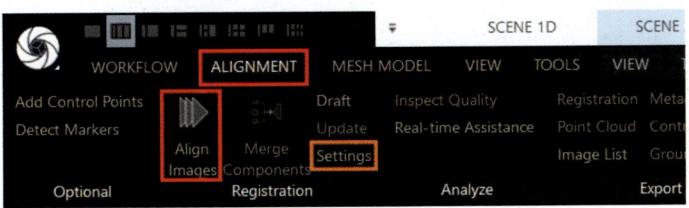

- **Max feature per image**

  인접 사진 간의 예상 겹침. 80000으로 설정합니다.

- **Image overlap**

  사진이 얼마나 잘 겹치는지에 따라 선택합니다. 같은 이름의 옵션이 2개인데 동일하게 해줍니다.

- **Force component rematch**

  Align을 한 번 하고 component 들을 재결합시켜 주는 옵션입니다. Align 후 Component가 여러 개 생겼을 때 Yes로 바꾸면 합쳐주는 데 도움을 주는 옵션입니다.

- **Preselector features**

  계산 민감도로 100,000로 설정합니다. 계산하는 시간에 영향을 줄 수 있으므로 사양에 맞는 설정값으로 바꿔도 좋습니다.

- **Detector sensitivity**

  반사 대비에 따라 옵션을 바꿔주면 되는데, 예를 들어 석상에선 Low, 건물의 매끄러운 벽은 High로 합니다. Ultra는 이미지 노이즈로 인해 오류가 쉽게 발생합니다.

- **Distortion model**

  기본 옵션인 Brown3로 설정해 놓으면 되는데 어안 렌즈를 사용했을 경우는 Division으로 바꿔야 합니다.

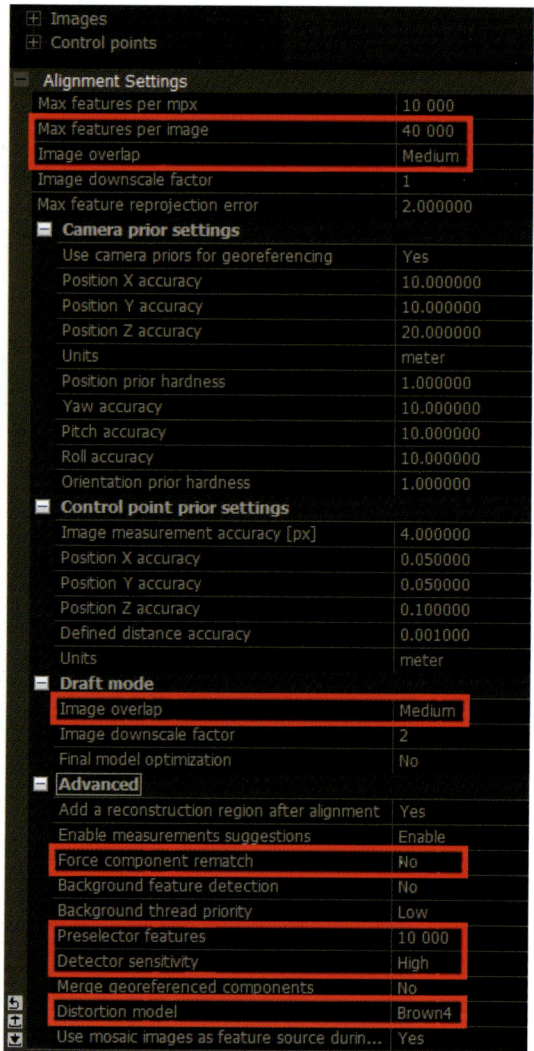

건물이나 측량이 아닌 일반 물체를 스캔할 경우라면 위 옵션 정도로 설정하고 진행합니다. 이후 예제에서도 같은 수치로 계산할 것이고 변동이 있다면 추가로 기입해 놓겠습니다.

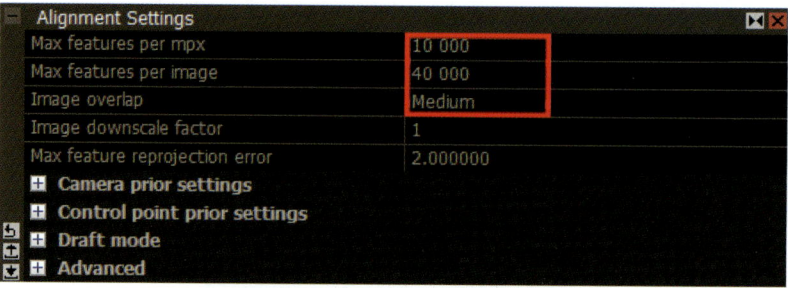

설정을 하고 Align Images를 클릭하면 점들이 3D 물체처럼 생성되어 있습니다.

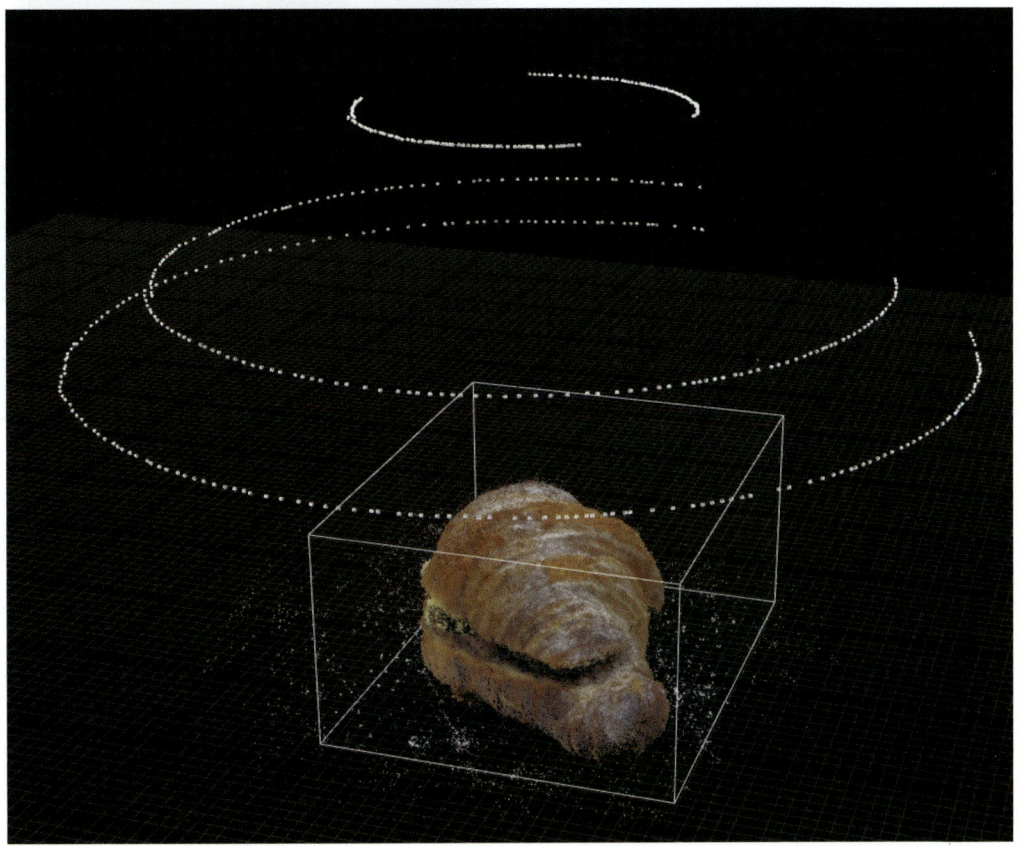

간혹 우측 이미지 같은 메시지가 나오면서 계산이 안 되는 경우가 있는데, Operation failed는 대부분 저장을 안 했거나 저장이 안 될 때 나오는 메시지입니다.

해당 메시지가 나왔다면 먼저 저장을 합니다. 저장되지 않는다면 앞서 설명한 라이선스 파일을 제거한 후 다시 저장을 시도해보고 저장되었다면 다시 계산해 봅니다. 이렇게 시도해 보면 해당 문제가 해결될 것입니다.

여기서 기능을 한번 살펴보겠습니다

화면 별로 우측 상단의 메뉴를 클릭해보면 원하는 방식대로 볼 수 있습니다.

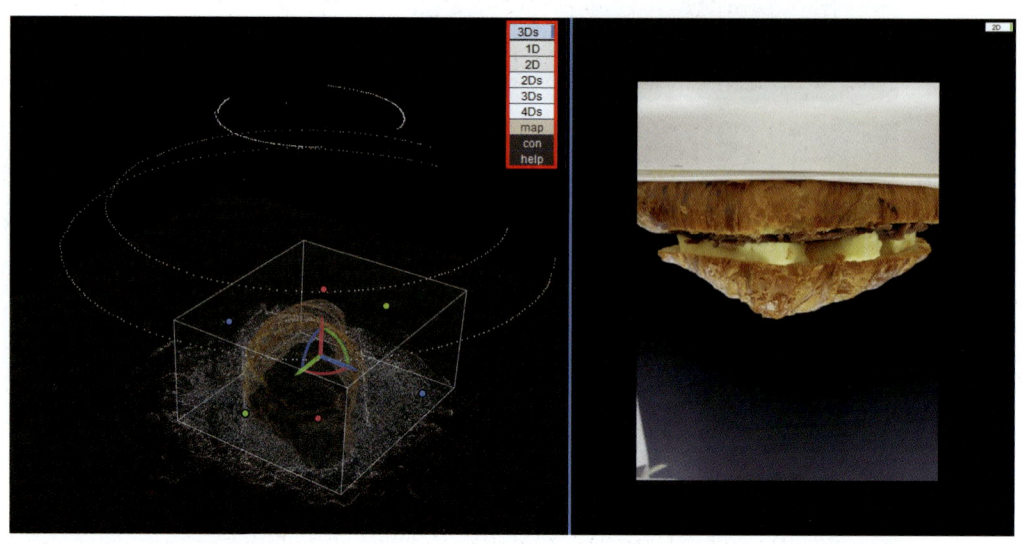

화면 조절은 아래 기능으로 제어할 수 있습니다.

- **마우스 좌클릭 후 이동** : 화면 좌우 움직임
- **마우스 좌클릭 + Ctrl** : 화면 상하 움직임
- **마우스 우클릭** : 화면 회전
- **마우스 휠** : 화면 확대

마우스 더블 클릭 : 피벗 생성 (피벗 기준으로 화면이 움직입니다.)

View 탭에는 화면제어에 관련된 기능이 있습니다.

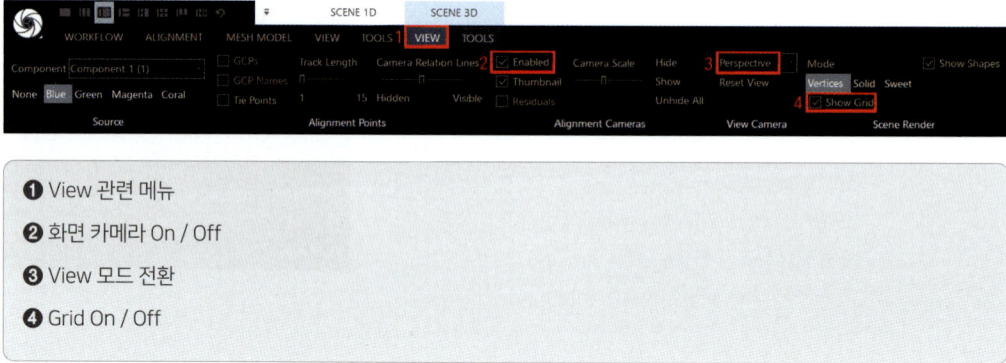

❶ View 관련 메뉴
❷ 화면 카메라 On / Off
❸ View 모드 전환
❹ Grid On / Off

작업으로 돌아와서 Align을 하면 아래와 같이 Component가 나눠진 걸 확인할 수 있습니다.

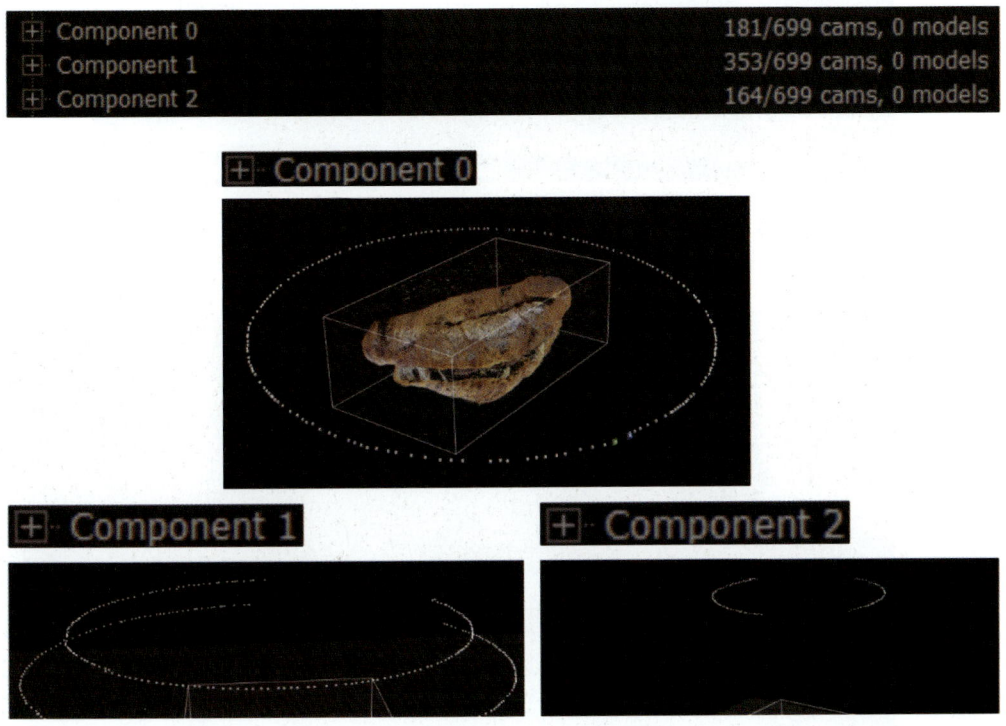

Component는 각각의 이미지 그룹으로 생각하면 됩니다. 서로 나누어진 이미지 그룹이기에 모델을 생성하게 되면 각각의 Component 별로 모델이 생성됩니다. 3개의 Component 중에서 카메라의 개수, Cams의 숫자가 가장 높은 Component를 사용하겠습니다.

최초로 계산을 했을 때 사진을 찍은 위치 정자세로 나오는 경우도 있지만 아닌 경우도 많습니다. 90도로 회전되어 있거나 뒤집혀 있는 경우가 있는데 그럴 때는 원하는 형태로 맞춰 놓고 작업하는 것이 좋습니다.

Tools 〉 Set Ground Plane 클릭합니다.

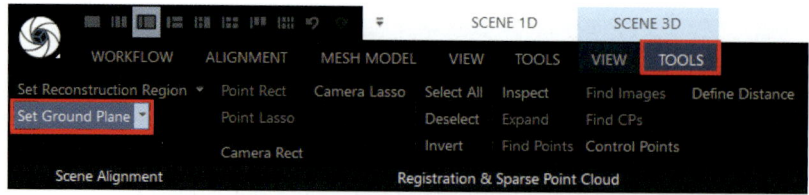

물체 가운데에 생기는 컨트롤러로 원하는 형태로 정렬합니다.

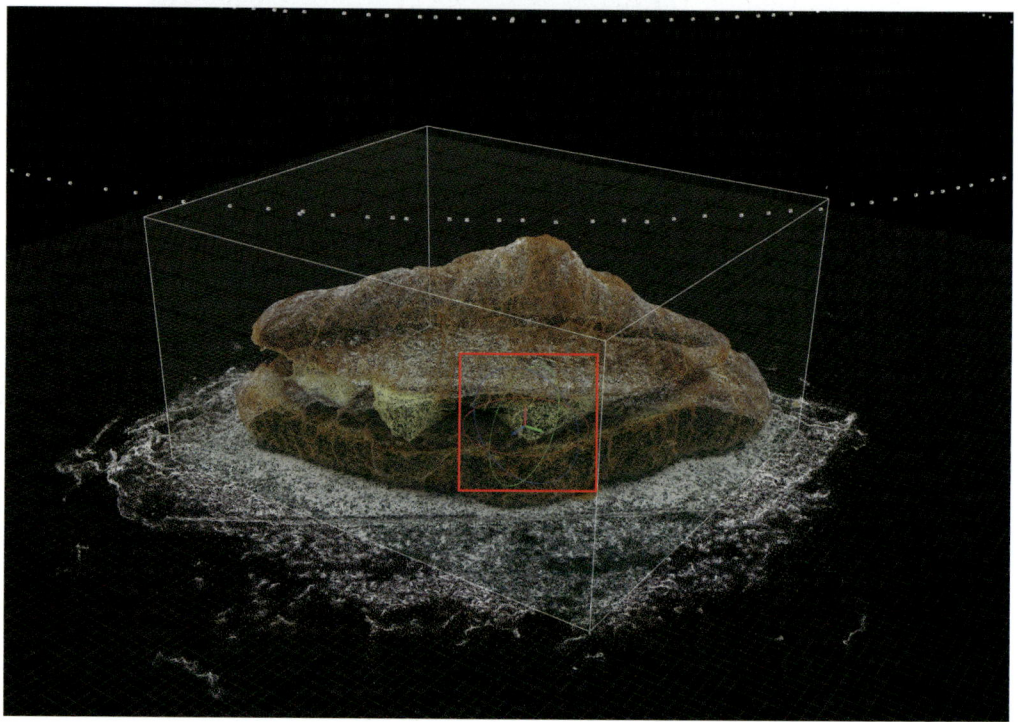

그대로 메쉬를 만들어도 되지만 영역을 지정하면 그 영역안에서 메쉬가 생성됩니다.
사진 경로의 Set Region Automatically를 클릭합니다.

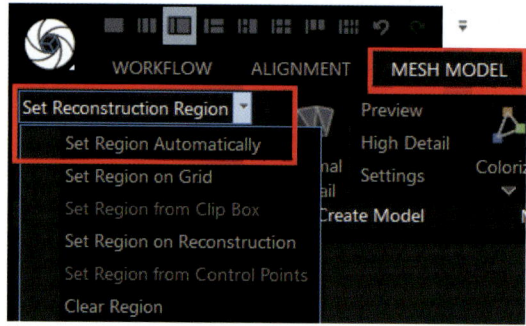

박스가 생성되어 저 공간 안에서 모델이 형성되므로 뷰를 바꿔가며 원하는 부분이 들어갈 수 있도록 표시된 컨트롤러를 이용하여 영역을 지정합니다.

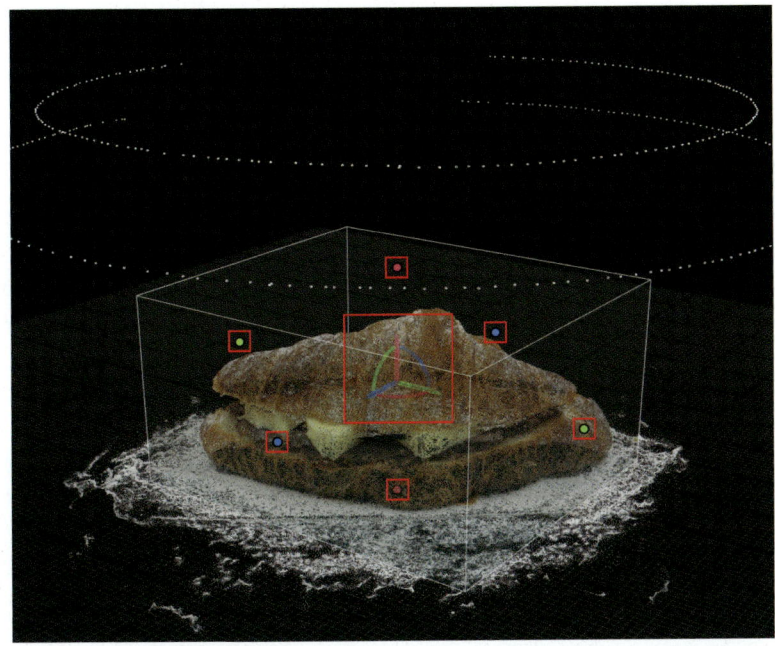

3. Mesh / Texture 생성

메쉬를 생성하기 전에 설정을 먼저 확인합니다.

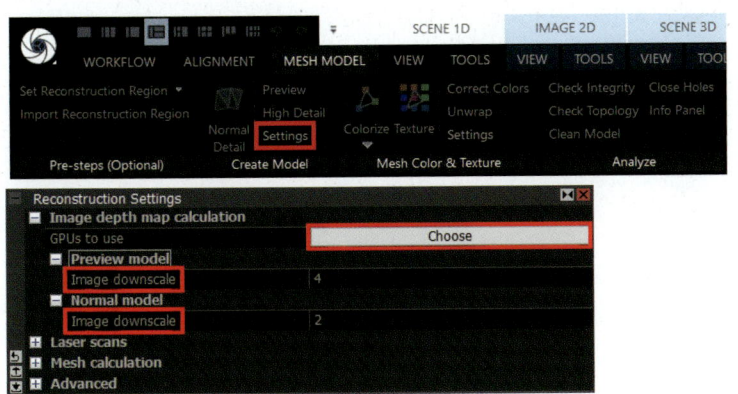

GPUs to use
원하는 그래픽 카드를 설정할 수 있습니다. 1개만 사용 중이라면 설정되어 있습니다.

Image downscale
모델은 Preview / Normal / High 3가지 버전으로 제작 가능한데 각 모델별 Image downscale의 수치가 높을수록 계산은 빠르나 세부 디테일이 떨어질 수 있습니다.

옵션에 나온 Preview / Normal model은 트라이 개수를 기준으로 소 / 중으로 생각하면 됩니다.

설정에서 나온 Preview, Normal Detail은 아래 위치에서 빠르게 선택/생성이 가능하고, High Detail은 트라이 개수에 제한없이 생성을 해줍니다. 그 대신 용량이 늘어나기 때문에 앞서 설명한 캐시 경로에 용량이 넉넉하지 않으면 계산 도중에 중단될 수 있으니 항상 확인하고 사용하는 것이 좋습니다. Align 과정에서 시간이 많이 소요되는데 이 과정에서는 2배 정도 더 소요됩니다.

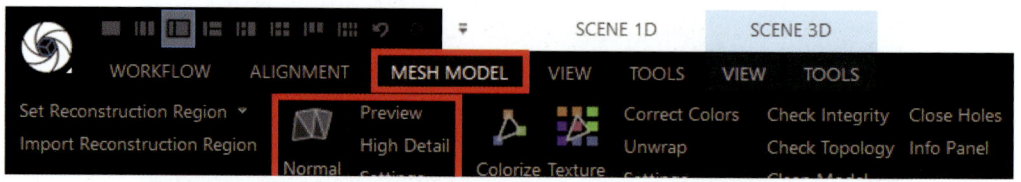

메쉬 생성, Reconstruction을 마치고 나면 선택했던 Component 아래에 Model1이라고 추가됩니다.

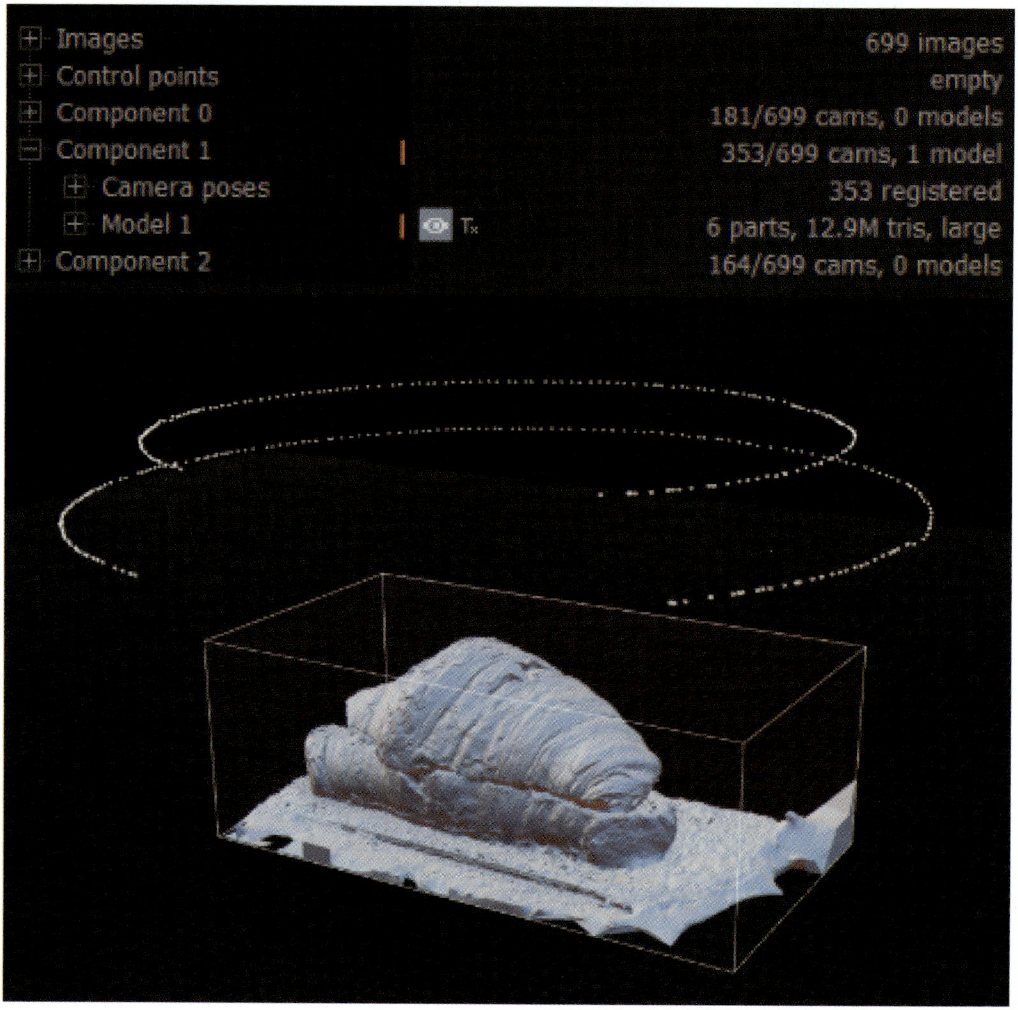

이후 수정했을 때 지금처럼 Component 아래에 추가가 되고 필요시 아래 이미지에 표시된 아이콘을 클릭하면 삭제도 가능합니다.

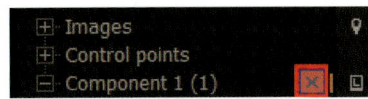

원하는 model의 이름을 클릭하면 그 모델에 관한 정보가 옵션처럼 나옵니다.

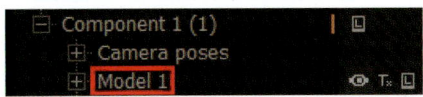

아래 Texturing / Report / Settings를 펼쳐 보면 각 구분에 맞는 해당 메쉬의 정보를 알 수 있고 이미지에 표시된 부분을 더블클릭하면 이름을 수정할 수 있습니다.

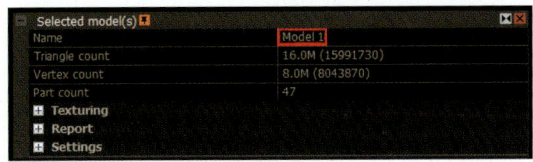

상자에 맞게 메쉬가 생성되었는데 빵만 필요해서 수정을 해 보겠습니다.
아래의 왼쪽 박스 영역은 선택 타입(자유/사각형/박스형), 오른쪽 박스 영역은 선택 기능입니다.

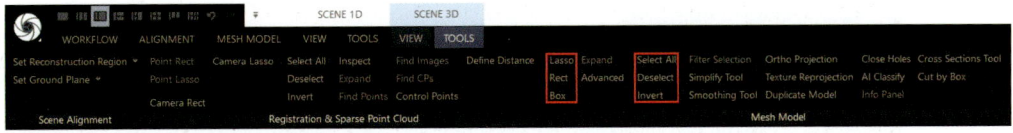

선택 도구로 불필요한 부분을 선택합니다.
Box는 지금 생성된 Box를 기준으로 선택할 수 있습니다. Lasso나 Rect로 영역을 지정하면 한 번에 원하는 대로 불가능하니 Ctrl 클릭 후 영역을 지정하면 추가 지정이 가능합니다. 영역을 지정하고 있는 상태에서는 화면 전환이 어렵습니다. 전환을 하고 싶을 땐 UI를 재클릭해서 끄고 전환을 해야 합니다.

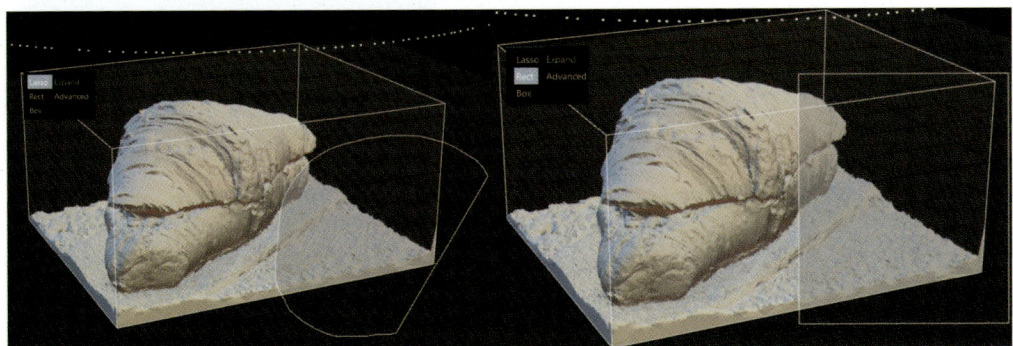

63

원하는 부분을 선택하고 후 Filter Selection을 클릭하면 원하는 부분만 남게 됩니다.

이후 바로 Texture 제작을 해도 되지만 Unwrap(언랩)을 하고 Texture를 제작해야 모델과 같이 추출이 가능합니다.

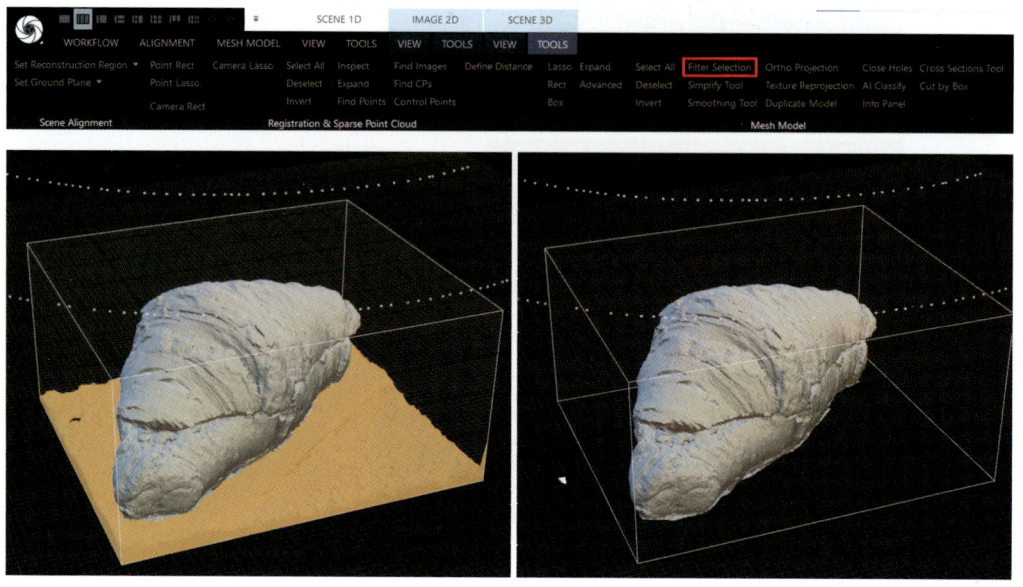

Unwrap을 클릭하면 화면 좌측 하단에 설정창이 열립니다.

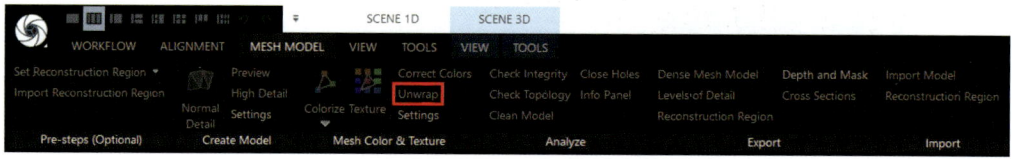

여러 옵션이 있는데 이 중에 표시된 부분만 먼저 짚고 넘어가겠습니다.

옆의 그림대로 설정해 주고 Unwrap을 클릭합니다.

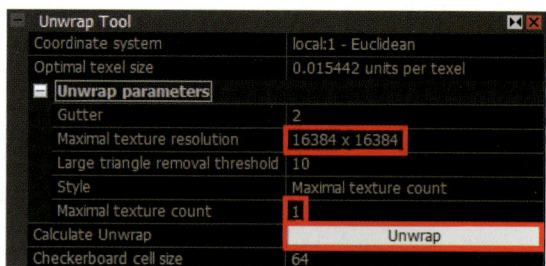

- **Maximal texture resolution** : 최대 Texture 크기 사이즈가 클수록 용량이 커지지만 최대 사양에 맞춰서 제작하는 것이 좋습니다. 용량이나 사이즈를 줄이는 건 쉽지만 늘리는 건 거의 불가능하기 때문입니다.
- **Maximal texture count** : 최대 Texture 장 수 몇 장으로 Texture를 제작할 거냐 묻는 설정인데 특별한 이유가 없을 때 1장으로 설정을 해 줍니다.

짧은 시간이 지나서 완료되면 Settings를 클릭합니다. Texture 제작에 관련된 설정이 나옵니다.

아까 Unwrap 때와 신경 써야 할 옵션은 비슷합니다.

Maximal texture resolution은 제작할 텍스처의 최대 해상도를 설정하는 옵션입니다. 여기서 Unwrap 때와 다르게 8K로 설정한 이유는 Unwrap은 펼치기만 하는 기능이라서 컴퓨터에 무리가 없지만, 이 기능은 실제 제작되는 사이즈이기 때문에 16K보다는 8K 또는 4K로 설정하는 것이 적절합니다.

Maximal texture count는 특별히 여러 장의 텍스처가 필요하지 않다면 1장으로 진행하고, Imported-model default texture resolution은 외부에서 가져온 모델을 대상으로 하는 옵션이므로 신경 쓰지 않아도 됩니다.

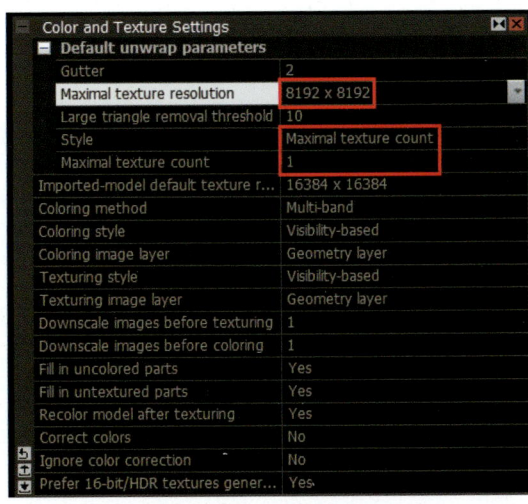

설정이 끝났다면 Texture를 클릭해줍니다.

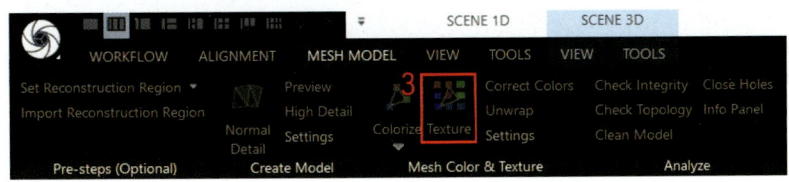

65

다음과 같은 결과물을 볼 수 있습니다. RealityCapture 프로그램 내부에 라이팅 기능이 없으므로 촬영된 사진의 텍스처가 그대로 적용되어 나타납니다.

아랫 부분에서 아까 잘라낸 부분과 구멍이 뚫린 부분은 사진처럼 파랗게 나타나는데 이 부분은 Close hole 기능으로 처리할 수 있지만, 추출한 후 외부 프로그램에서 수정하는 것이 좀 더 용이합니다. 빨간 영역 부분은 Blur 효과가 들어간 것처럼 흐릿한 결과물이 만들어졌는데, 이것은 피사체를 아래에서 촬영한 사진들이 부정확했거나 촬영 장수가 부족해서 정확한 계산이 어려울 때 나오는 현상입니다. 선명한 윗부분에 비해 사진 정보가 부족한 곳이 흐릿하게 나오는 것을 보면 사진 촬영의 장수와 각도가 결과물에 얼마나 큰 영향을 끼치는지 알 수 있을 것입니다.

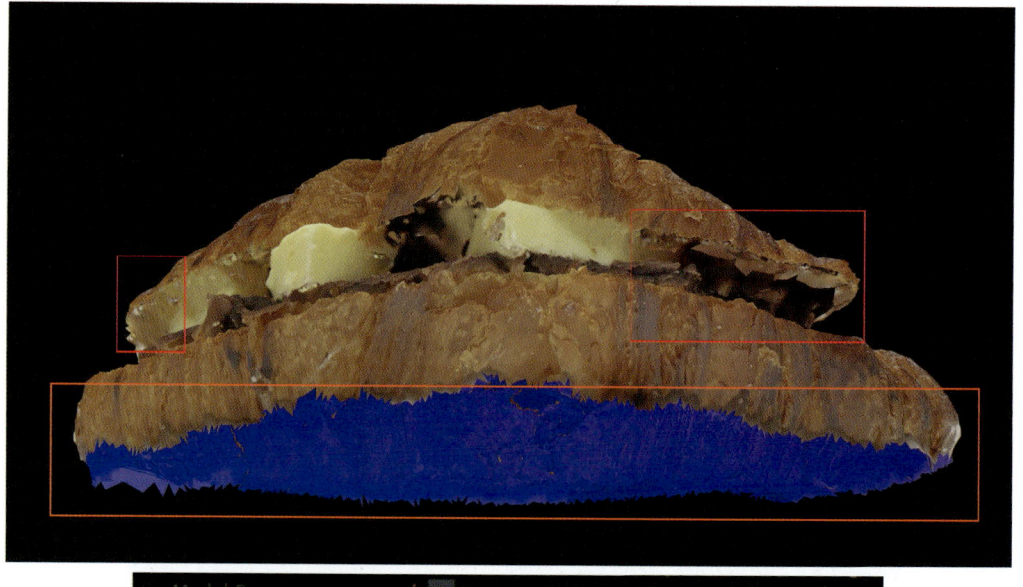

현재 모델링의 삼각형 tris가 270만개(2.7M)가량이라서 바로 추출하면 많이 무겁고 비용이 많이 나오기 때문에 자체 기능을 이용하여 최적화를 해 주겠습니다.
RealityCapture에서 지원하는 최적화 기능은 메쉬의 tri 개수를 줄이는 Simplify Tool과 기존 하이폴의 Texture를 최적화해서 개수가 줄어든 모델에 맞게 덧씌워주는 Texture Reprojection Tool 입니다.

이 프로그램을 사용하면서 해당 기능들이 정말 도움이 많이 되었습니다. 완전히 사용자의 의도대로 제작할 수는 없지만 간편하고 최적화에 큰 도움을 줍니다. 3D 프로그램을 자주 사용해보지 못한 초심자에게는 특히 좋은 기능들입니다. 단점이 있다면 언랩을 원하는 부분대로 자르지 못합니다. 또한 메쉬 갯수를 줄일 때 주위 버텍스를 합쳐주면서 줄여줍니다. 그래서 버텍스가 많은 상태에서 줄였을 때 버텍스의 위치가 삐뚤어지거나 튀어나오는 등 깔끔하지 못할 수 있습니다.

Simplify나 Texture Reprojection Tool은 목적과 상황에 따라 사용하지 않아도 되는 기능입니다. 물체의 형태를 보존하는 것이 목적이라면 처음 Normal Model의 tri 개수를 설정할 때 최대 tri 개수를 설정해 놓고 최초 제작된 모델을 사용해도 무방할 것입니다. 하지만 가벼운 모델이 필요한 경우도 분명히 있을 것이고, 모델의 활용 변수가 많다면 최적화를 해 놓고 목적과 경우에 맞게 추출하여 사용하는 것도 좋은 방법일 것입니다.

우선 메쉬의 tri 개수를 줄여주는 Simplify Tool을 클릭해봅니다.

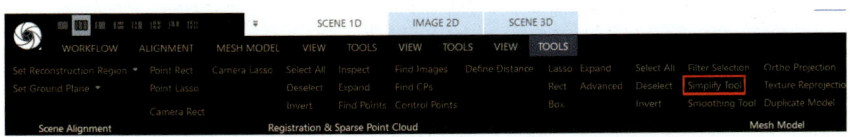

최적화 방법에는 3가지 type이 있습니다.

- **Absolute** : 최대 Tri 개수를 정해서 그 한도 안에서 최적화 해 줍니다.
- **Relative** : 현재 모델 Tri 개수에서 사용자가 정하는 Percentage에 맞게 줄여줍니다.
- **Maximum of absolute and Relative**: 위 두 조건을 함께 적용시켜 줍니다.

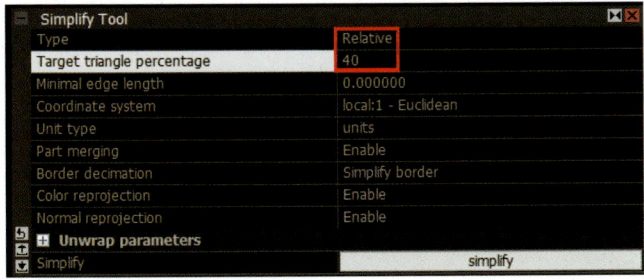

위 설정대로 설정하고 Simplify를 클릭합니다.
정해진 기준은 없지만 한 번에 100만 개짜리를 1000개짜리로 만드는 것은 결과물이 잘 나오지 않기 때문에 퍼센티지를 100 〉 80 〉 60 〉 30 〉 10처럼 순차적으로 줄여줍니다.

간혹 굉장히 낮은 수치로 tri 개수를 최적화한 후 작업 파일을 다시 보면 폴리곤이 39만 개로 줄었지만 결과물이 깨진 것처럼 나오는데 이런 경우는 Reprojection을 해 주어야 합니다.

기존 하이폴 모델의 Texture 정보를 메쉬가 최적화된 로폴로 덧씌워주는 기능이 Texture Projection 입니다. 이 기능은 반드시 필요한 기능입니다. 특히 LOD를 제작할 때처럼 메쉬를 순차적으로 줄여줄 때 유용합니다.

Texture Reprojection을 클릭합니다.

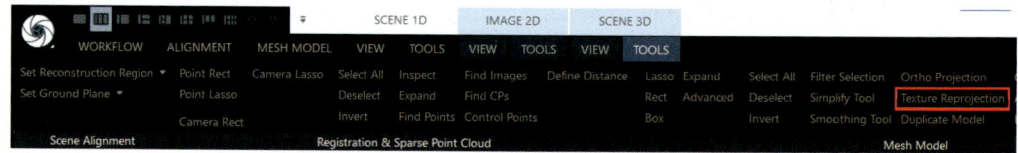

- **Source Model** : 기준이 되는 Texture가 있는 모델을 지정합니다.
- **Result Model** : Texture를 전달 받을 모델을 지정합니다.
- **Maximum of absolute and Relative** : Normal Texture를 reprojection 해 줄지 설정할 수 있습니다. Enable로 설정하면 나중에 Normal Texture를 추출할 수 있습니다.

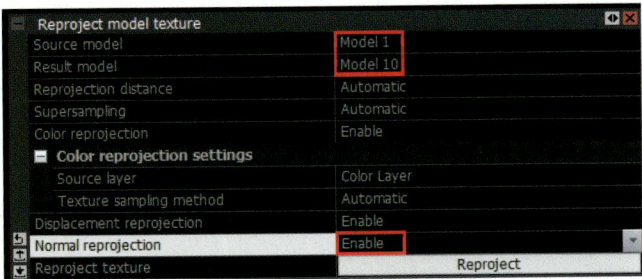

다음과 같은 결과물을 확인할 수 있습니다.

과한 메쉬 최적화는 (의도가 아니라면) 메쉬가 너무 깨져버려서 원하는 퀄리티의 모델을 얻기 힘들 수 있습니다. 반드시 tri를 엄청 많이 써야 하는 상황이 아니라면 적절한 최적화는 퀄리티와 용량, 이 2가지 요소를 전부 얻을 수 있으니 참고하시기 바랍니다.

기존 / 2.7M tris

메쉬 최적화 / 397K tris

메쉬 최적화 + Reproject / 397K Tris

파일을 껐다 켜면 폴리곤이 적은 모델은 점으로 표시되는데 이것은 Vertices로 선택되어 표현되기 때문입니다. 원하는 모드의 View로 볼 수 있습니다.

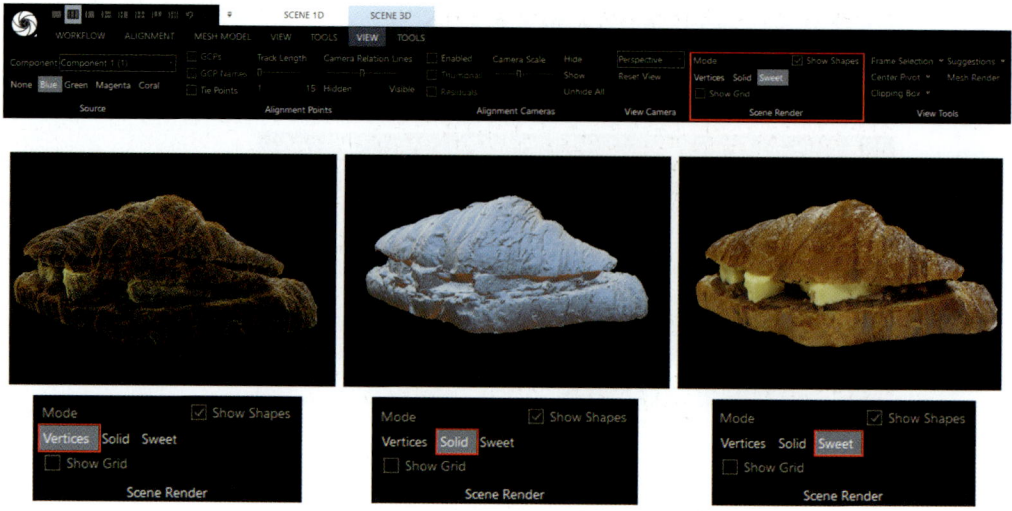

WORKFLOW > Export(추출)를 클릭합니다.

RealityCapture에서는 모델을 다양한 포맷의 파일로 Export 할 수 있습니다. 대부분의 파일 포맷을 지원하고 있으니 원하는 포맷을 선택하면 됩니다.

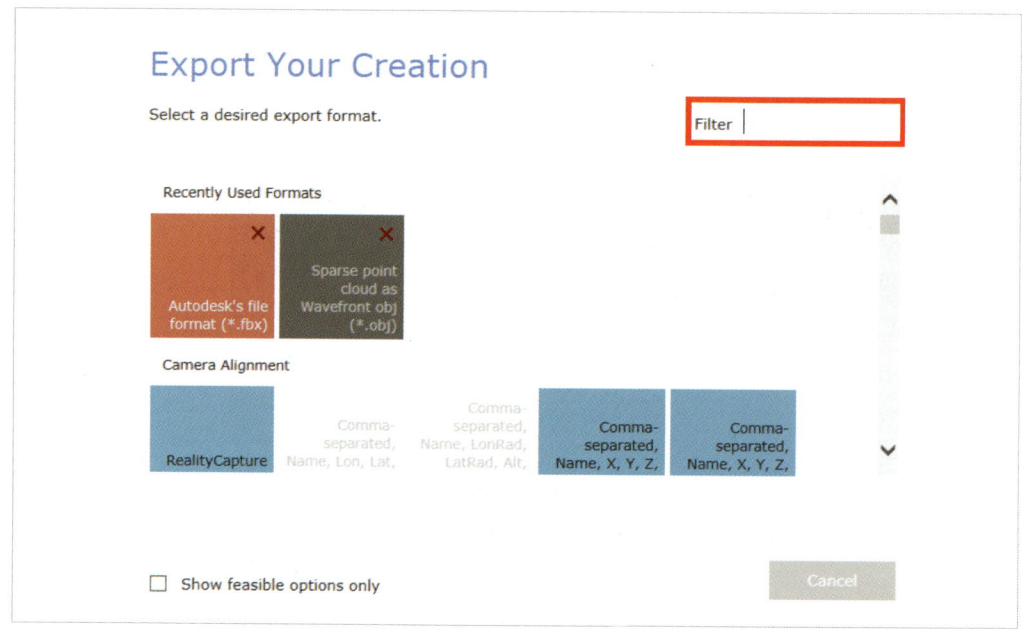

일반적으로 아래 그림처럼 설정해 놓고 Export 합니다.

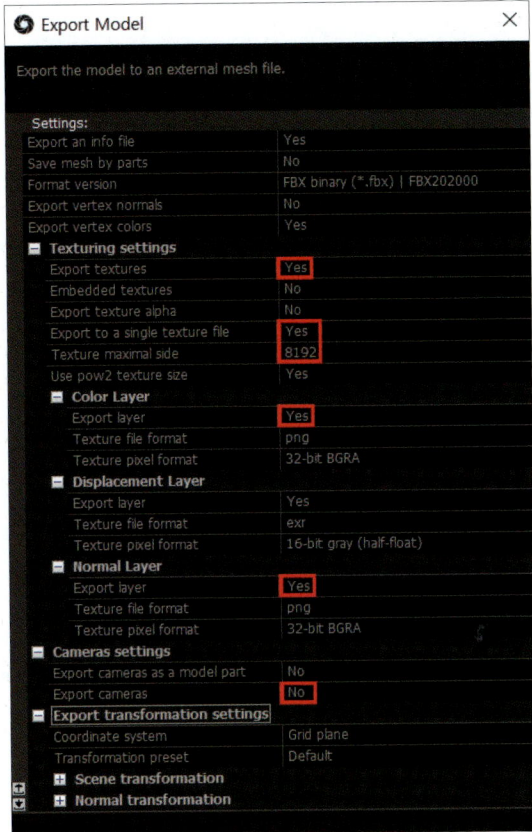

- **Export textures** : Texture 추출

- **Export to a single texture file** :
한 장으로 Texture 추출

- **Texture maximal side** : Texture 크기

- **Color Layer 1 / Export layer** :
Diffuse Texture 추출

- **Normal Layer 1 / Export layer** :
Normal Texture 추출

- **Export cameras** :
정렬하면 나오는 카메라도 추출

Export 할 때는 크레딧을 계정에 추가하거나 바로 결제하는 방법이 있는데 충전식이 조금 더 저렴한 편입니다.

그림을 보면 7달러에 3500 PPI 인데 14달러로 구매하면 8000 PPI입니다.

가장 우측은 기업용 라이선스로 가격이 확연히 차이가 납니다.

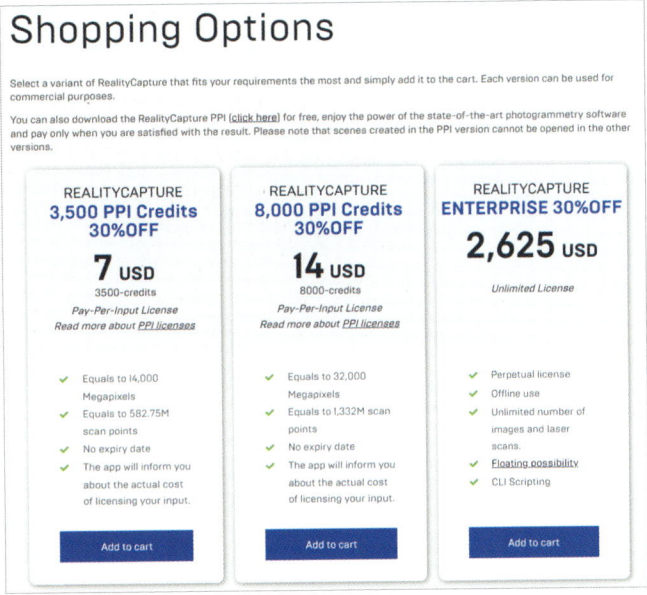

최종 완성된 결과물입니다.

이렇게 Export를 하면 원하는 확장자의 모델링 데이터와 Texture가 함께 Export 됩니다.
이후에는 원하는 목적에 따라 후처리 작업을 하게 되며, 이 과정은 뒷부분에서 자세히 설명할 것입니다.

Export를 한 후 필요한 목적에 따라, 모델링 데이터는 3DS MAX / Blender 등의 3D 프로그램에서 메쉬 최적화 및 UV 재배치 등을 할 수 있고, Texture는 Substance Painter / Substance Designer / Agisoft Delighter에서 Albedo 맵을 제작하거나 기타 PBR Texture들을 제작하게 됩니다.

추출한 3D 데이터는 '00_크루아상 > 추출데이터' 폴더를 참고하세요.

여기까지 기본 튜토리얼을 진행하면서 작업 흐름을 알아보았습니다.
튜토리얼이었지만 일부러 놓치면 안 되는 중요한 부분들을 위주로 소개해봤습니다.

이후 예제에서는 어떤 문제가 생길 수 있고, 문제가 발생했을 경우에 어떻게 대처해야 하는지에 대한 내용을 알아볼 것입니다. 또한, 촬영이 전부는 아니기 때문에 앞서 언급했던 후처리나 스캔에서 얻어낸 모델을 편집하고 판매도 해볼 것입니다.

저는 한 번의 포토스캔으로 너무나 큰 충격을 받았습니다. 이 책을 보고 간단하게라도 포토스캔을 시도하는 분들이 많아져서 함께 연구하고 공유하는 분들을 만났으면 좋겠습니다.
이후 예제에서도 잘 따라와 주세요.

PHOTO
SCAN
GUIDE

포토스캔의 실전 실내 촬영

01 스마트폰으로 실내 촬영하기 (참외 만들기 편)

스마트폰으로 포토스캔을 하는 방법을 알아보겠습니다.
처음 시작하는 것이니, 간단한 물체부터 스캔해 보겠습니다.
요즘 모바일 기기의 발전으로 모바일 카메라의 성능도 눈부시게 발전하고 있습니다만, 아직 DSLR의 성능과 비교하면 아직 부족한 부분이 많습니다. 스마트폰 카메라로 촬영하면 결과물이 잘 나오는 경우도 있지만, 그렇지 않은 경우도 있습니다. 여기서는 스마트폰으로 포토스캔 작업을 하면서 아쉬운 부분에 대해서 알아볼 것입니다.

포토스캔 촬영데이터는 RAW 파일을 제공하는 기기 환경에서 촬영하는 것이 좋습니다.
모바일 환경에서 안드로이드 폰은 기본 카메라 앱에서 RAW 파일을 설정할 수 있고, 아이폰은 RAW 파일을 제공하는 별도의 카메라 앱을 설치하여 사용해야 합니다.

1 안드로이드 폰으로 촬영하려면?

안드로이드 폰에서는 기본 카메라 앱의 설정모드에서 RAW 파일로 저장할 수 있는 옵션이 있어서 추후 손쉬운 보정 작업이 가능합니다. 아래 이미지는 갤럭시 S10 기준입니다.

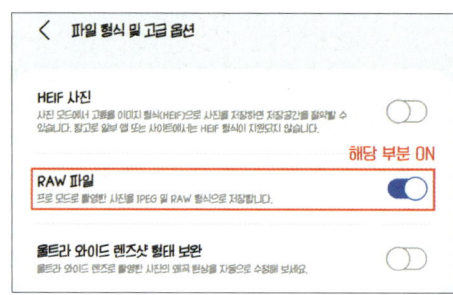

2 아이폰으로 촬영하기

첫 예제는 아이폰으로 진행할 예정인데 앞서 설명한 것처럼 RAW 포맷을 지원하는 PROCAM 8 앱을 선택했습니다. TIFF 포맷으로 촬영이 가능하기 때문입니다.

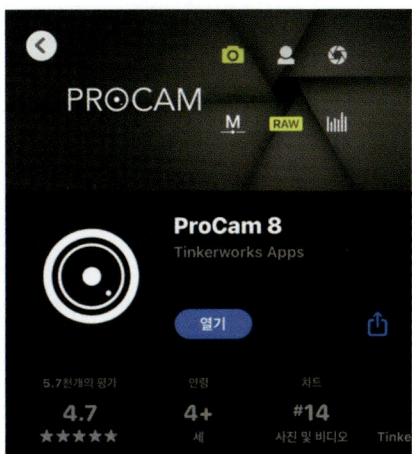

보통 TIFF 포맷 때문에 아이폰에서 스캔 촬영을 하지만 RAW 파일 촬영도 가능하다는 점을 염두에 두면 좋습니다. TIFF는 CMYK를 지원하면서 무손실 압축 포맷이라서 색상을 최대한 잃지 않을 수 있고, 이미지에 따로 수정하지 않을 것이기에 더욱 알맞은 포맷입니다. 단점이라면 TIFF로 촬영하면 용량이 상당히 늘어납니다. 사진 한 장당 평균 40~50mb이기 때문에 500장 기준일 때 22GB 정도의 용량을 확인하고 촬영하는 것이 좋습니다.

앱을 켜보면 여러 옵션이 나오는데 좌측에선 포맷을 선택할 수 있습니다. ISO는 기본적으로 자동 변화되어서 ISO를 정해놓고 찍어야 합니다.

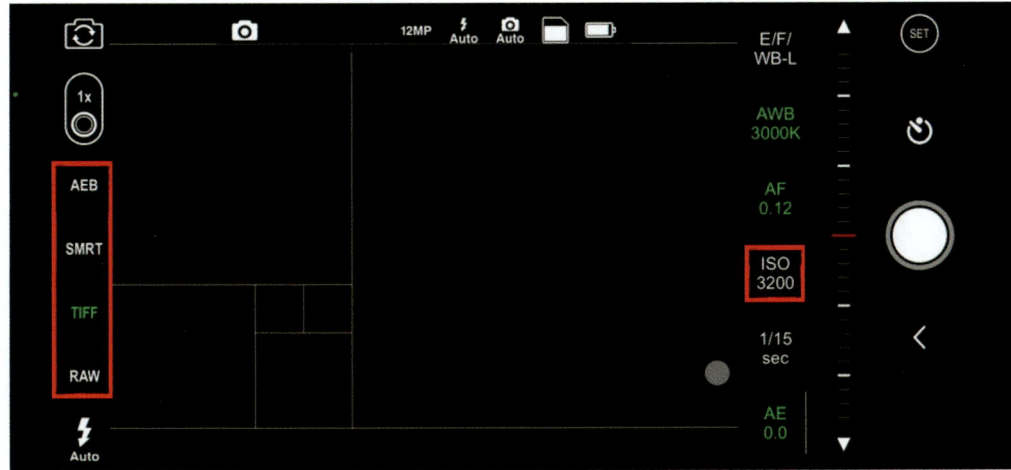

촬영 환경 세팅을 간략히 말씀드리자면, 스튜디오까진 기존과 같은데 모바일 기기를 사용할 때는 거치대를 따로 하나 사용해서 촬영하곤 합니다. 이런 방식으로 스튜디오 켜놓고 턴테이블 올려놓고 돌려가며 촬영하는 것입니다.

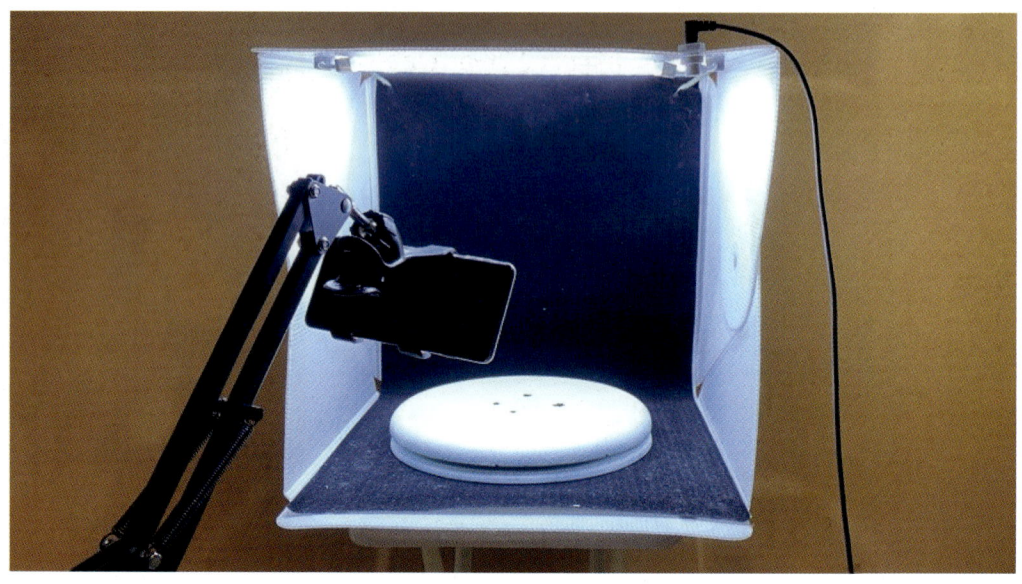

턴테이블에 스티커를 붙혀 놓은 이유는 사진을 돌려가면서 촬영하다 보니 촬영 부분이 어디였는지 헷갈리는 경우가 있었고, 간혹 프로그램 내에서 컨트롤 포인트를 사용해야 할 경우 그 컨트롤 포인트를 설정해줄 수 있는 기준점으로 활용하기 위함입니다. 컨트롤 포인트는 프로그램 내부에 있는 기능으로, 사진이 여러 장인데 그 사진마다 프로그램에서 임의로 기준점을 지정해줘서 계산을 도와줍니다. 사진 수가 많아서 당장은 사용하지 않을 기능입니다.

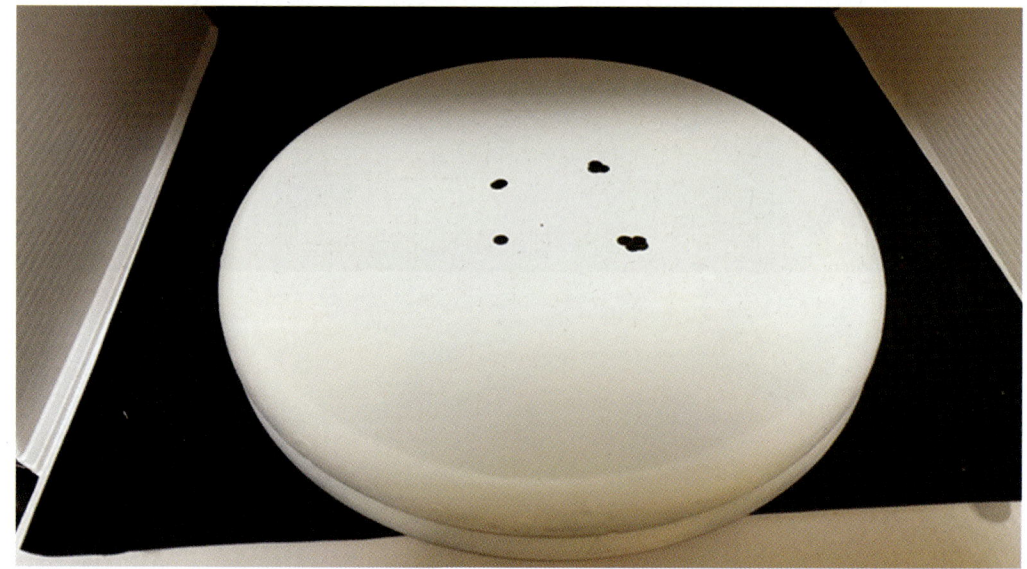

TIFF 포맷으로 757장의 사진을 촬영했습니다. 4032×3024의 크기이고 자동 회전되는 턴테이블이 아니다 보니 손으로 돌리면서 촬영하는 방식으로 전부 촬영했습니다. 이 앱의 단점이라면 유료보다는 촬영을 짧은 간격으로 하다 보면 가끔 꺼져서 적당한 간격을 유지해 주어야 하는 것입니다. 사진 몇 장을 확대해서 살펴보겠습니다.

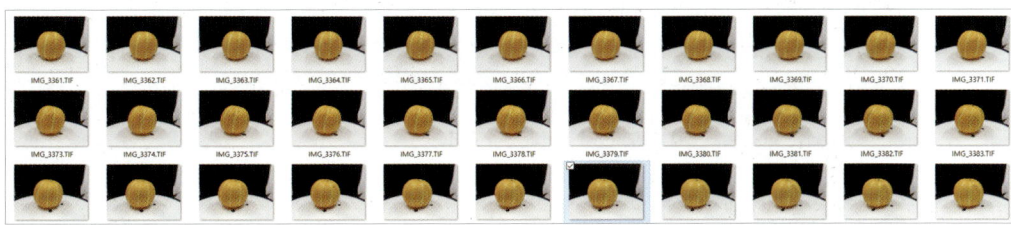

아래 사진을 보면 잠시나마 스마트폰의 단점을 볼 수 있습니다.

참외의 윤곽을 보면 흐릿해진 것을 알 수 있는데 이 부분을 정확하게 찍으려면 조리갯값, F값을 조절해야 전체적으로 선명한 사진을 얻을 수 있습니다.

아래 사진에서는 비교적 선명하게 나왔으나 아까의 이미지와는 다르게 배경이 검정색인 것을 확인할 수 있습니다. 아마 ISO 값의 문제 같습니다.

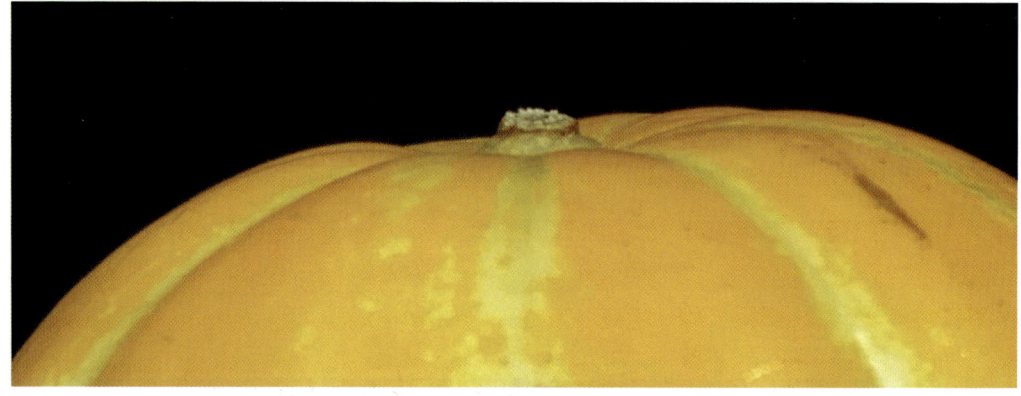

아래 사진에서도 외각이 흐릿한 모습을 확인할 수 있는데 배경과 과일이 ISO의 영향 탓에 달라져 있는 것을 알 수 있습니다. 이렇게 시도하게 되면 아마 높은 확률로 이미지 정렬하고 나서 Component가 여러 개의 Component로 정렬 될 것입니다.

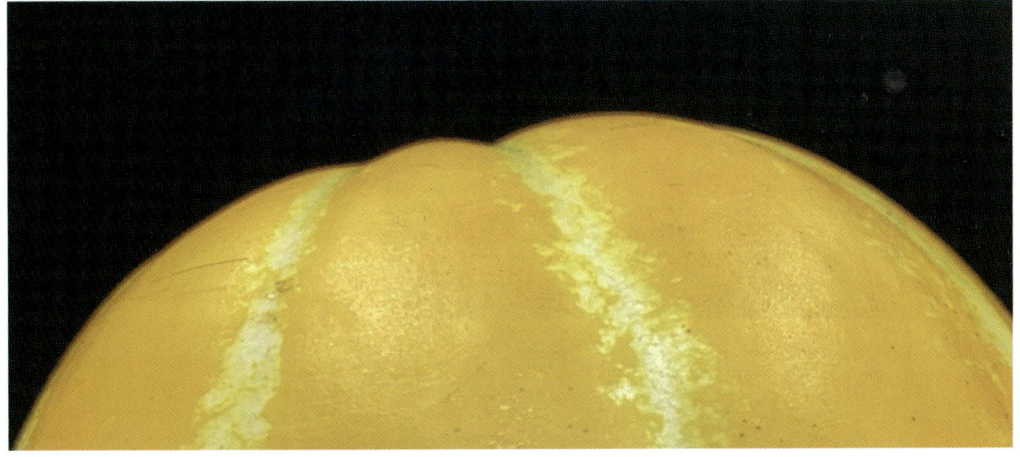

리얼리티 캡처를 이용한 포토스캔 시작하기

예제 폴더에서
제작 영상을
참고하세요!

예제데이터는 'O1_KoreanMelon' 폴더의 사진소스를 활용하시면 됩니다.

우선 그대로 진행해보겠습니다.

원하는 방식(개별 선택, 폴더 선택)으로 사진 추가를 합니다.

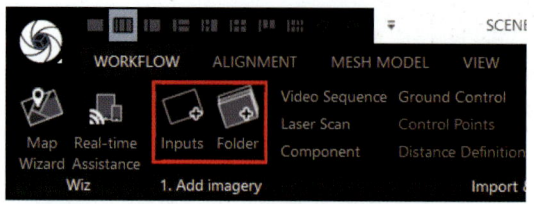

Images를 클릭하고 > Group calibrations w.r.t. Exif / Group 버튼을 클릭해서 사진들을 그룹화해 줍니다. Images 글자가 안 보일 경우 이미지 우측 상단에 있는 버튼을 1Ds로 바꿔줍니다.

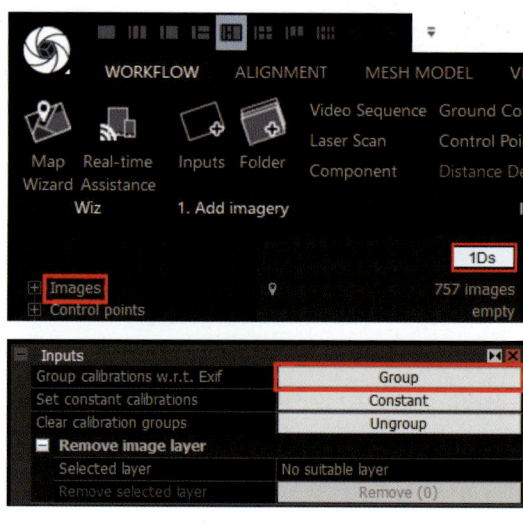

Align Images를 누르기 전에 Settings를 클릭합니다.

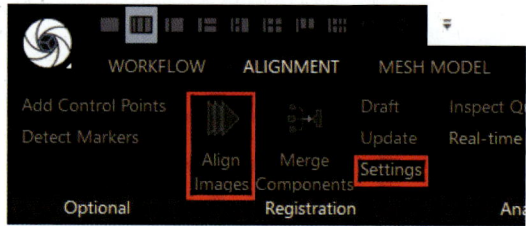

이번에는 제 기본 설정값으로 계산을 했습니다. 본인이 원하는 대로 실험을 해 보는 것도 좋지만 사진 촬영이 잘 됐다면 아래 옵션 정도로 결과가 잘 나옵니다. Align Images 클릭해줍니다.

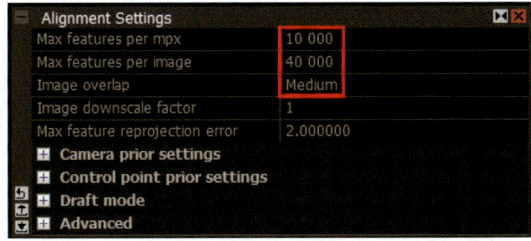

이번에는 조금 전에 봤던 밝기가 다른 사진이 있었는데 그 영향인지 Component가 나누어졌습니다. Component 각각 옆에 숫자가 있는데 전체 카메라(사진) 중에서 몇 개가 사용되었는지를 확인할 수 있는 숫자입니다.

Component	cams	models
Component 0 (1)	321/757 cams	8 models
Component 1 (1)	77/757 cams	0 models
Component 3 (1)	206/757 cams	0 models
Component 4 (1)	108/757 cams	0 models

각 Component 별로 어떻게 계산이 이뤄졌는지 확인해보겠습니다.
Component 이름을 클릭하면 해당 Component의 결과물을 화면에서 확인할 수 있습니다. 제일 많은 카메라가 그룹화된 Component입니다.

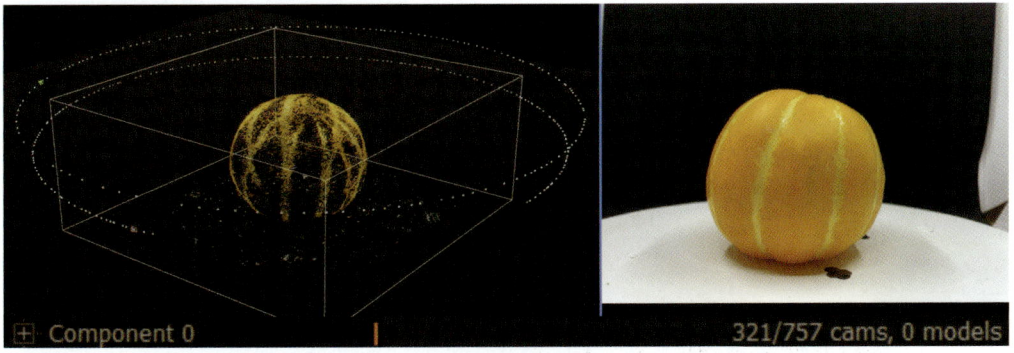

위에 떠 있는 점 같은 것이 카메라인데 카메라를 클릭하면 어떤 사진이 사용되었는지 확인가능합니다.

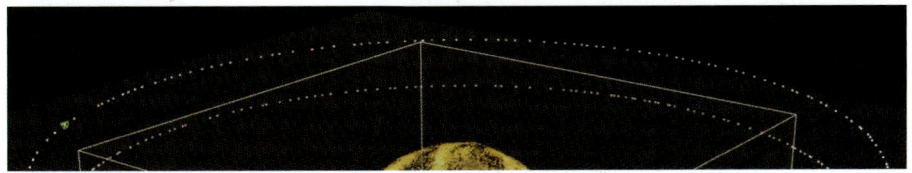

화면이 분할되어 있으면 좀 더 수월하게 확인할 수 있습니다. 좌측 상단의 UI를 클릭하여 사진과 결과물을 동시에 볼 수 있도록 바꿔줍니다.

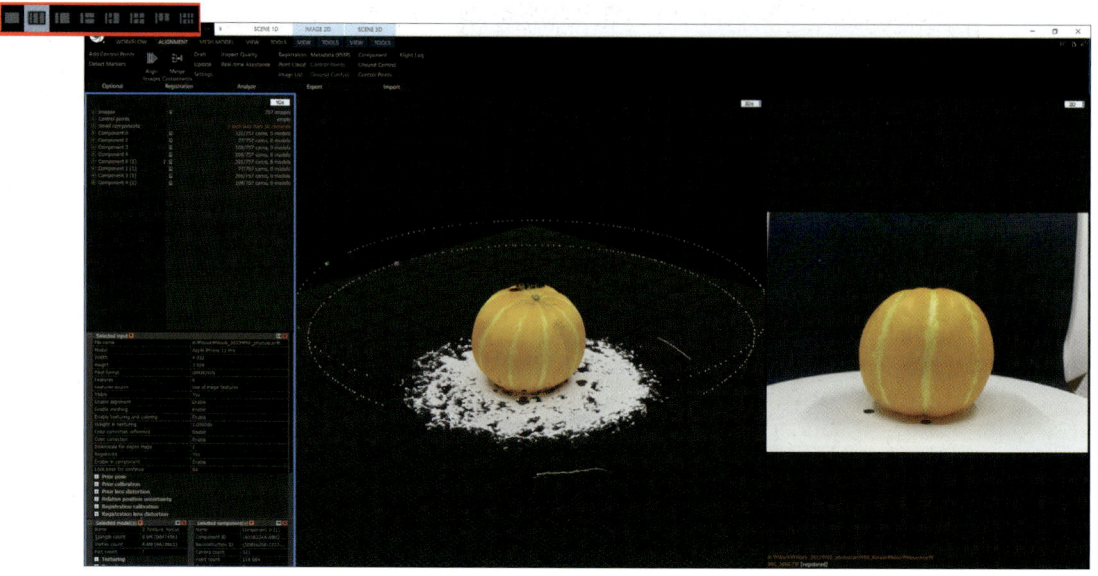

또한 카메라가 너무 작게 보이면 상단 메뉴에 Camera Scale을 조절하면 카메라 크기를 조절할 수 있으니 참고하시기 바랍니다.

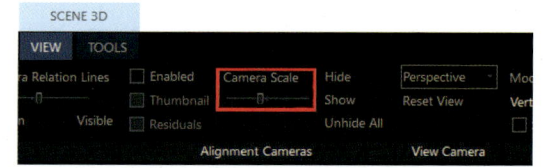

두 번째 Component 입니다. 제일 적은 카메라가 사용되었습니다.
그래서 그런지 카메라의 배열도 원을 채 그리지 못하고 끊긴 형태를 이루고 있습니다.
사진을 보면 아까의 Component와는 다르게 배경이 새까맣고 참외의 색도 미묘하지만 차이를 보이고 있습니다.

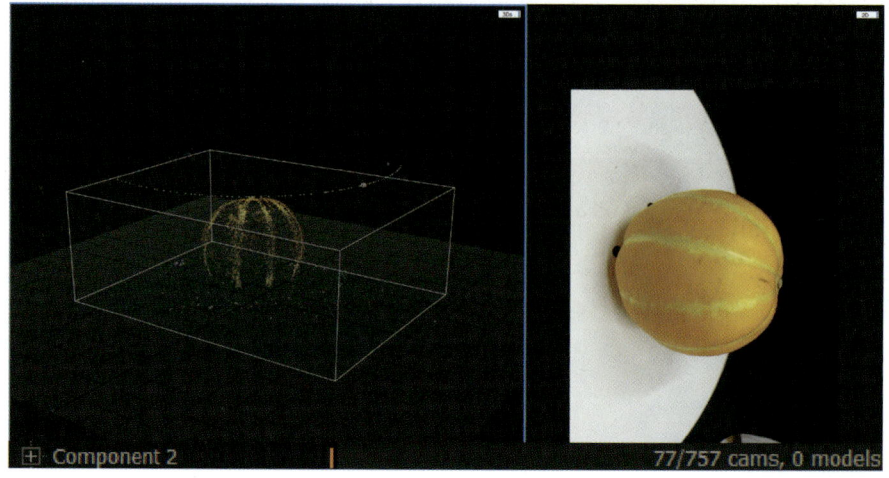

세 번째 Component입니다. 108개의 카메라가 사용되었는데 이것도 역시 배경색에서 조금의 차이를 보이고 카메라의 군집이 원을 이루다만 형태를 보이고 있습니다.

마지막 component에서는 206개의 사진이 사용되었습니다. 카메라들이 원 형태를 이루고 있지만 완벽한 원이 되진 못했습니다. 이럴 때는 사진이 원인입니다. 스마트폰은 스마트폰 카메라가 특정 빛을 비추다가 빛을 비추지 않을 때, 혹은 반대로 빛을 비추지 않다가 특정 빛을 비출 때 결과물의 색상이나 밝기가 바뀌는 경우가 많습니다. 일정한 밝기나 톤을 유지 못한다면 Component가 나뉘기 쉽습니다.

이런 경우에 사용할 수 있는 Merge Component 기능이 있습니다.

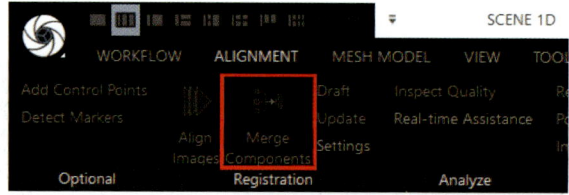

Merge Component는 Component를 합쳐주는 기능입니다.
RealityCapture가 사진을 기반으로 계산하는 툴인데, 기능적으로 Component가 합쳐지는 것도 잘 안되기도 하고, 지금처럼 사진에서부터 동일한 퀄리티(색상, 빛의 환경, 초점의 흐림 등)가 보장되지 못한다면 의미 없는 공정일 수 있습니다. 좀 더 연구가 필요하겠지만, 앞의 상황에서는 그렇게 보입니다.
이 상태로 진행하겠습니다. 다만 포토스캔을 할 때 목적이 있을 텐데 목적과 다르다면 고민을 해 보고 다음 단계로 넘어가야 합니다. 공부를 위한 목적이면 넘어가도 됩니다. 하지만 조금 더 전문적인 이유로 포토스캔을 한다면 component가 많이 나뉘었을 때 재촬영을 할 것인지 고민을 하고 넘어가야 할 것입니다. 반대로 정확히 그 물체를 옮겨와야 하는 경우에는 다시 촬영하는게 더 빠를 것입니다.

첫 번째 Component로 메쉬를 생성해보겠습니다.
최초 제작할 때는 High Detail로 한계 없이 생성하고 목적에 맞게 줄여나가는 것을 추천합니다. 메쉬를 생성하는 과정에 시간이 많이 들기 때문에 사양만 괜찮다면 최대 디테일로 하는 게 좋습니다.
참고로, 필자의 컴퓨터 사양은 i9-9900ks, RTX 2070의 스펙으로 작업하고 있습니다. 컴퓨터 사양은 CPU, 그래픽 카드가 좋을수록 계산하는 속도가 좋아집니다.

메쉬 제작하기 전에 TOOLS > Set Ground Plane을 클릭합니다.
아까 Component 중에 뒤집혀 있던 물체가 있었는데 그 상태로 만들면 그대로 나오기 때문에 회전시켜서 가운데에 맞춰주어야 합니다. 이때 사용하는 기능이 Set Ground Plane입니다.

클릭하면 컨트롤러가 화면에 나타납니다. Perspective 뷰에서 조정해도 좋지만 좀 더 정확한 조정을 원한다면 화면 view를 바꿔가면서 조정해놓는 것을 추천합니다.

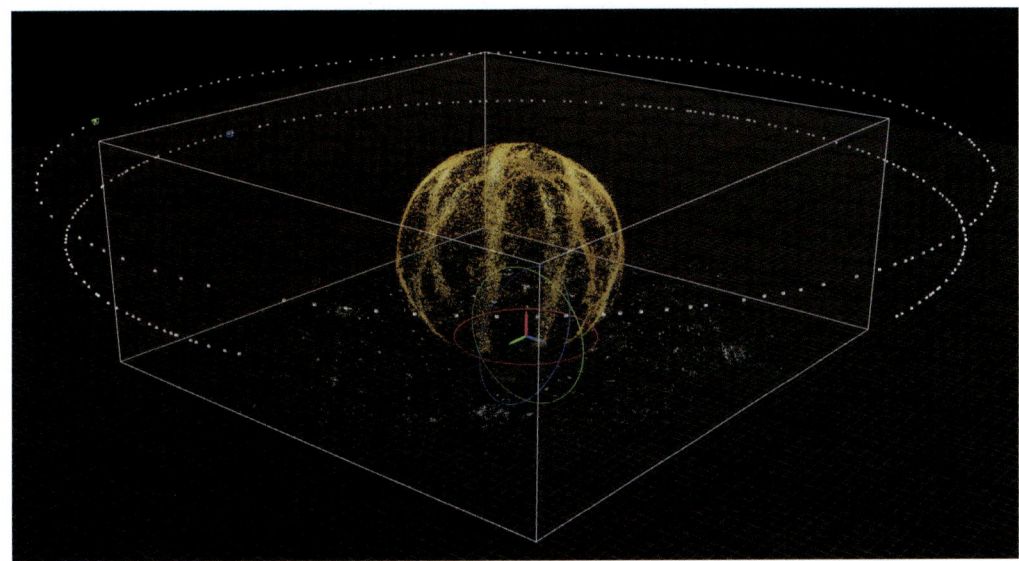

표시된 부분에서 정면, 왼쪽면 등 굴곡이 없는 orthographic 뷰로 화면 전환이 가능합니다.

물체의 위치, 회전 등을 조정하는 Set Ground Plane은 On/Off 되는 기능이기 때문에 원하는 대로 설정을 다 했다면 다시 버튼을 눌러서 꺼줍니다.

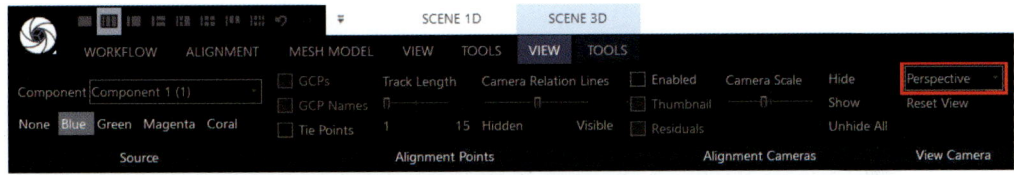

바로 위에 있는 TOOLS > Set Reconstruction Region 기능을 사용해 보겠습니다.

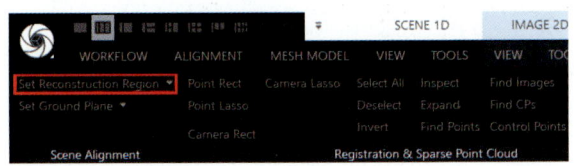

지금 화면에 Align하고 나서 계속 육면체 안에 Cloud가 생성되어 있는 것을 확인할 수 있는데, 육면체를 기준으로 안쪽에 메쉬가 형성되기 때문입니다. 여기서 Cloud는 Align하고 나서 형성된 점들을 말합니다. 그래서 저 육면체를 조절하여 원하는 부분에만 최초에 메쉬를 생성하고 불필요한 부분은 잘라내는 방식으로 진행해 보겠습니다.

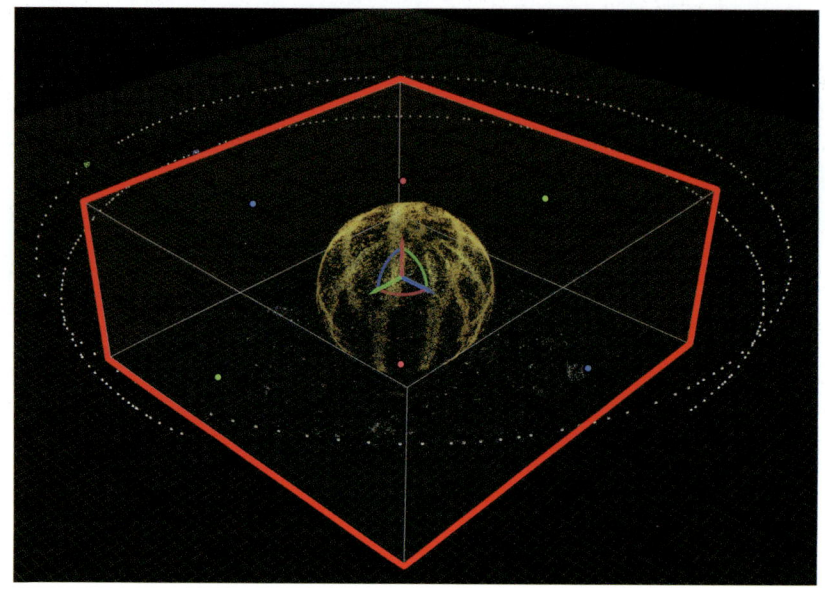

여러 메뉴 중에서 Automatically를 클릭하면 자동으로 Cloud 범위에 맞게 상자가 생기면서 컨트롤러가 생깁니다. 물체의 원하는 부분이 상자 안에 들어오게 맞춰줍니다. X, Y, Z축을 조절할 수 있는데 기존에는 없었던 점들(초록, 파랑, 빨강)을 클릭+드래그하여 조절해줄 수 있습니다.

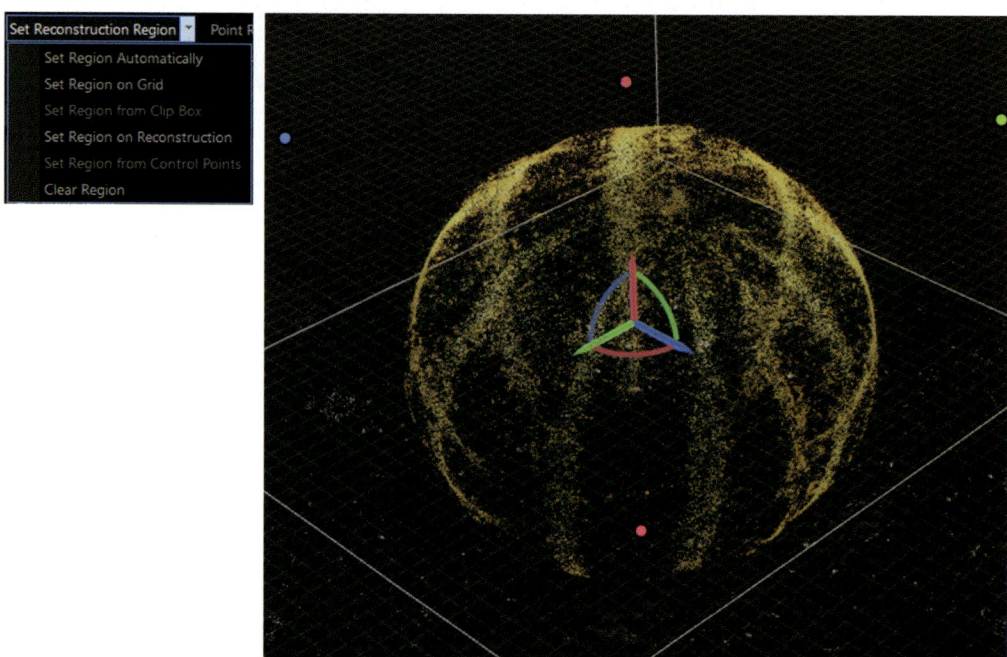

우선 설정을 한 번 켜줍니다. 그래픽 카드를 설정해줄 수 있기 때문입니다.

Image depth map calculation 〉 GPUs to use 〉 Choose 클릭하면 우측의 GPU Devices를 선택하는 UI가 나옵니다. 일반적으로 그래픽카드가 True로 설정되어 있지만, 간혹 설정되어 있지 않은 경우도 있고 혹여나 그래픽카드를 여러 개 사용하고 있다면 여기서 원하는 그래픽카드를 선택해주면 됩니다.

그리고 Preview, Normal Detail, High Detail 중 원하는 옵션을 선택해 주면 됩니다.
트라이가 제일 많은 하이폴로 제작을 한 후에 줄여가는 방식으로 진행할 것이라서 High로 생성하겠습니다. 이 과정은 굉장히 시간이 오래 걸리니 참고하시기 바랍니다.

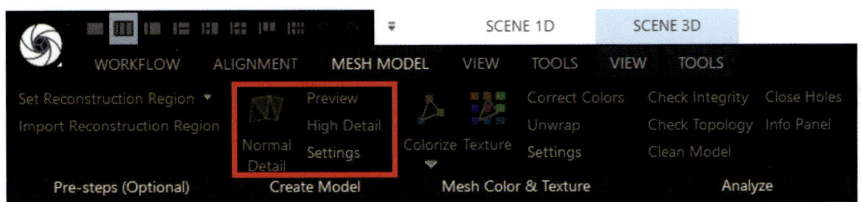

계산이 완료되면 아래 이미지와 같이 트라이 개수가 많은 하이폴 메쉬를 확인할 수 있습니다.

이 부분은 계산 오류로 생긴 부분 같은데 다음 과정을 거쳐도 분명 이상하게 나오는 부분일 겁니다. 다른 부분도 마찬가지입니다. 이 부분은 후처리 과정에서 수정하는 방법을 소개하겠습니다. 제작한 모델에서 바닥부분과 하늘에 위치한 불필요한 메쉬들을 삭제하고 그 후 Texture를 제작하겠습니다.

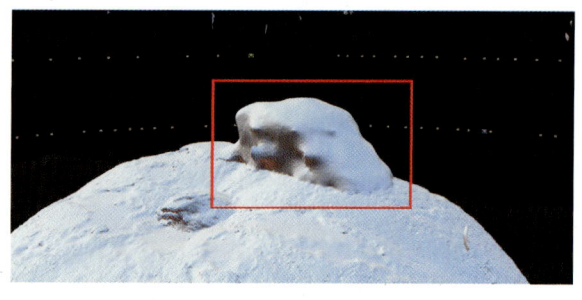

우선 거슬리는 카메라들 먼저 끄겠습니다.
표시된 부분에 Enabled를 체크해제해 주면 카메라들이 다 사라집니다.

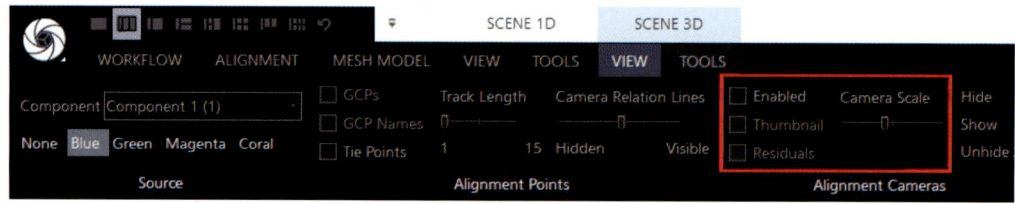

이번에는 이미지의 기능들을 사용해볼 것입니다. 사용자가 원하는 영역을 선택하고 제거해 주는 기능입니다. 표시된 이미지 부분 속 Lasso / Rect / Box를 먼저 보겠습니다.

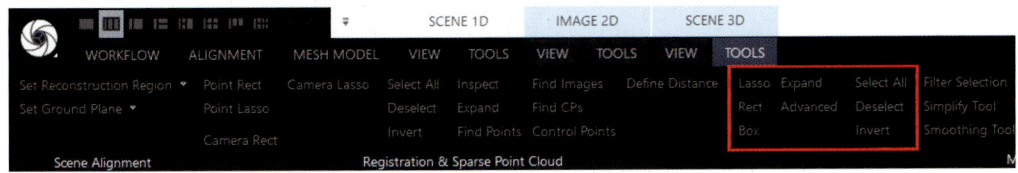

Lasso는 원하는 영역을 자유롭게 드래그 및 선택할 수 있는 툴입니다.

Rect는 사각형 모양으로 드래그 및 선택가능합니다. 한 번 선택을 하고 추가 영역을 지정할 때에는 Ctrl을 클릭하면서 드래그하면 됩니다.

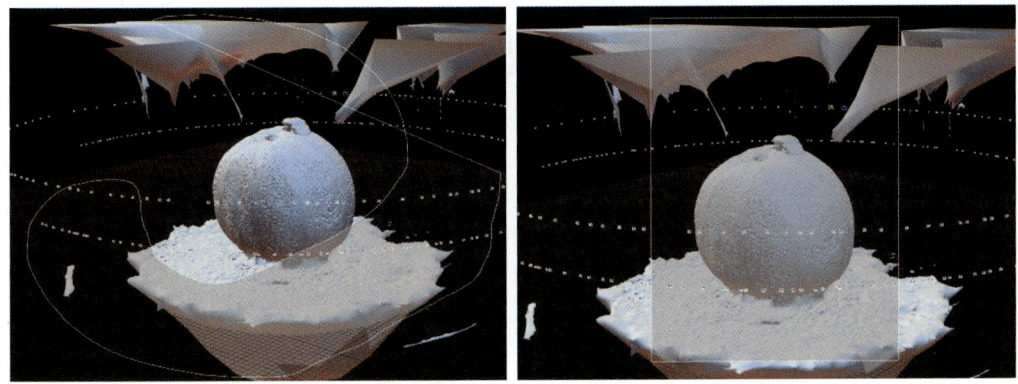

Box는 Reconstruction 할 때 기준으로 사용되었던 육면체를 기준으로 선택하게 해줍니다.

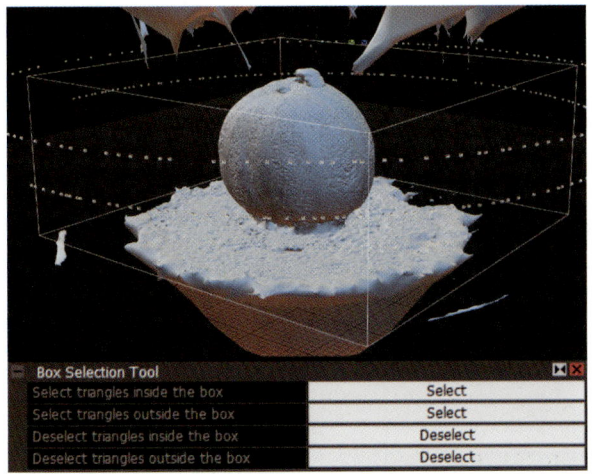

4가지의 기능이 있습니다.

- **Select triangles inside the box** : 박스 안의 트라이 선택
- **Select triangles outside the box** : 박스 밖의 트라이 선택
- **Deselect triangles inside the box** : 박스 안의 트라이 선택 해제
- **Deselect triangles outside the box** : 박스 밖의 트라이 선택 해제

Expand는 선택한 부분과 연결된 트라이들을 선택해줍니다.

Advanced는 특수한 기준의 선택 방법들입니다.

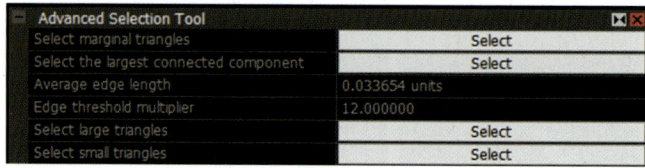

- **Select marginal triangles** : 외곽에 생성되어 Reconstruction의 일부가 아닌 트라이들을 선택합니다.
- **Select the largest connected component** : 메쉬를 이루고 있는 가장 많은 수의 삼각형들을 선택합니다.
- **Average edge length** : 트라이들의 평균 모서리 길이를 표시합니다.
- **Edge threshold multiplier** : Edge의 임곗값을 구할 때 평균 Edge길이에 저 옵션에 있는 숫자를 곱한 값으로 계산됩니다.
- **Select large triagles** : 위 임곗값보다 길이가 긴 모서리를 가진 삼각형을 선택합니다.
- **Select small triangles** : 위 임곗값보다 길이가 짧은 모서리를 가진 삼각형을 선택합니다.

위 5개의 기능 우측에 있는 기능도 유용합니다.

- **Select All** : 전체 선택 · **Deselect** : 선택 해제 · **Invert** : 선택 영역 반전

이렇게 많은 기능 중에 제가 Lasso를 많이 사용하는 이유는 물체를 돌려가면서 선택하게 되는데 이 과정에서 어느 부분이 잘 표현되었는지를 확인하면서 원하는 곳을 정확하게 선택할 수 있기 때문입니다.

선택 기능들은 On / Off를 해줘야 하므로 원하는 영역을 선택 후 선택 기능을 다시 눌러서 꺼준 뒤 Filter Selection을 클릭합니다.

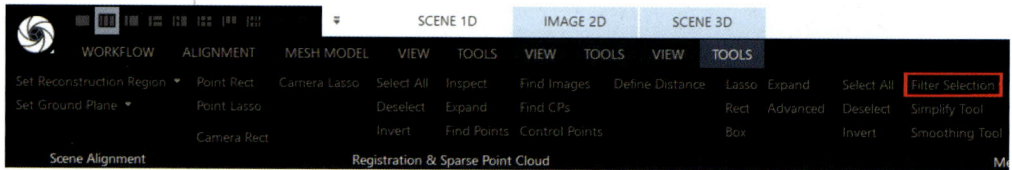

그럼 선택한 부분이 제거가 됩니다.

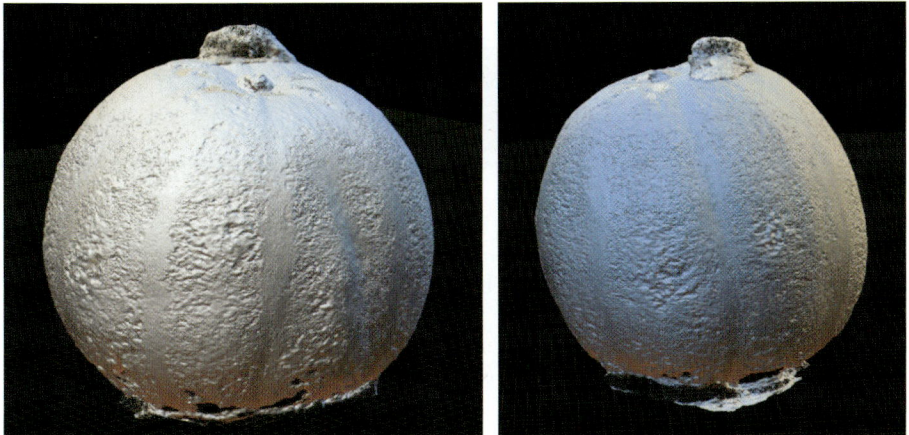

Texture를 제작해줍니다. 이 과정도 오래 걸릴 수 있으니 참고하시기 바랍니다.

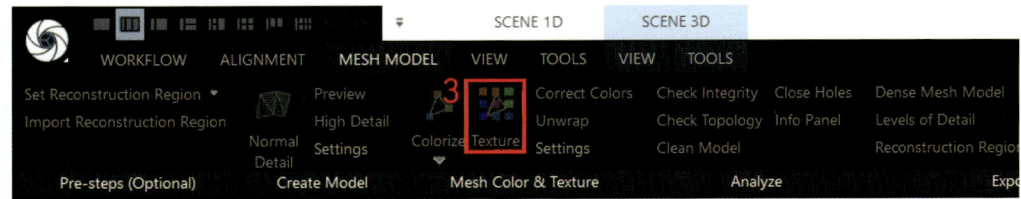

그럼 이렇게 Texture까지 입혀진 모델이 제작됩니다. 참외의 윗부분에 검정색 혹 같은 부분이 있는데 저 부분은 이 프로그램 기능만으로는 깔끔하게 뭔가 할 수 없어서 추후 후처리 과정에서 다듬어볼 것입니다. 지금 트라이가 6.8M 개인데 그대로 추출하면 후처리 작업할 때 너무 방대한 용량을 감당해야 하므로 트라이 개수를 줄여보겠습니다.

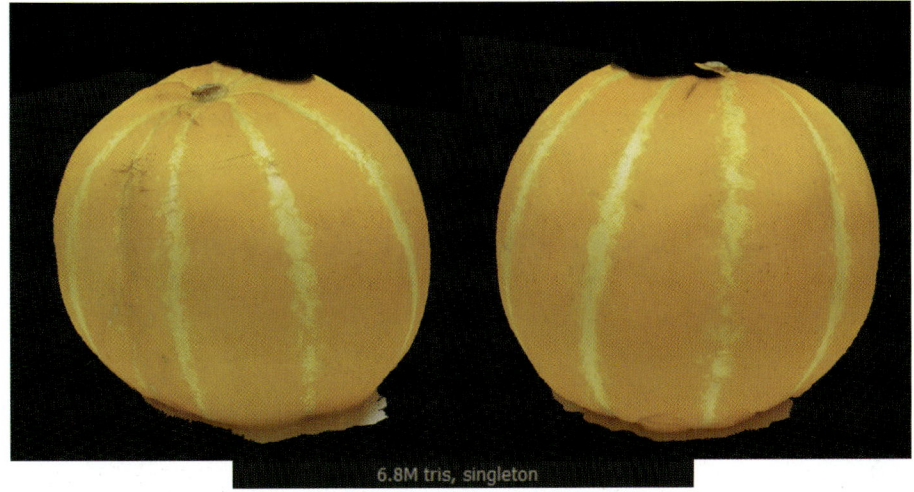

Simplify Tool은 모델의 트라이를 줄여주는 기능입니다. 아래 이미지에 표시된 Simplify Tool을 클릭해 보면 옵션이 나옵니다.

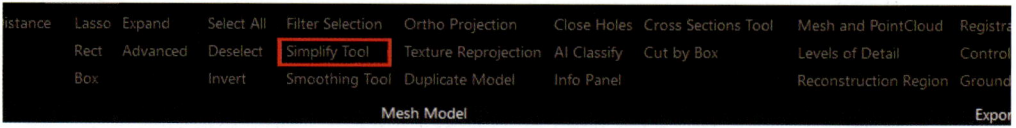

표시된 3가지만 설정해 주면 됩니다.

Type은 메쉬를 어떤 방식으로 줄일 것인지 묻는 것으로 3가지 방법이 있습니다

두 옵션은 기존 하이폴 모델의 Color와 Normal 정보를 가져올 것인지 묻는 것이기에 Enable로 바꿔줍니다. 편한 대로 하면 되지만 이번에는 Relative로 해서 50%로 줄여보겠습니다.

- Relative : 설정한 수치의 퍼센트로 개수를 줄여줍니다.
- Absolute : 설정한 수치의 트라이 개수로 줄여줍니다
- Maximum of absoulte and relative : 위 옵션을 둘 다 적용시켜서 줄여줍니다.

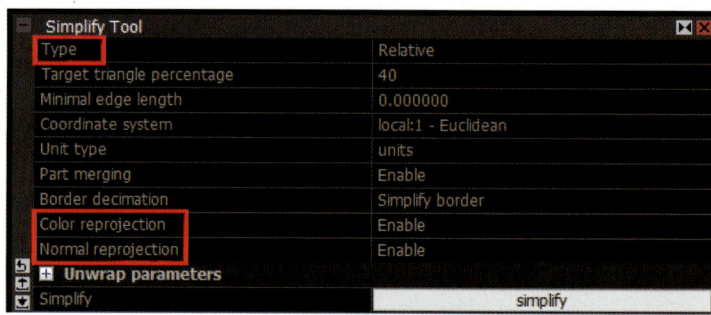

트라이 개수가 워낙 많아서 그냥 보기엔 확인하기 어렵습니다.

Simplify Tool > Target triangle percentage를 10%로 설정한 후 한 번 더 줄이겠습니다.

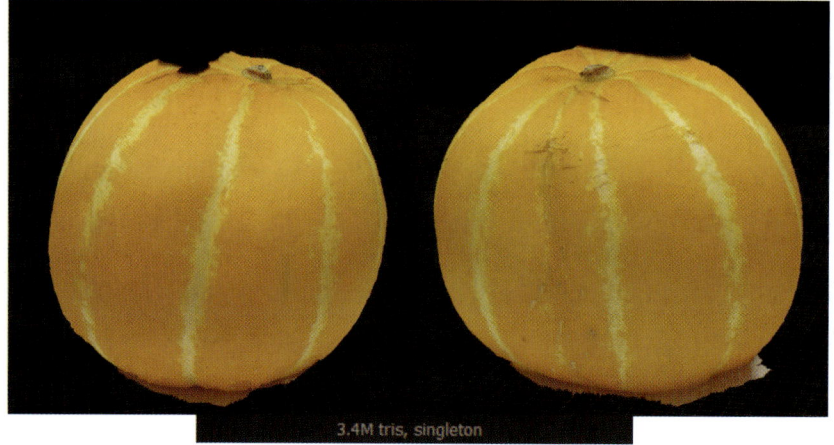

대략 30만 개가 되어서 이제는 표면을 확대해보면 살짝 거친 느낌으로 변해 있습니다. 한 번 더 트라이 수를 줄여보겠습니다. Simplify Tool 〉 Target triangle percentage를 10%로 설정한 후 Simplify를 클릭하여 트라이 개수를 줄여보겠습니다.

2500여 개의 트라이의 모델로 만들었습니다. 이 정도가 되면 표면에 확실한 각이 보이긴 하지만 얼핏 봤을 때는 퀄리티가 큰 차이가 없어 보입니다.

메쉬 최적화는 생각보다 유용한 기능이라서 잘 활용하면 효용성 높은 작업이 가능해집니다. 게임개발용으론 좀 더 최적화가 되어야 하겠지만, 그게 아닌 모바일 플랫폼에 넣거나 하는 이유로 좀 더 용량이 적은 모델이 필요하다면 이 기능을 사용하고 후처리 과정에서 좀 더 모델을 완성하는 게 효율적일 것입니다.

추출하기 위해 WORKFLOW 〉 Export 메뉴를 클릭합니다.
많은 플랫폼이 있지만 그 중 범용성이 좋은 FBX로 추출하겠습니다.
FBX를 검색한 뒤 선택해줍니다.

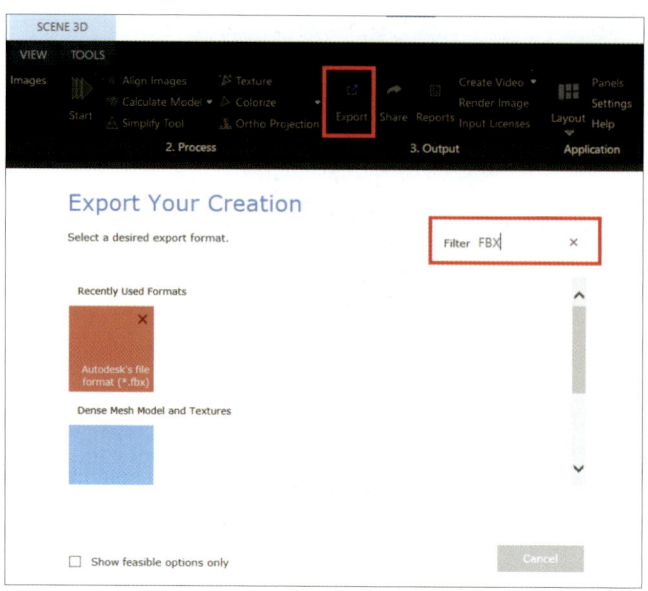

앞서 설명했던 것처럼 아래 내용대로 설정하고 추출했습니다.

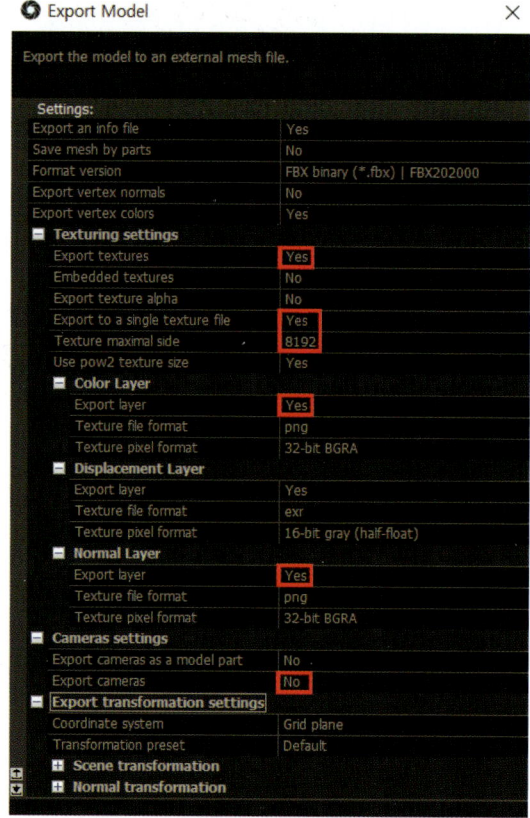

그럼 설정했던 대로 메쉬 FBX파일, Diffuse(Color) Texture, Displacement Texture, Normal Texture가 추출되고, 추가로 rcinfo 확장자 파일이 하나 생성되는데 이 파일은 이 추출에 대한 정보가 담겨 있는 파일입니다.

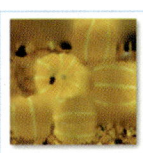

메모장으로 열어보면 모델에 대한 정보를 파악할 수 있습니다.

```xml
<Model globalCoordinateSystem="+proj=geocent +ellps=WGS84 +no_defs" globalCoordinateSystemWkt=""
  globalCoordinateSystemName="local:1 - Euclidean" exportCoordinateSystemType="0"
  transformToModel="1 0 0 0 1 0 0 0 0 1 0 0 0 0 1">
  <Header magic="5786959" version="1"/>
</Model>
<ModelExport exportBinary="1" exportInfoFile="1" exportVertices="1" exportVertexColors="0"
  exportVertexNormals="0" exportTriangles="1" exportTriangleStrips="0"
  meshColor="4294967295" tileType="1" exportTextureAlpha="0" exportToOneTexture="1"
  embedTextures="0" shrinkTextures="0" oneTextureMaxSide="8192" oneTextureUsePow2TexSide="1"
  exportCoordinateSystemType="0" settingsAnchor="0 0 0" settingsRotation="0 0 0"
  settingsScaleX="1" settingsScaleY="1" settingsScaleZ="1" normalSpace="2"
  normalRange="0" normalFlip="0 0 0" formatAndVersionUID="fbx 000 FBX202000"
  exportModelByParts="0" exportRandomPartColor="0" exportCameras="0"
  exportCamerasAsModelPart="0" numberAsciiFormatting="0" authorComment=""
  exportedLayerCount="3">
  <Header magic="5786949" version="5"/>
  <Layer0 type="1" textureLayerIndex="0" textureWicContainerFormat="{1B7CFAF4-713F-473C-BBCD-6137425FAEAF}"
    textureWicPixelFormat="{6FDDC324-4E03-4BFE-B185-3D77768DC90F}" textureExtension="png"/>
  <Layer1 type="2" textureLayerIndex="0" textureWicContainerFormat="{1B7CFAF4-713F-473C-BBCD-6137425FAEAF}"
    textureWicPixelFormat="{6FDDC324-4E03-4BFE-B185-3D77768DC90F}" textureExtension="png"/>
  <Layer2 type="3" textureLayerIndex="0" textureWicContainerFormat="{8355EF90-1C27-4C25-93E2-EF544CCAC96D}"
    textureWicPixelFormat="{6FDDC324-4E03-4BFE-B185-3D77768DC93E}" textureExtension="exr"/>
</ModelExport>
<CalibrationExportSettings undistortImagesWicFormat="{1B7CFAF4-713F-473C-BBCD-6137425FAEAF}"
  undistortImagesWicPixlFormat="{6FDDC324-4E03-4BFE-B185-3D77768DC90F}"
  undistortDownscaleFactor="0" undistortNamingConvention="0" undistFitMode="0"
  undistResMode="0" undistPrincipalMode="0" undistCutOut="0" undistMaxPixels="0"
  undistBackColor="0" undistortCustomWidth="0" undistortCustomHeight="0"
  undistortCalibration="0" undistortImagesExtension="png" undistortImageNameSuffix=""
  undistortImageLayerType="0" exportUndistorted="0" exportImages="0"
  exportDisabled="0"/>
```

Displacement 맵은 exr 확장자라서 포토샵으로 열어보면 확인이 가능합니다. Normal Texture가 패어 있거나 튀어나온 표현을 눈속임으로만 보여주는 Texture라면, Displacement는 Texture를 기준으로 메쉬 자체에 직접 변형을 해줄 때 사용하는 Texture입니다. 필요에 따라 사용하면 되지만 우선은 사용하지 않습니다.

Texture를 확인해보면 큰 덩어리로 이뤄진 5개의 파츠가 있고 나머지는 더 잘게 잘려져서 배치되었는데 보통 이것보다 더 잘게 잘리는 경우가 많은 편입니다. 언랩을 하여 UV를 자동으로 펴게 되면 잘게 잘리는 경우가 많습니다. 이런 경우에는 normal texture를 사용하기 어렵습니다. Normal texture는 방향을 수치화한 텍스쳐입니다. 다른 텍스쳐들보다 유독 잘린 부분이 어색하게 나오는 경우가 많습니다. 그렇기에 잘게 자르지 않는 것이 좋은데 이번 경우에는 자동으로 자른 것치곤 크게 자른 부분이 많아서 괜찮은 결과물을 얻을 수 있었습니다. 그런 시점에서 Texture를 보면 자동으로 한 것치고 굉장히 준수하게 나왔다고 할 수 있겠습니다.

다만, Normal Texture는 어느 정도의 굴곡 표현이 되었지만 상처나 표면의 거칠기 같은 재질 표현은 전혀 되지 않아서 추가 작업을 해 주는 것이 퀄리티 상승에 도움이 됩니다.
추출한 메쉬를 3D 프로그램에 넣어보겠습니다.
우선 3ds Max에 넣어보겠습니다.

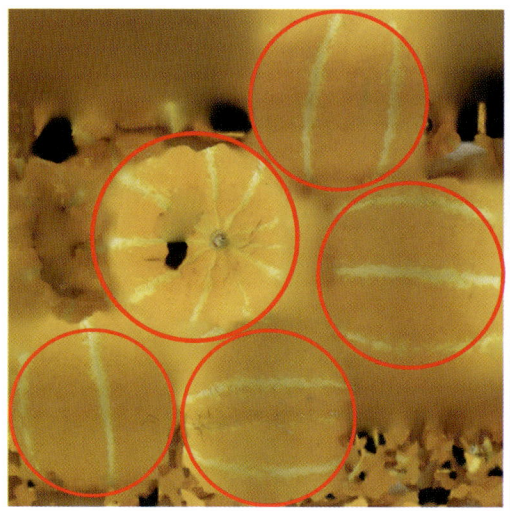
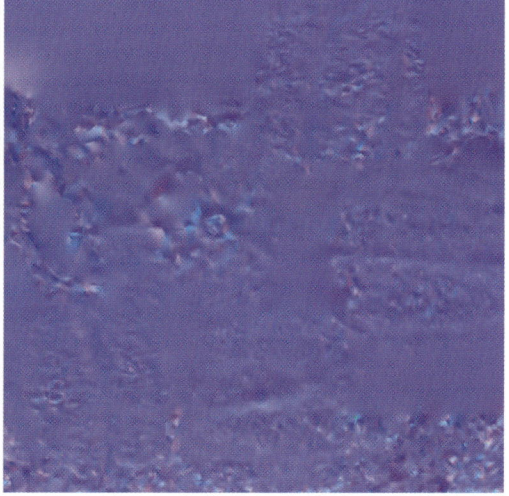

3ds Max에서 불러오면 메쉬가 깨지는 듯 보이게 되는데, 이건 Smoothing Group을 설정하면 됩니다.

좌측은 Smoothing Group을 설정하지 않았고, 우측은 Smoothing Group을 설정한 결과입니다. 이렇게 폴리곤끼리 그룹을 나누어서 각진 부분을 부드럽게 해줄 수 있는 기능이 Smoothing Group입니다. 사실 Reality Capture에서도 Smoothing Group을 지정해 주는 기능이 있습니다.

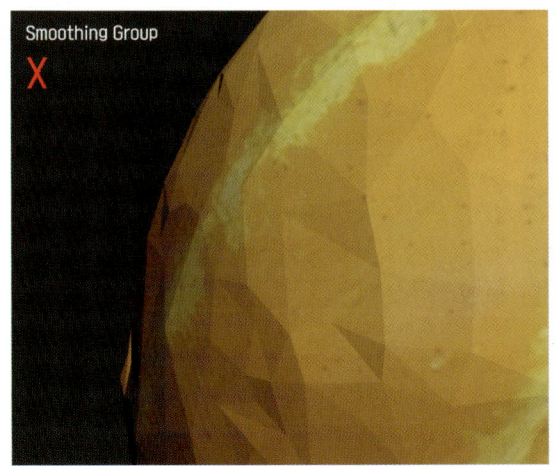
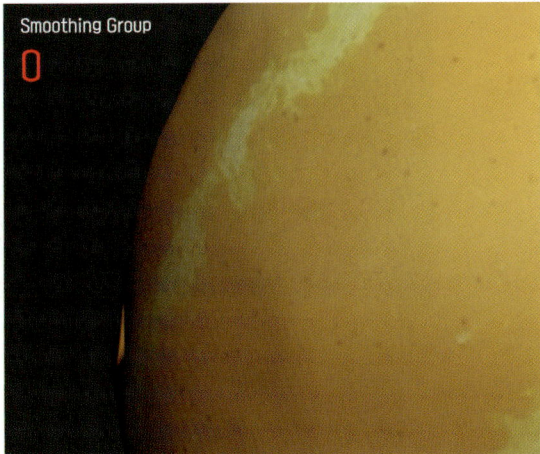

Smoothing 기능을 쓰지 않은 이유는 프로그램 내부기능을 이용하면 원하는 대로 영역 지정을 못하기 때문입니다.

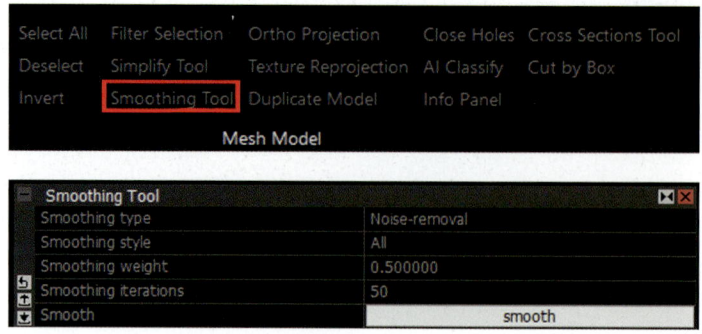

좌측은 그룹을 전체 하나로 지정해 준 것이고, 우측은 표시된 부분을 각각 지정해서 세 그룹으로 지정한 결과입니다. 확실히 다르게 보입니다. 이처럼 하나의 그룹보단 메쉬에 큰 변화, 굴곡 등이 있는 부분은 다른 그룹을 지정해줌으로써 좀 더 자연스러운 결과를 얻을 수 있습니다.

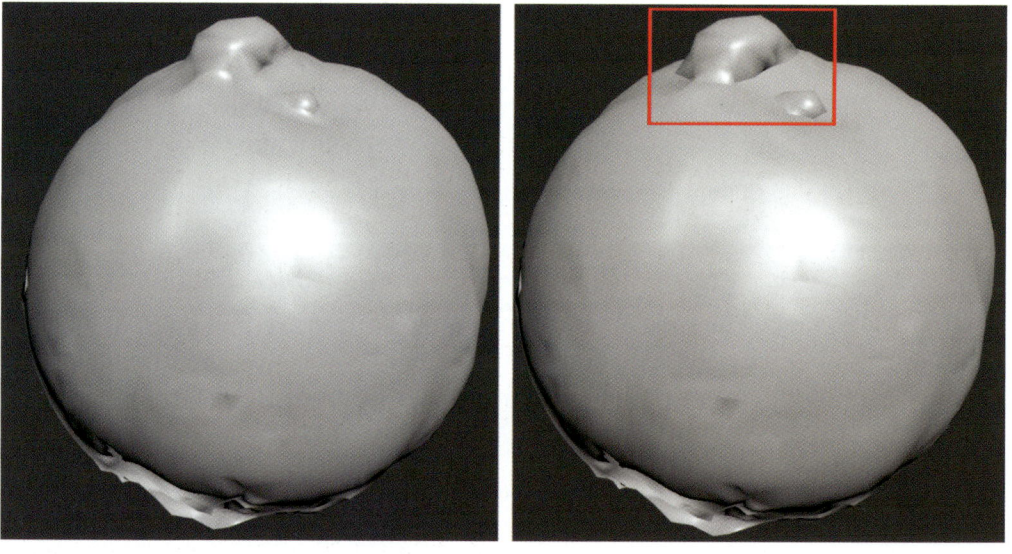

하지만 Reality Capture에서는 라이팅이 없고 텍스처만 확인할 수 있기 때문에 이 그룹을 직관적으로 확인하기가 불가능합니다.

여기서는 여기까지 마무리하고, 검은 부분은 뒤에 후처리 파트에서 수정해서 최종 완성하겠습니다.

> 추출한 3D 데이터는 '01_KoreanMelon > 추출데이터' 폴더를 참고하세요.

02 스마트폰으로 실내 촬영하기 (작은 돌 만들기 편)

작은 돌을 스캔해 보겠습니다.
주변에서 돌 하나를 주워와서 깨끗하게 씻은 후 사진 촬영을 했습니다.
694장의 사진을 촬영했고 약 31GB 정도의 용량을 차지하고 있습니다.

3개의 사진을 골라봤는데 아까와 비슷한 문제를 가지고 있습니다.

배경색에서 나타나는 색상 정보의 불일치, 카메라와 먼 거리는 흐릿하게 처리되는 아웃포커싱 현상이 확연하게 보입니다.
그림과 같이 영역을 지정한 후 Align 및 High Detail로 메쉬를 생성하겠습니다.

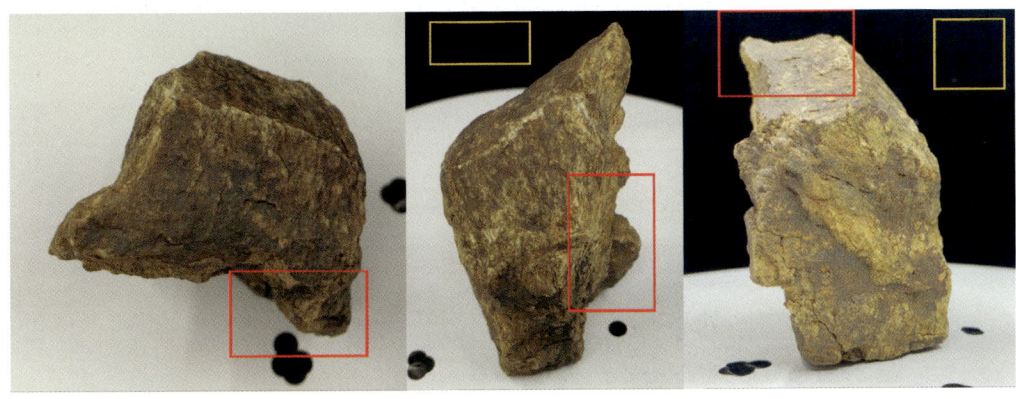

리얼리티 캡처를 이용한 포토스캔 시작하기

예제 폴더에서
제작 영상을
참고하세요!

예제데이터는 'O2_Rock' 폴더의 사진소스를 활용하시면 됩니다.

앞의 참외만들기 편에서 했던 대로 이미지 추가 및 그룹화를 해줍니다.
기본 설정값은 그대로 유지하고 간편 메뉴를 사용해 보겠습니다.

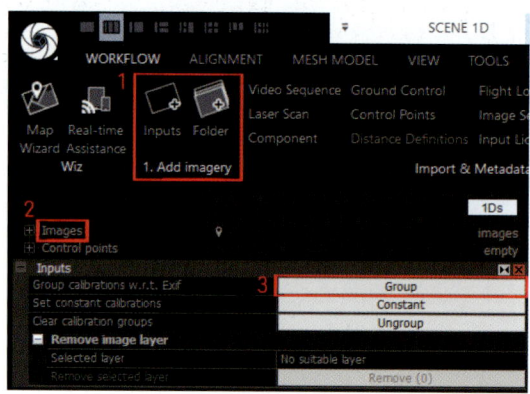

프로그램을 켜고 Start를 누르면 이 공정이 한 번에 이뤄집니다.

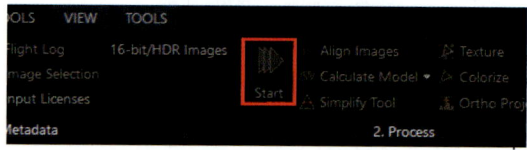

기본 설정에서 설정하고 진행합니다.

Start Button 탭에서 설정해 줍니다.

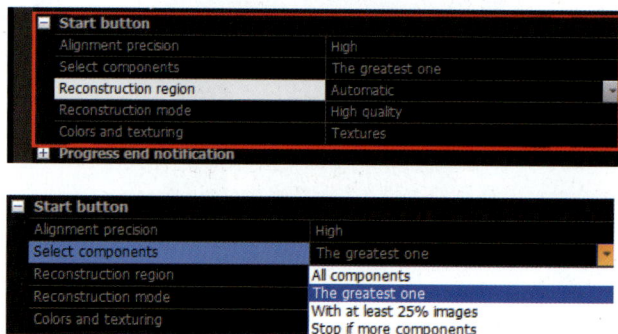

- **Alignment precision** : 사진의 겹침 빈도. 사진 속 물체가 다른 사진과 비교했을 때 확실하게 겹치게만 찍었다면 high, 애매하면 Draft로 설정합니다.
- **Select component** : Component 관련 설정입니다. 아래 설정한 기준에 맞는 Component를 사용하여 제작이 이뤄집니다.
  - **All components** : 모든 Component를 대상
  - **The greatest one** : Component 중 Cams의 개수가 가장 많은 Component를 대상
  - **With at least 25% images** : 최소 25%의 Cams이 사용된 Component를 대상
  - **Stop if more components** : Component가 2개 이상일 경우 중단
- **Reconstruction region** : Reconstruction 할 Scene의 비율을 정의해 주는 옵션인데 Automatic이 기본이라 기본 옵션 그대로 놔두어도 됩니다.
- **Reconstruction mode** : 하이폴 메쉬를 만들 때 사용했었던 Quality 옵션입니다. 원하는 대로 설정하면 되지만 가급적 High Quality를 추천합니다.
- **Colors and texturing** : Vertex color만 생성할지 Texture로 만들지 설정해 주는 옵션입니다. 별다른 이유가 없다면 Textures로 설정합니다.

이렇게 설정 항목에 대해 알아봤는데 최초 설정한 상태로 설정하고 후 Start를 클릭합니다.

촬영은 꾸준히 돌려가면서 한 것 같지만 카메라 배치는 좀 어색하게 나왔습니다.
하지만 다행히 모든 사진을 인식해서 계산되었습니다.

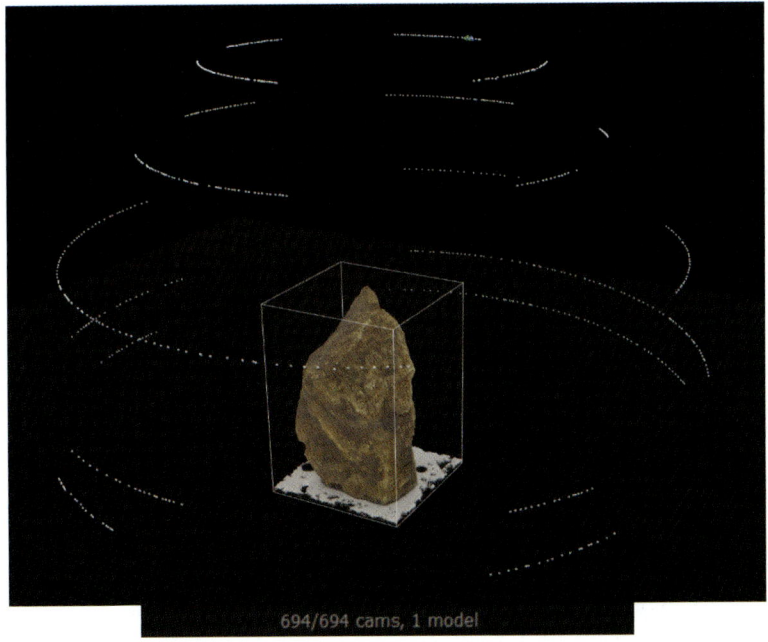

Reconstruction Region 박스가 물체를 감싸고 있는데 그렇게 되면 반투명 박스에 겹치게 되어서 물체 고유의 색을 확인하기 어렵습니다. 아래의 경로로 가서 Clear region 클릭해서 꺼줍니다.

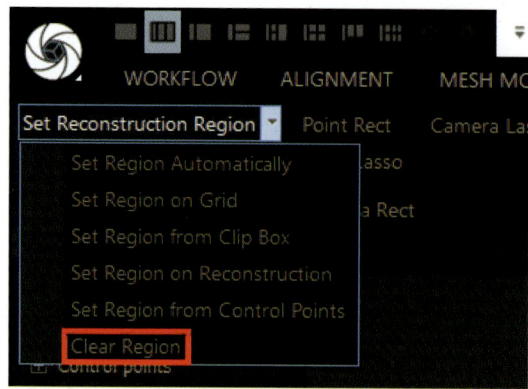

UI를 평소에는 선택되어 있는, 3D 하나만 볼 수 있는 뷰로 작업을 합니다.

하지만 최초 계산을 하고 사진을 확인하고 싶다면 카메라를 누르면 사진을 확인할 수 있는데, 자세히 보면 카메라에 색이 들어간 부분이 있습니다.

1(파랑), 2(연두), 3(보라), 4(분홍) + 마우스 좌클릭으로 이미지를 클릭하면 책갈피처럼 색이 들어가고 3D 화면에서도 색이 적용된 카메라로 변하게 됩니다. 다른 색을 설정해 주면 화면이 자동으로 분할되어 보여줍니다.

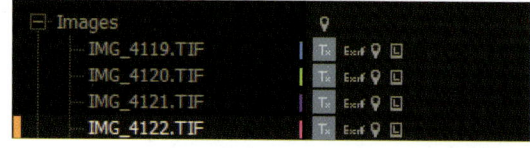

분할 화면은 조금 다를 수 있지만 지정하는 것에 맞춰서 화면이 분할됩니다.

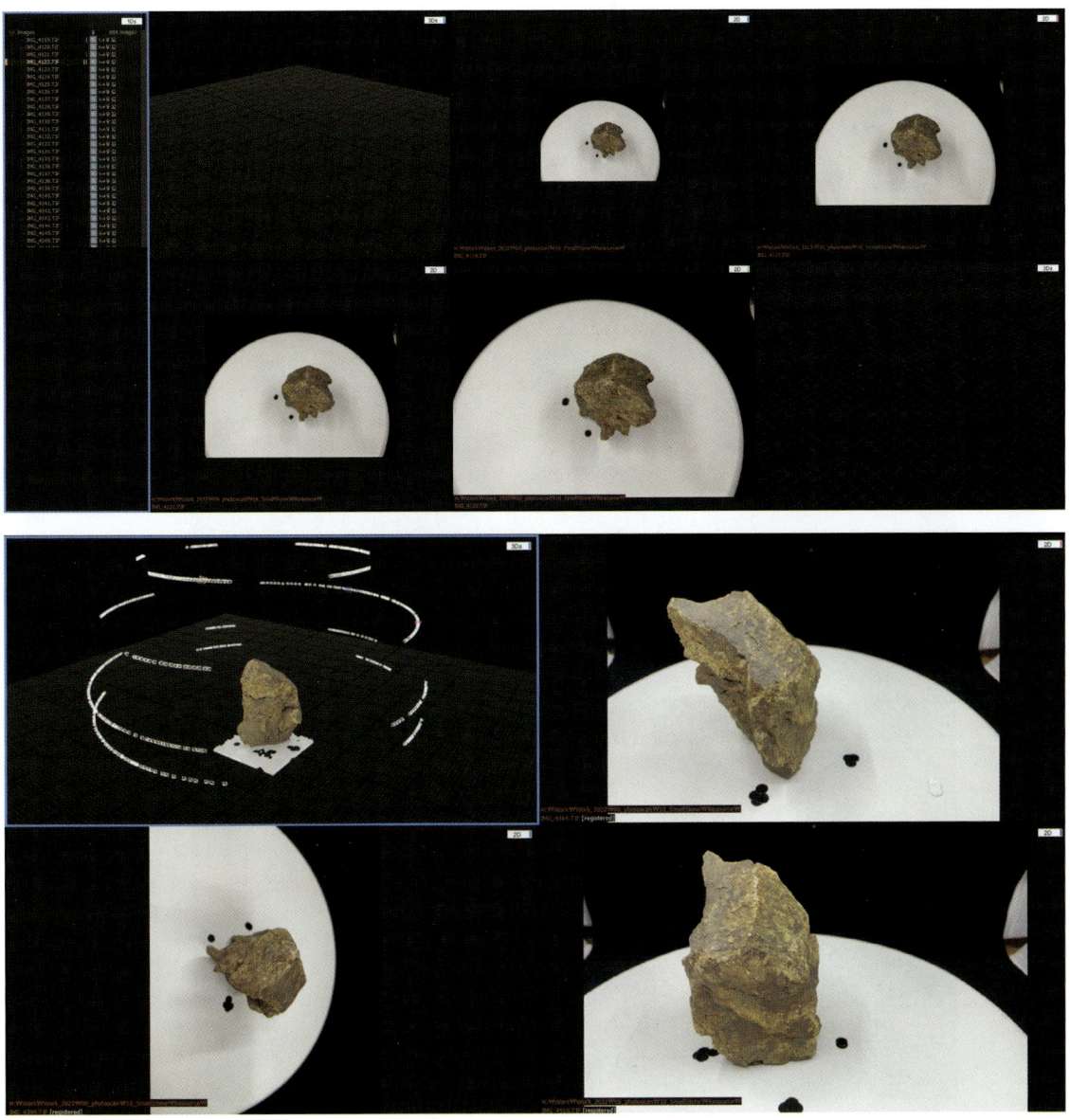

사진을 확인해보겠습니다.

배경이 짙은 사진도 있었고 아닌 것도 있었는데 생각보다 결과물이 잘 나왔습니다. 바닥 부분은 필요없으니 자르고 결과물을 자세히 확인해 보겠습니다.

이전 참외 작업에서는 에러가 생겼는데 이번 돌에서는 큰 에러 없이 나왔습니다.

바닥 부분은 잘려있어서 파랗게 나왔습니다. 전체적으로 잘 나왔는데 잘 안 나온 곳을 확인해보겠습니다.

확실히 아랫부분의 촬영이 중요하다는 것을 결과물에서도 확인할 수 있습니다. 다른 부분에 비해 촬영이 덜 되어서인지 해상도가 떨어진 모습입니다. 이 부분은 후처리에서 다른 부분을 가져와서 보강하는 방식으로 해결하겠습니다.

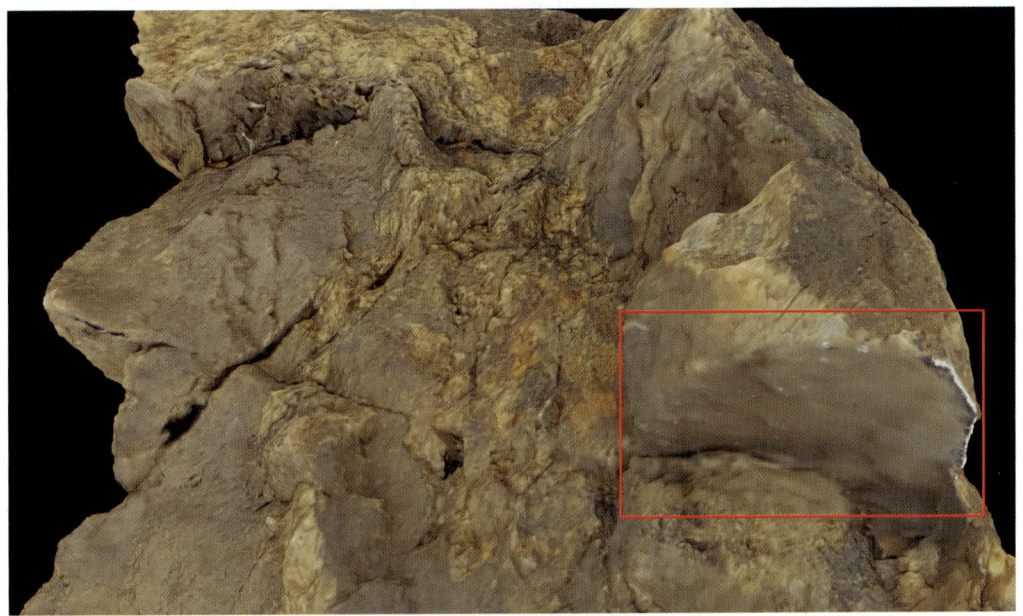

이제 메쉬를 최적화해 보겠습니다.

Relative / 5로 줄여보겠습니다. 한 번에 바로 줄이는 게 좋진 않지만, 지금처럼 단순한 물체는 바로 줄여도 좋습니다.

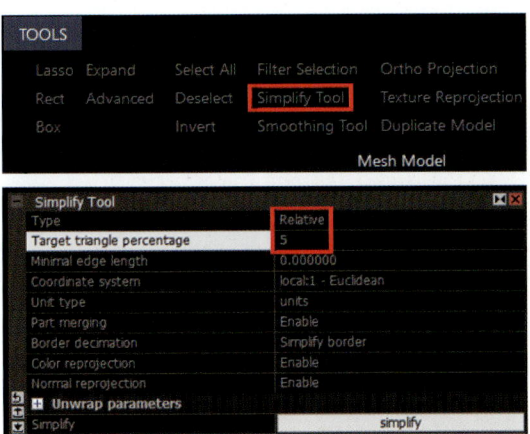

외관상 큰 차이는 나지 않지만, 용량은 훨씬 가벼워졌습니다. 3D 툴에서 확인하고 넘어가겠습니다.

추출하고 바로 3D 툴에 넣었는데 폴리곤이 약 30만개 정도라서 잘 추출이 되었습니다.

Front　　　　　　　　　　Left　　　　　　　　　　Right

하지만 확대해보면 Smoothing Group이 설정되지 않아서 깨져 있습니다.

좌측은 Smoothing Group이 없고 우측은 Smoothing Group을 하나만 설정했습니다.
앞서 흐릿했던 부분은 후처리 부분에서 어떻게 수정하는지 설명드리겠습니다.

Smoothing Group X   Smoothing Group O

> 추출한 3D 데이터는 '02_Rock > 추출데이터' 폴더를 참고하세요.

스마트폰은 일상 속 필수품이 되었습니다. 그런 필수품을 활용할 수 있다면 접근이 쉬울거라 생각해서 해당 예제를 진행해봤습니다. 간편함이라는 장점이 있었지만 단점도 명확했습니다. 가까운 부분은 잘 포착하지만 멀리 있는 부분은 흐려지거나 빛을 일정하게 포착하기 어려운 단점이 있었습니다. 그럼에도 간편함과 접근성이 좋다는 장점이 있는 방법이었습니다.

이렇게 하여 스마트폰의 카메라 촬영은 여기까지 하고, 이제는 DSLR로 포토스캔을 해 보겠습니다.

03 DSLR로 실내 촬영하기 (작은 돌 만들기 편)

앞의 2개의 작업을 해 보면서 스마트폰 카메라의 아쉬움을 느끼셨을 것입니다.
아이폰의 경우 앱으로 촬영하다 보면 꺼져버리곤 하고 모바일 기기 특성상 발열도 있고, 조리개 조절도 어려운 부분이 있습니다.

그래서 이제는 DSLR로 촬영해 보겠습니다.
예제에선 확인하기 힘들지만 화질 차이도 있고 조리개 조절을 통해서 배경까지 놓치지 않고 촬영이 가능합니다.

20cm 정도 되는 돌을 800여 장 촬영했습니다.
미니 스튜디오에서 촬영하면 일정한 조명 속에서 촬영이 가능해서 이번 촬영은 ISO 400 / F 20로 설정하였고 나머진 따로 설정하지 않고 촬영했습니다.

예제 폴더에서 제작 영상을 참고하세요!

예제데이터는 'O3_Rock_DSLR' 폴더의 사진소스를 활용하시면 됩니다.

Inputs / Folder에서 사진을 추가하고 후 Images 클릭, Group 버튼을 클릭하여 그룹화해 줍니다.

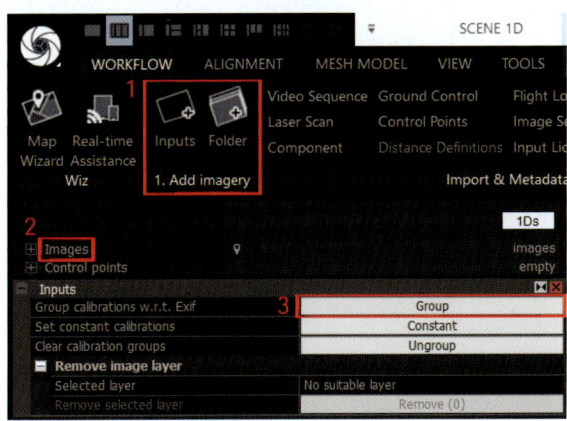

Align / 하이폴 메쉬 생성까지 한 번에 진행하겠습니다.

Start가 훨씬 편하지만, 하이폴 메쉬만을 확인하기 위해선 번거로워도 과정들을 순차적으로 직접 진행해주어야 확인이 편합니다.

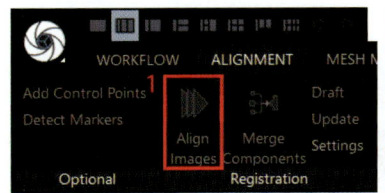
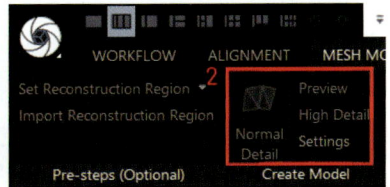

우선 사진 손실 없이 Align이 잘 되었습니다.

처음 그룹을 지정할 때 가끔 여러 그룹으로 지정 됐다고 메시지에 뜨는 경우가 있는데 신경쓰지 말고 계산하면 잘 나옵니다.

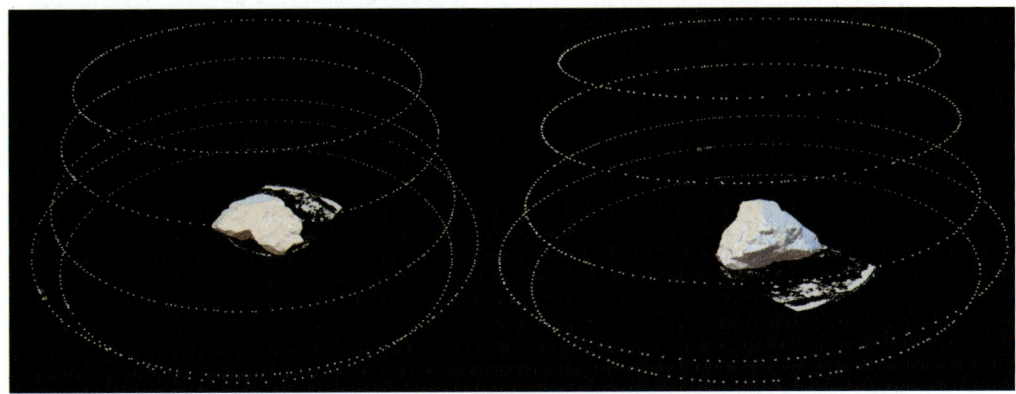

하이폴도 크게 문제는 없이 나왔지만, 구멍이 있긴 합니다. 14M 개로 계산 완료까지 시간이 비교적 오래 걸렸습니다.

일단 Texture를 제작하고 확인해보겠습니다.

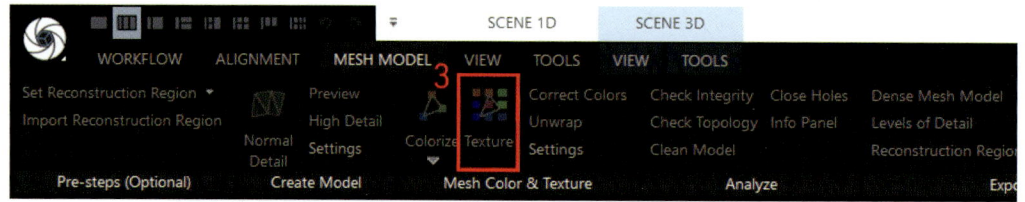

사진 그대로 잘 나왔습니다. 형태가 이렇다보니 그림자가 선명하게 생겼습니다.

TOOLS 〉 Mesh Model 탭에서 지워야 할 부분을 선택하고 후 Filter Selection으로 지워줍니다.

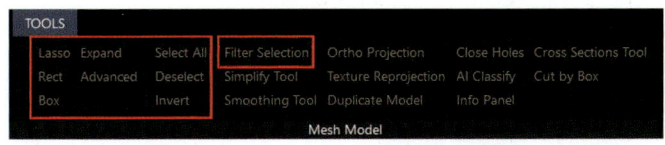

바닥에 찢어진 듯 생성된 검정 메쉬를 전부 삭제해주었습니다.

메쉬 최적화까지 진행하겠습니다.

지금 트라이가 130만 개 정도이다 보니 추출도 느리고 후에 다른 프로그램에서 사용할 때에도 무겁기 때문에 100만 개 미만으로는 줄이는 것이 좋습니다.

Relative / 5로 설정하여 5%대로 줄였습니다.

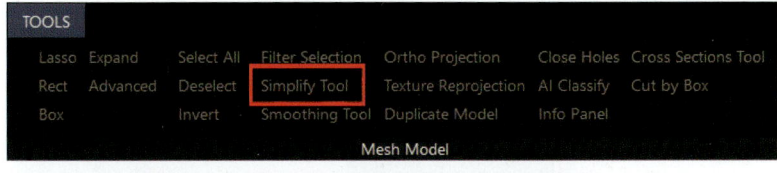

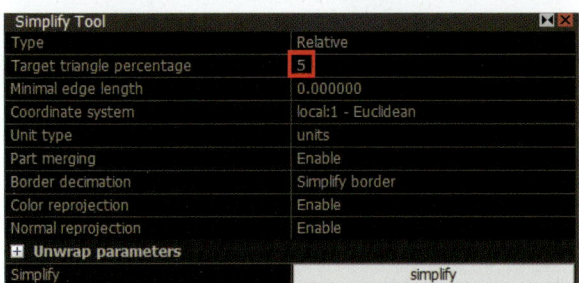

표면의 차이가 있지만 육안으로는 차이를 알아차리기 힘듭니다.

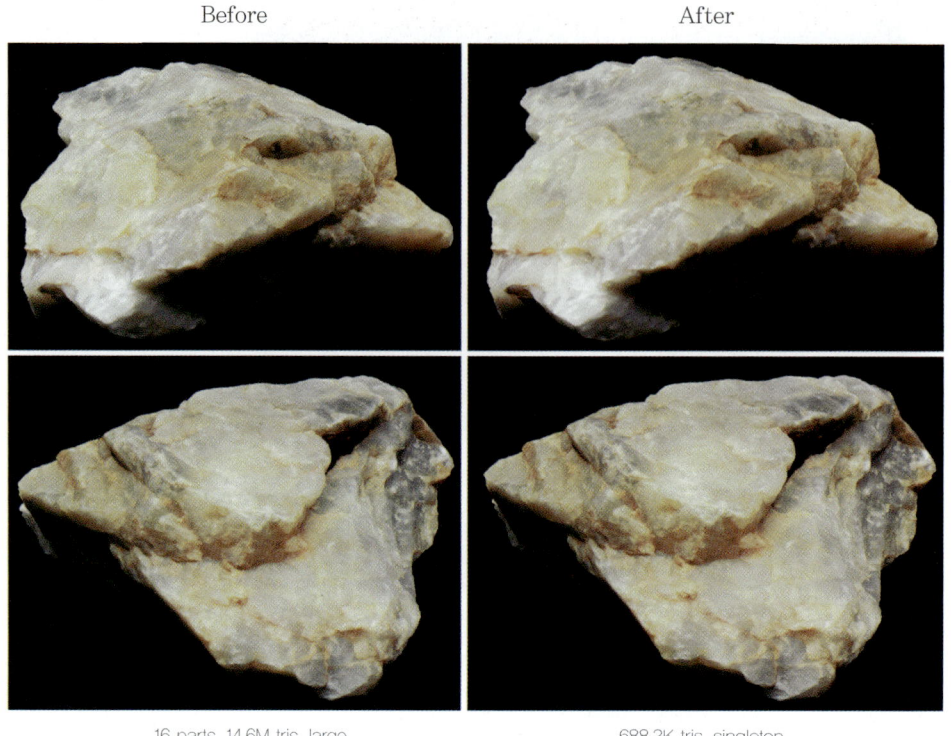

16 parts, 14.6M tris, large   688.2K tris, singleton

이번 스캔은 2가지 아쉬움이 있습니다.
빛이 너무 강해서 진한 그림자가 생긴 것과 틈새가 제대로 스캔 되지 못한 것 2가지가 되겠네요.
이 문제도 후처리 과정에서 다루도록 하겠습니다.

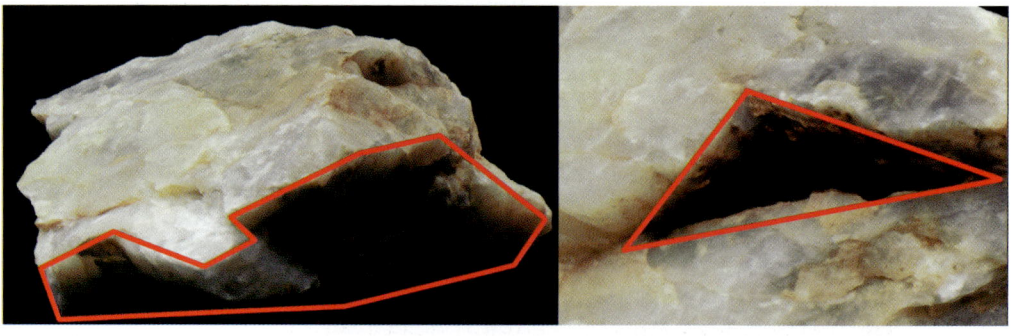

추출한 3D 데이터는 '03_Rock_DSLR> 추출데이터' 폴더를 참고하세요.

04 DSLR로 실내 촬영하기 (빵 만들기) 편

DSLR로 촬영하고 작업 결과물을 확인하고 나니 어떤 차이가 있었는지 느끼셨을까요. 고가의 DSLR일수록 좋겠지만 저가형이라도 조리갯값이 조절되는 DSLR로 작업해 보시기 바랍니다.

이번에도 촬영은 턴테이블과 미니 스튜디오를 이용해서 일정한 환경에서 물체를 돌려가며 촬영을 해 보겠습니다. 이 과정에서 하나 더 중요한 준비물로 삼각대가 있습니다. 손으로 들고 찍으면 자신도 모르게 카메라가 흔들릴 가능성이 굉장히 높습니다. 그래서 삼각대가 매우 큰 도움이 됩니다.

사진을 확인해보겠습니다.

4장의 사진을 올려놨는데 모바일로 찍을 때는 흐려졌을 만한 부분들이 생각보다 거의 흐려지지 않은 것을 확인하실 수 있습니다.

예제 폴더에서
제작 영상을
참고하세요!

예제데이터는 '04_Bread_Hodu' 폴더의 사진소스를 활용하시면 됩니다.

앞서 했던 것처럼 사진 이미지의 추가 및 그룹화를 해줍니다.

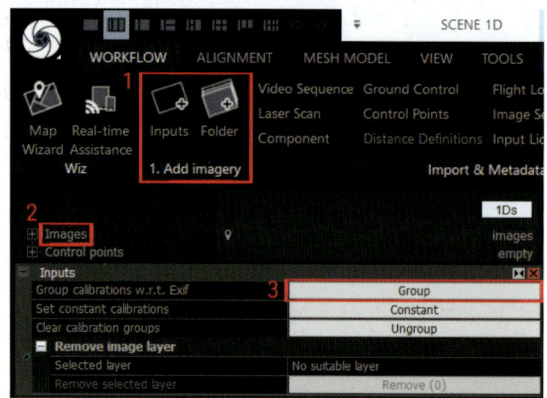

Align Images 클릭합니다. 옵션은 다음과 같이 설정했습니다. 겹침이 높은 편이지만 가급적 Medium 으로 해도 괜찮을 옵션입니다.

Align 후의 모습입니다. 촬영을 정확하게 했다면 이미지처럼 카메라가 원의 형태로 나타나게 됩니다. 또한 미사용되는 사진 없이 모든 사진이 계산에 활용됩니다.

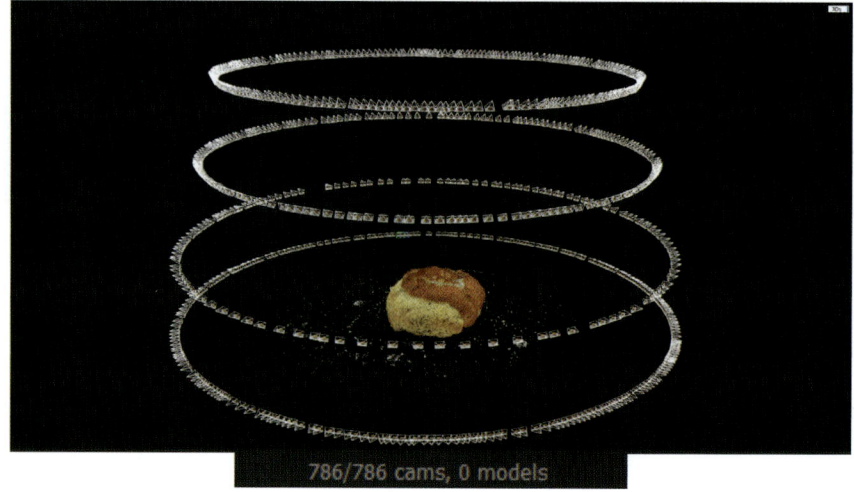

Reconstruction Region을 지정해야 하는데 드래그해서 선택하는 게 아니라 박스로만 가능하기 때문에 Automatically로 빠르게 설정하고 넘어가도 됩니다. 밀집된 공간 주위로 생성되기에 크게 문제가 생기진 않을 것입니다. 혹시 박스에 다 안 담겼는지 확인만 하고 하이폴을 제작합니다.

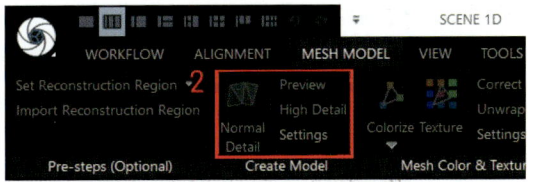

하이폴이 제작되었습니다. 하지만 하이폴만 봐서는 뭔가 크게 확인이 어렵습니다. 하이폴이 잘 나와도 Texture까지 제작을 했을 때 생각보다 밀려서 나올 수 있으니 하이폴이 제작되면 구멍이 생겼거나 메쉬 형성이 안 되는 등 진짜 큰 에러가 있는지만 확인하고 다음 단계 Texture 제작으로 넘어갑니다.

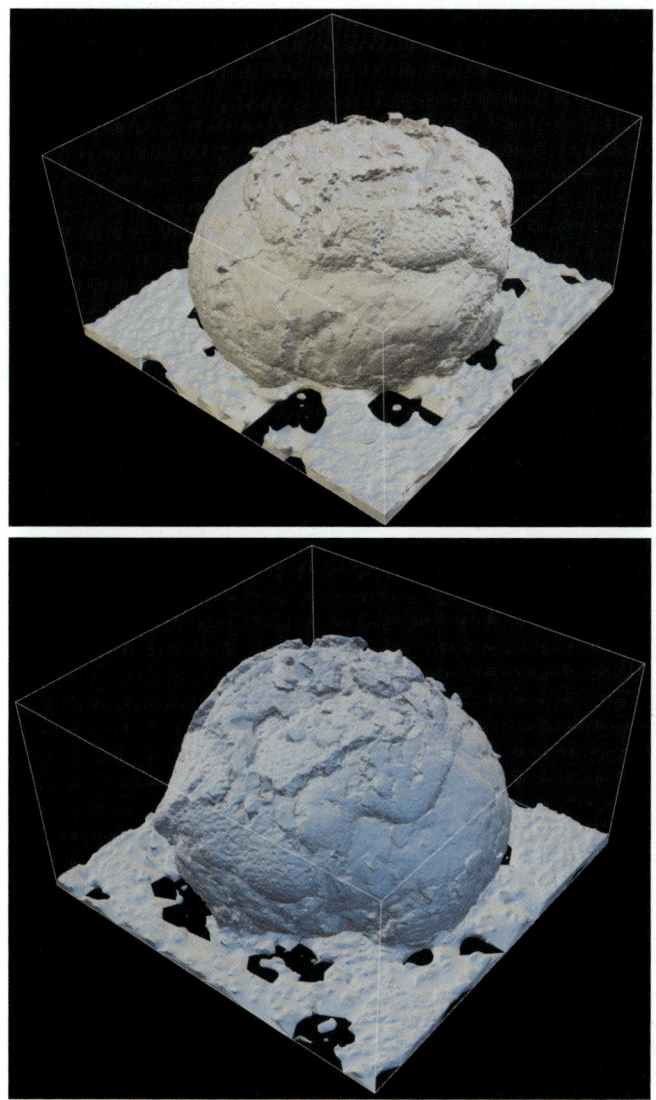

한 바퀴 돌려서 확인해 봤을 때 흐린 부분이 있거나 구멍이 있는 등의 문제는 발견되지 않았고, 확대해 보면 사진과 비슷하게 선명한 모습을 볼 수 있습니다.

불필요한 메쉬를 잘라내야 하는데 Texture를 만들고 불필요한 메쉬를 자르는 걸 선호하지만 Texture를 만들고 자르거나 하이폴 메쉬에서 자르고 Texture를 만들거나 큰 차이는 없습니다.

카메라 및 Reconstruction Region은 끄고 바닥 부분의 불필요한 메쉬를 자르겠습니다.

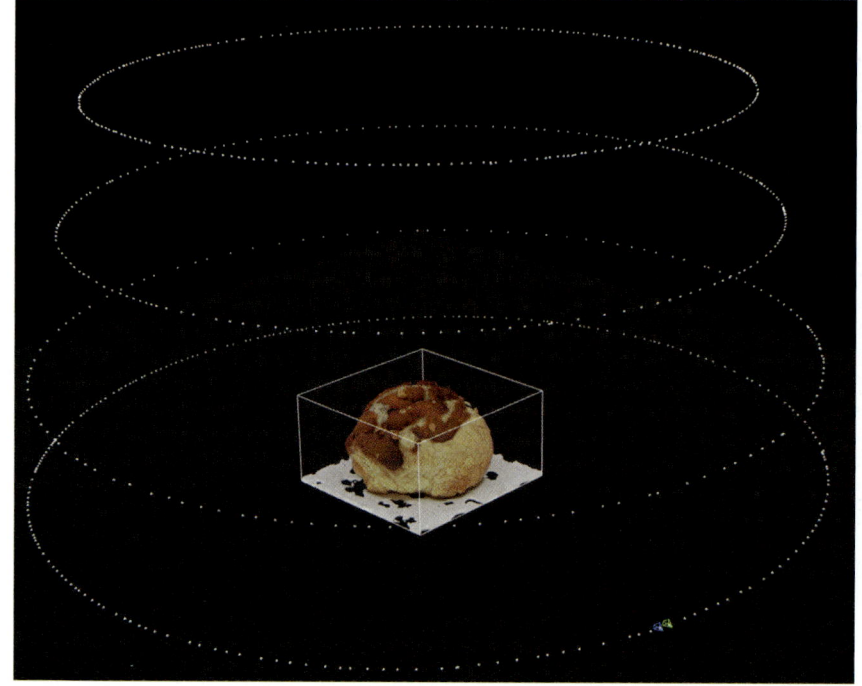

메쉬를 확인해보면 사진과 크게 다르게 없는 결과물을 확인할 수 있습니다.

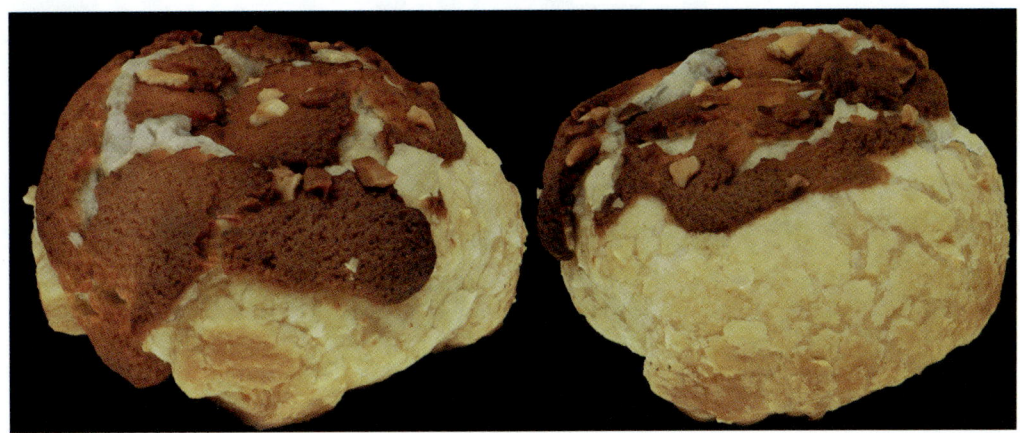

완벽한 결과물이면 좋겠지만 아쉬운 부분이 있습니다. 자주 나오는 부분인데 아랫면들은 주로 촬영이 잘 이뤄지지 않은 결과가 그대로 반영이 되는데요. 턴테이블에 비해 크기가 작으면 물리적으로 촬영이 불가능해서 생기는 문제라고 볼 수 있습니다.

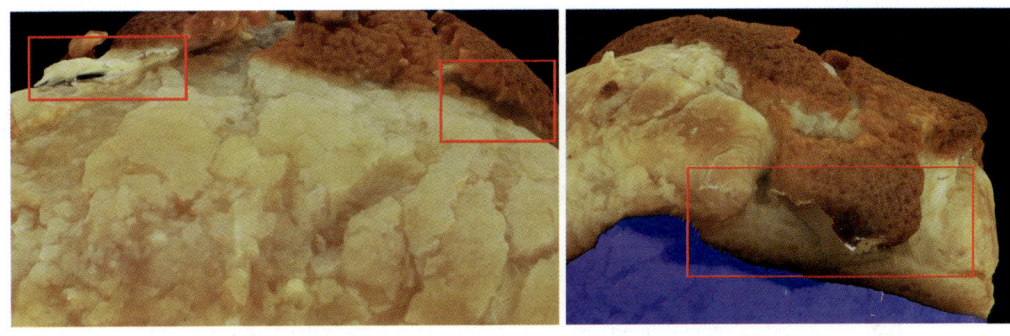

제가 사용하는 턴테이블은 25cm 정도인 데 비해 빵은 5cm 정도였기에 가운데 놓고 돌려가면서 찍을 때 아랫면을 거의 촬영하기 어려웠습니다. 하지만 이런 부분을 인지하고 촬영하는 것과 아닌 것은 큰 차이가 있다고 생각합니다. 정말 물체를 있는 그대로 전체를 3D화 하고 싶을 때는 좀 더 신경을 쓰면서 어떻게든 촬영을 하겠지만 그게 아닌 경우라면 후처리에서 조절할 수 있기 때문입니다. 이번 빵의 기본 결과물도 후처리 과정에서 수정해 볼 것입니다.

> 추출한 3D 데이터는 '04_Bread_Hodu > 추출데이터' 폴더를 참고하세요.

05 DSLR로 실내 촬영하기 (딸기 크루아상) 편

빵 종류를 두 번씩이나 넣은 이유는 저작권 문제도 없고 시중에서 쉽게 구할 수 있는 예제에 많이 넣었고 실제로 이러한 음식으로 스캔을 해 보는 사례가 많이 있습니다.

이번에는 복잡하게 생긴 크루아상으로 준비했습니다. 단순한 것만 하다가 복잡한 물체를 스캔할 때 메쉬가 제대로 생성될지를 의심할 수 있는데 이번 과정에서 그런 의심은 없어질 것입니다. 또한 복잡한 물체를 스캔했는데 결과물이 잘 나왔을 때의 희열감을 느끼게 될 것입니다.

10cm 정도인 기존 예제들보다 2배 정도 크기 때문에 사진을 최대한 자세히 찍으려고 했습니다. 그래서 1481장을 촬영했습니다. 장수가 많다고 생각할 수 있지만 각도 별로 조금씩 움직여가며 촬영하다 보면 1400여 장은 금방 쌓이게 됩니다.

| 예제데이터는 '05_Strawberry' 폴더의 사진소스를 활용하시면 됩니다. |

앞서 했던 것처럼 이미지 추가 및 그룹화를 해줍니다.

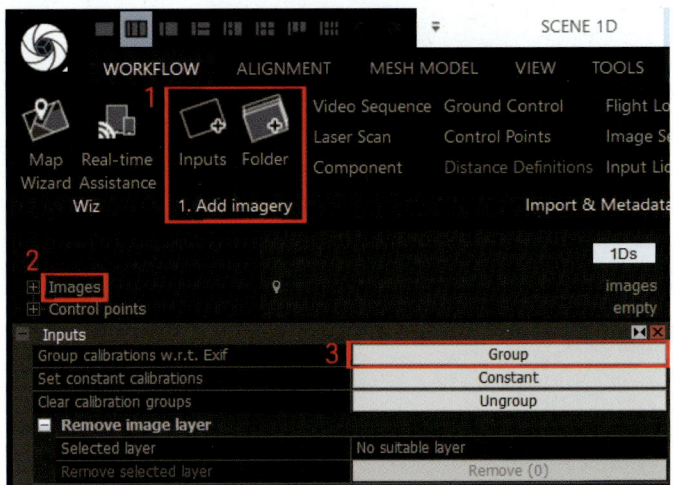

이번엔 Align 및 하이폴 제작까지 한 번에 진행하겠습니다.

마찬가지로 1481장을 사용하여 Align 하였는데 한 장의 이미지 낭비 없이 전부 계산에 사용되었습니다. 장수가 적거나 야외의 경우 촬영하는 시간이 바뀌면 높은 확률로 Component가 여러 개 생겨서 사실상 못 쓰게 되는데 실내에서 일정한 환경 속에서 촬영 장수가 많으면 Component가 나뉘는 경우는 거의 없습니다.

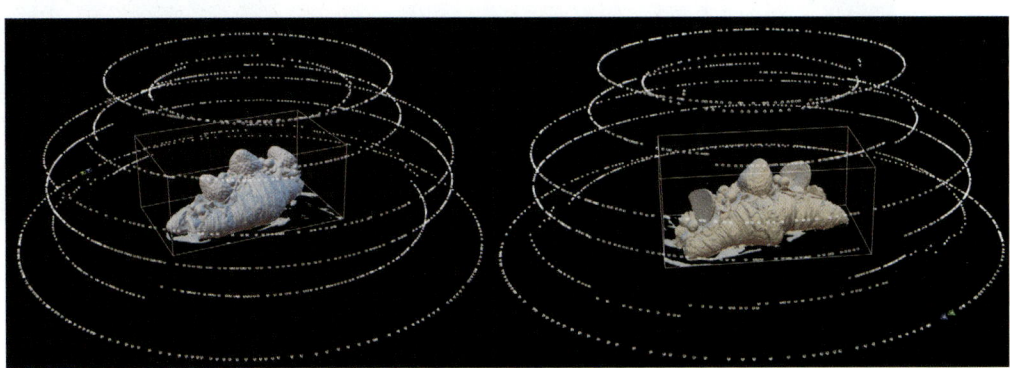

하이폴을 확인할 때는 구멍의 유무 정도 확인하면 좋은데 이번 하이폴에서는 크게 문제가 될 만한 부분은 없습니다. 주위에 찌꺼기가 종종 생기는데 이 부분은 Texture 제작 후에 잘라내겠습니다.
그럼 바로 Texture를 제작하겠습니다.

하이폴이 잘 나오면 대부분 Texture도 잘 나옵니다. 이번 작업도 마찬가지였습니다.

확대된 사진을 봐도 아래에서 안 찍혔을 만한 부분이 없어서 크게 문제 될 부분이 없이 잘 찍혔습니다.

영역 지정 후 불필요한 부분 제거했습니다. 이 과정은 타 3D 프로그램을 사용한다면 생략해도 되지만 그렇지 않은 유저도 있기 때문에 좋은 기능이라 생각합니다. 시간도 오래 걸리지도 않아서 좋습니다.

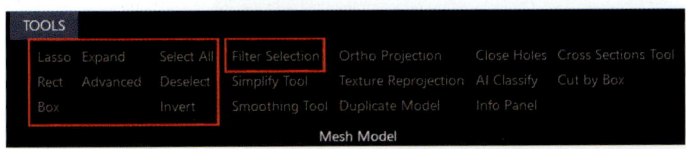

메쉬도 Simplify 기능으로 5%로 줄였습니다. Reality Capture에서는 작업 공정이 비슷하지만 반복 숙달이 중요하다고 생각해서 비슷한 과정이지만 계속 추가하고 있습니다. 이번 메쉬는 복잡하게 생겼지만 오류 부분은 거의 없는 것 같습니다.

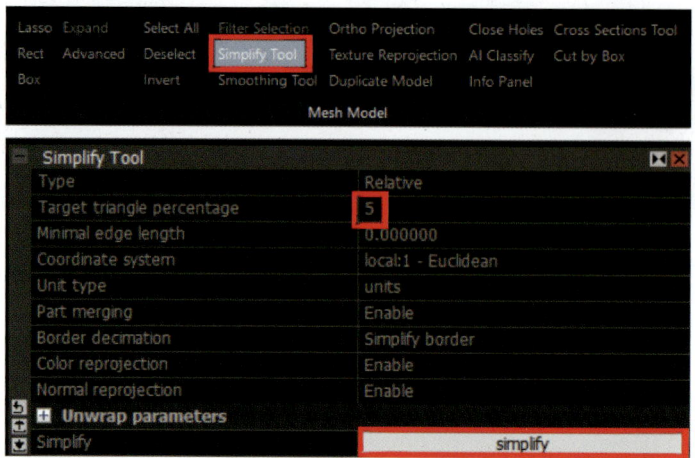

추출한 3D 데이터는 '05_Strawberry > 추출데이터' 폴더를 참고하세요.

06 DSLR로 실내 촬영하기 (석고상) 편

이번에는 석고상을 스캔해 보겠습니다.

시중에서 판매하는 30cm 정도의 석고상은 고가의 가격이라서 15cm 정도의 소형 사이즈의 석고상을 구매하여 예제를 만들어 봤습니다.

앞서 단색으로만 이뤄진 물체는 아무 공정이 없는 상태에서는 촬영이 힘들다고 말씀드렸는데요. 석고상을 고른 이유도 이러한 이유 때문입니다. 석고상은 흰색이고 단색 물체라서 별도의 준비 없이 촬영만 하면 결과물을 얻을 수 없습니다.

좌측 이미지처럼 아무런 가공을 하지 않고 500여 장의 사진을 찍고 Align을 시켰었습니다. Component를 사용하기 어려울 정도로 많이 나뉘어 계산되어서 사용하기 힘든 상태가 됩니다. 그래서 조각상에 색을 넣어줘야 합니다.

아래 그림처럼 조각상에 펜이나 연필 등으로 선을 그어주면 추가한 색들이 기준이 되어 계산을 도와줍니다. 스티커를 붙이는 방법도 있습니다. 단색으로 구성된 물체는 이런 방식을 거쳐서 좋은 결과물을 얻을 수 있습니다. 후처리 과정에서 추출 후에 그림자를 지우는 정도만 진행해보겠습니다.

이렇듯 단색의 물체는 물체를 불가피하게 손상시켜야 한다는 점을 염두에 두어야 합니다.

이번엔 900여장의 사진을 준비했습니다.

앞서 했던대로 이미지 추가 및 그룹화를 해줍니다.

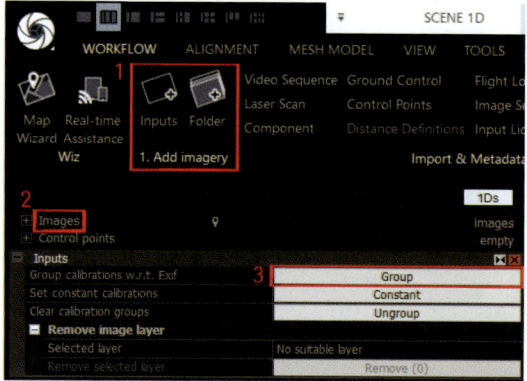

예제데이터는 '06_Statue' 폴더의 사진소스를 활용하시면 됩니다.

Align 및 하이폴 제작까지 진행하겠습니다.

이번에도 역시 거의 대부분의 사진이 사용되었습니다. 단색 자체로만 계산을 했다면 카메라들이 원형을 이루며 형성되진 못했을 것입니다. 그렇다고 그냥 잘 나온 것은 아닙니다. 하이폴을 보면서 이야기하겠습니다. 이번에는 계산이 오래 걸려서 Normal Detail로 제작했습니다. 뒤집혀서 회전시켰습니다.

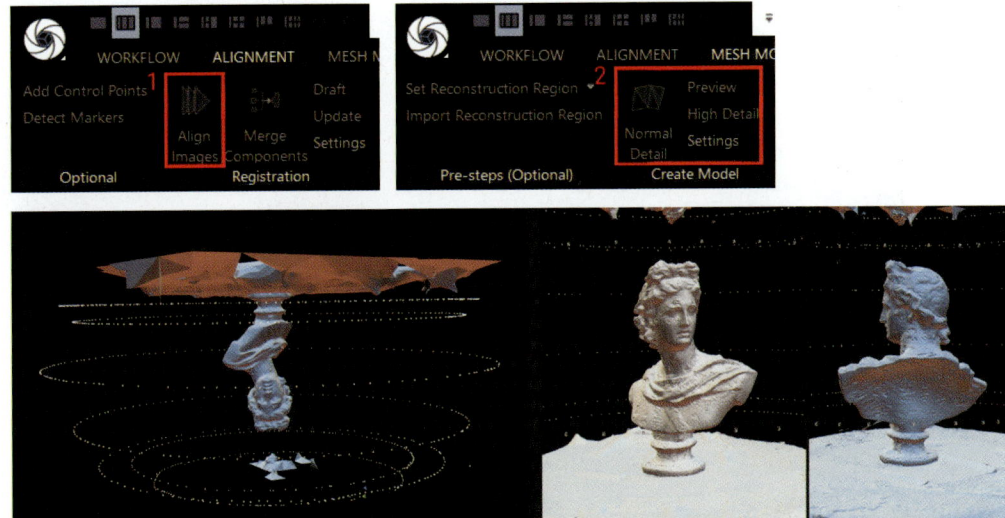

하이폴에 상처가 생긴 것처럼 흔적이 있는데 추가로 그어준 색들을 기준으로 계산되어서 그어준 선들은 메쉬가 선명하게 생성되고 선과 선 사이에 있는 부분들은 부정확하게 생성되어서 그물 처럼 보이는 결과가 나타난 것입니다.

단색 물체사진 촬영으로 단색 물체를 스캔하려면 아직은 이 방법이 최선입니다. 정확한 메쉬를 얻기 위해서는 레이저 스캐너처럼 색에 영향을 받지 않는 도구를 사용해야 할 것입니다.

조각상을 처음부터 만드는 작업은 시간이 많이 요구되고, 원하는 결과를 얻기까지는 높은 숙련도가 요구됩니다. 그래서 이런 경우에는 어차피 후가공으로 처리할 수 있으니 하이폴 메쉬만 얻는다는 생각으로 시작합니다.

그럴 바엔 조금 아쉬운 디테일이지만 큰 형태를 얻고 여기에 후가공해서 만드는 게 좋은 방법이 될 수 있다고 생각합니다. 단색 물체의 모델만을 얻는다고 하면 Texture는 제작해야 하는지에 대한 질문이 생길 것입니다.

- **1차** : 큰 형태의 하이폴 메쉬 제작
- **2차** : 1차 제작한 하이폴 메쉬를 가공하여 깔끔한 데이터로 제작
- **3차** : 2차에서 만든 하이폴 메쉬를 활용해서 Texture 신규 제작

물체에 색을 그어버리기도 했고, 단색으로 제작이 가능하다고 해도 Texture를 그대로 사용할만한 가치는 크게 없습니다. 그래서 새로운 재질을 제작하는 방향을 세워야 합니다. 물론 하얀 석고 재질을 제작해도 됩니다. 따라서 단색 물체는 가공이 반드시 필요하고 시간도 오래 걸립니다. 제작 결과물이 궁금하기에 평소와 같이 Texture도 우선 제작합니다.

Texture를 제작하고 Filter Selection 기능으로 불필요한 부분을 제거하고 확인해 봅니다.

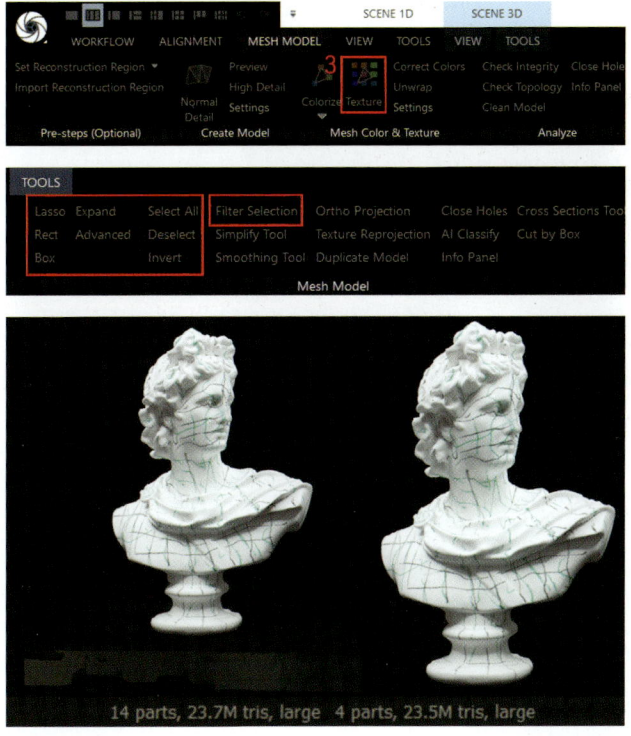

일단 처음 멀리서 육안으로 볼 땐 큰 문제는 없어 보입니다. 이게 Reality Capture의 얼마 안 되는 아쉬운 부분 같습니다. 다른 3D 프로그램처럼 조명(Light)을 추가할 수 있다면 좀 더 디테일한 확인이 가능하겠지만 아쉬운 대로 확대해서 확인해 보겠습니다.

  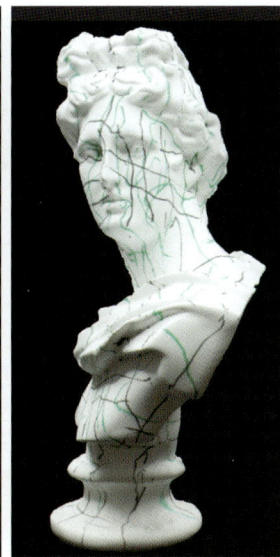

하이폴 확인할 때 예상했던 것처럼 아쉬운 부분이 확실하게 확인됩니다. 표시된 부분을 보면 다른 주위 부분과 다르게 단색 혹은 그라데이션으로 색이 채워져 있는 듯한 부분이 보이는데 그 이유는 정보가 없어서 저렇게 결과물이 나오게 된 것입니다.

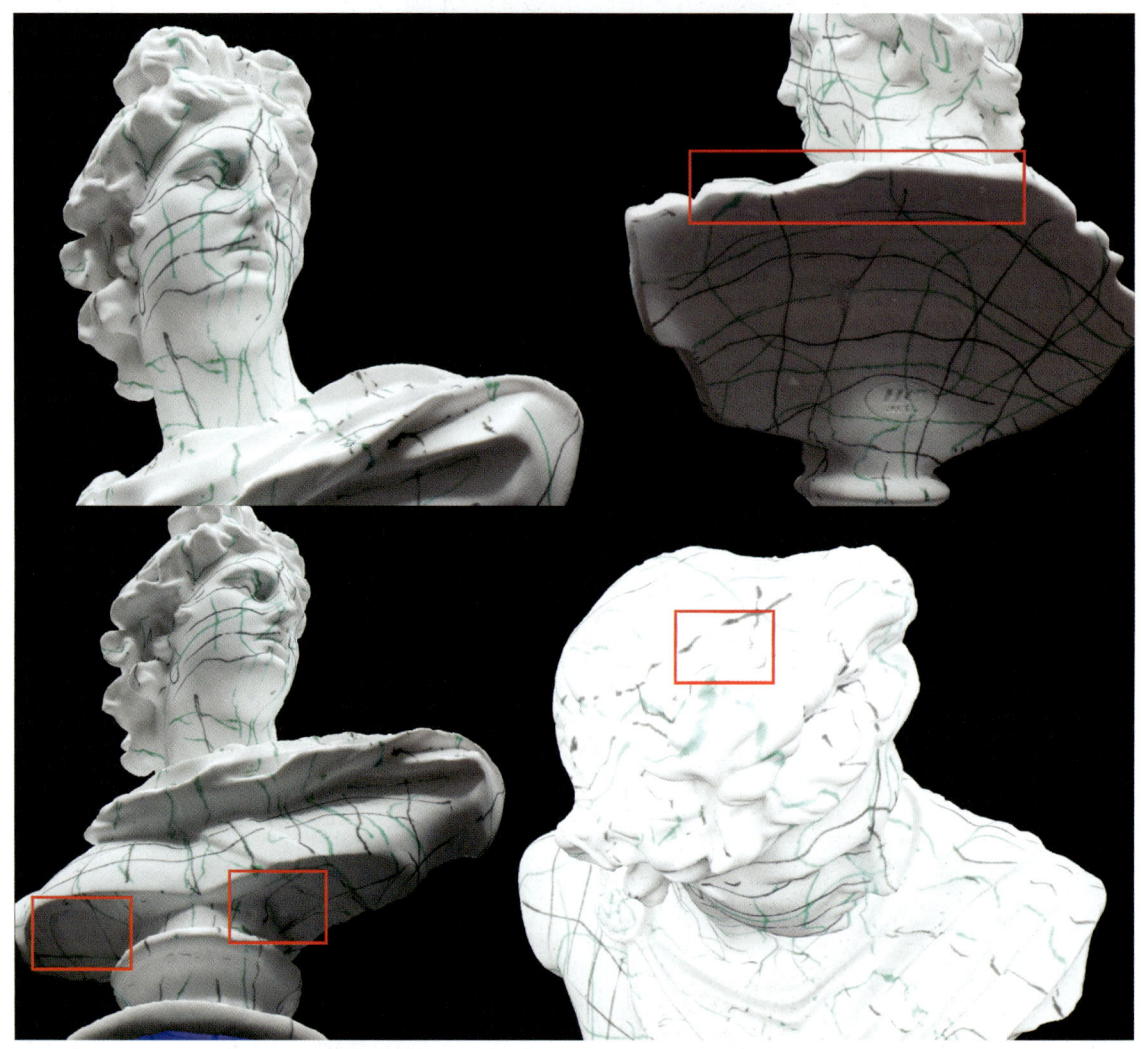

추가해준 색을 기준으로 계산되다 보니 어쩔 수 없는 것 같습니다. 이런 부분들이 Texture를 바로 제작해서 사용하는 것을 포기하려는 이유입니다.

후가공 작업은 이 석상만 해보겠습니다. 1차로 제작한 지저분한 하이폴을 깨끗하게 제작하고 간단한 Texture를 제작하는 것까지 후처리 과정에서 다뤄보겠습니다.

> 추출한 3D 데이터는 '06_Statue > 추출데이터' 폴더를 참고하세요.

07 DSLR로 실내 촬영하기 (물고기) 편

지금까지 포토스캔을 하면서 궁금증이 하나 생기셨을 겁니다. 바닥은 어떻게 촬영하지?
야외에서는 불가능하지만, 실내에서는 물체를 본인이 원하는 대로 움직여 줄 수 있습니다. 바닥을 찍길 원할 때에는 물체를 매달아서 촬영하거나 그게 어려운 경우에는 바닥을 사진 촬영만 해 놓고 후처리 과정에서 가져다 사용하는 방법도 사용할 수 있을 것입니다.
여기서는 물체를 매달아서 촬영해 보겠습니다.

아래 그림처럼 생선을 실에 매달고 회전시켜가며 촬영했습니다. 다만, 물고기 같은 경우 후처리에서 메쉬를 편집해야 할 일이 반드시 생기는데, 지느러미처럼 매우 얇은 부분을 메쉬로만 표현하려면 자르고 붙여주는 편집 과정이 필요하기 때문입니다. 이런 후처리 과정이 있음에도 물고기를 선택한 이유는 물고기를 구하기도 쉽지만, 색상이 다양해서 결과물이 잘 나올 것이라 생각했기 때문입니다. 아무리 복잡하게 생겨도 색상이 단순하면 결과물이 잘 나오지 않는 경우가 많습니다.

예제데이터는 '07_Fish' 폴더의 사진소스를 활용하시면 됩니다.

앞서 했던 것처럼 이미지 추가 및 그룹화를 해 줍니다.

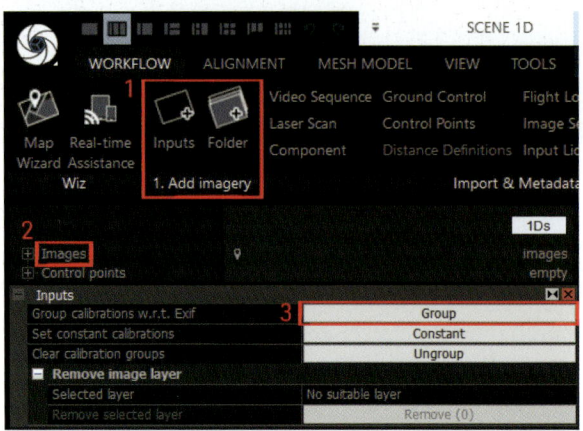

Align 및 하이폴 제작을 해 보겠습니다.

다음은 Align 및 하이폴 생성을 끝마친 모습입니다. 우려했던 것과는 달리 1066장의 사진 중 1052장이 하나로 잘 묶였습니다. 카메라의 궤도도 원을 잘 이루며 생성되었습니다.

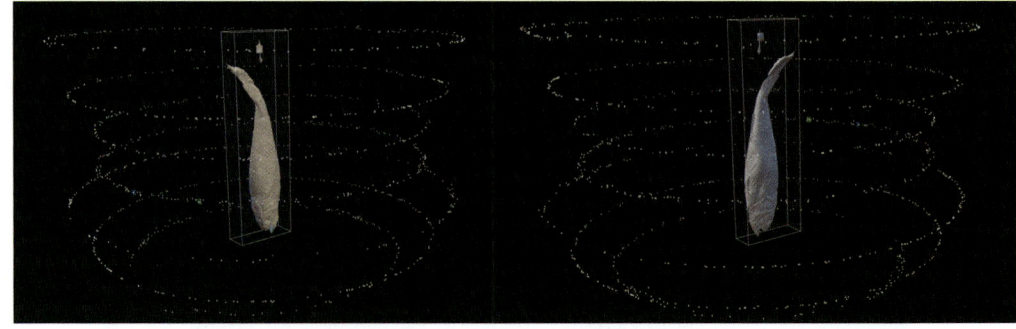

간혹 Align 옵션에 따라 Component 개수가 다르게 계산되는 경우가 있습니다. 그런 경우에는 Align 옵션값을 변경해주면 됩니다. 혹은 가장 많은 이미지, cams를 사용하는 Component로 계산해도 무방합니다.

Control points	empty
Component 0	1052/1066 cams, 1 model
Small components	4 with less than 50 cameras
Component 1	2/1066 cams, 0 models
Component 2	49/1066 cams, 0 models
Component 3	16/1066 cams, 0 models
Component 4	18/1066 cams, 0 models
Component 0	939/1066 cams, 3 models

하이폴을 자세히 보고 넘어가겠습니다.
전체적으로 잘 뽑히긴 했으나 표시된 부분 중 다른 부분과 확연히 덜 꺼끌거리는 표면들이 있는데 저런 부분들은 대부분 불필요한 부분입니다.

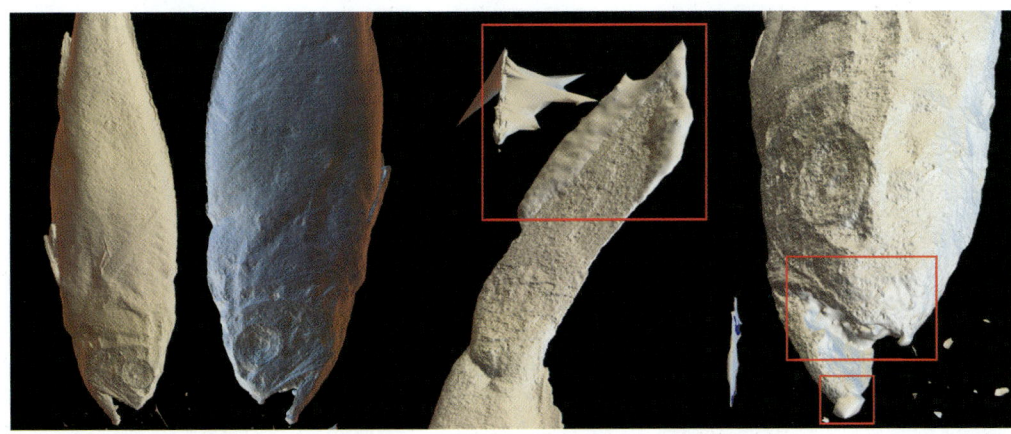

Filter Selection 기능으로 파편들을 제거해 줬습니다.

꼬리 부분은 애매해서 Texture를 제작하고 확인해 봐야 할 것 같습니다. 잘라낸다고 해도 분명히 구멍이 생길 텐데 Reality Capture에서 이렇게 생기는 구멍을 채워줄 순 있지만 두 점을 하나로 원하는 대로 붙여줄 수 없기 때문에 이 부분은 2차 가공에서 수정해야 할 것입니다.

Texture 생성으로 넘어가기 전에, 생략해도 되지만 진행하면 좋은 작업이 있습니다. 실에 매달고 촬영한 것이라서 Align을 진행했을 때부터 약간 기울어져 생성되곤 하는데 Tools 〉 Scene Alignment 〉 Set Ground Plane을 클릭하면 기울어진 메쉬를 정방향으로 바꿔 놓을 수 있습니다. 모델의 위치를 정리하거나 정돈할 때 좋은 기능입니다.

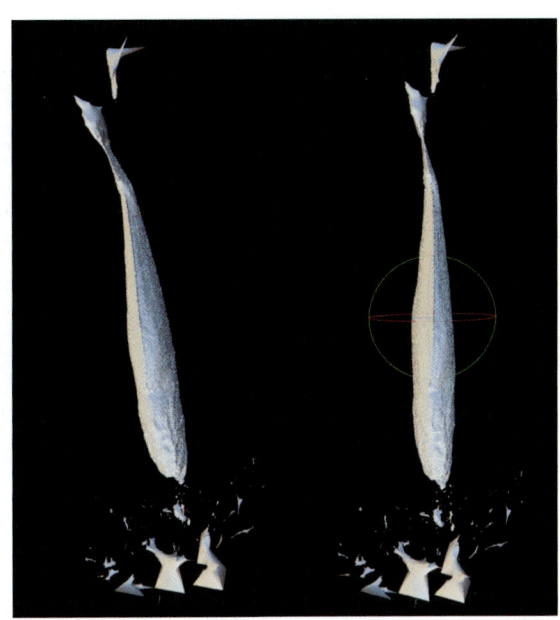

Texture를 확인해 보겠습니다.
정말 사진찍은 그대로 나왔습니다. 하지만 아쉬운 부분이 바로 몇 군데 보일 것입니다.

확대해서 몇 군데 살펴보겠습니다.

표시된 부분을 자세히 보면 입 내부는 촬영이 덜 되어 해상도가 낮은 결과물이 만들어졌네요. 입 끝에는 참외 때처럼 불분명한 메쉬가 생겼습니다. 지느러미를 섬세한 디테일로 구현하기에는 프로그램의 한계가 있습니다. 이렇게 만들어진 지느러미를 메쉬로 표현하는 것은 포토스캔만으로 한계가 있습니다. 그럼에도 불구하고 디테일을 살리려면 Alpha Texture를 활용해야 합니다.

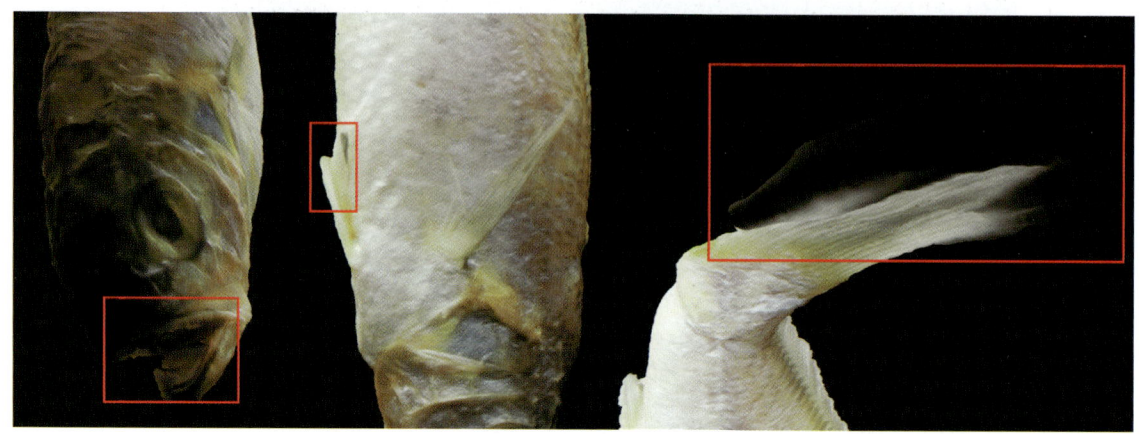

사진 그대로 제작되어서 음영이 지는 곳과 꼬리 부분은 메쉬 수정 작업을 거치면 될 것 같습니다. 이 두 과정은 후처리에서 수정하겠습니다.

> 추출한 3D 데이터는 '07_Fish > 추출데이터' 폴더를 참고하세요.

08 DSLR로 실내 촬영하기 (신발) 편

실내 작업 예제 중 이번 작업이 마지막입니다.
포토스캔 작업을 검색해 보면 흔히 보이는 작업물 중 하나는 신발입니다. 그래서 여기서도 선택하게 되었고 처음 포토스캔을 공부하면서 신발을 스캔했었는데 뿌듯했던 기억이 있습니다.

신발도 매달아서 돌려가며 촬영했습니다. 우려되는 부분이 있다면 새 신발을 촬영하다 보니 흰색 부분이 너무 하얗게 보여서 걱정이지만 일단 진행해 보겠습니다.

신발이 무거워서 실로 연결을 시켜 놓았습니다. 사진에서 보더라도 뒤꿈치 부분이 너무 하얗긴 해서 계산해 봐야 알 것 같습니다.

예제데이터는 '08_Shoes' 폴더의 사진소스를 활용하시면 됩니다.

예제 폴더에서
제작 영상을
참고하세요!

앞서 했던대로 이미지 추가 및 그룹화를 해줍니다.

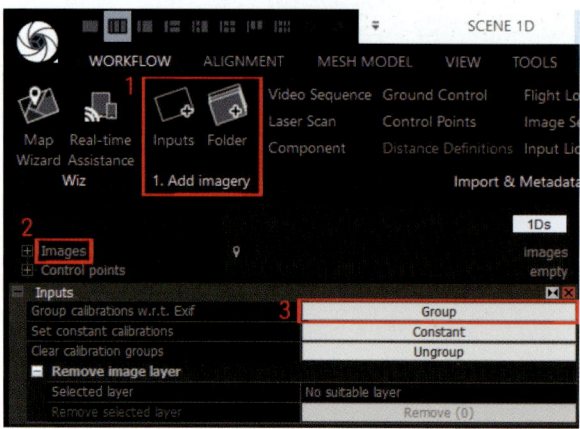

Align으로 생성된 카메라의 위치들은 원을 그리며 잘 생성되었으나 찌꺼기가 좀 많아서, 이번에는 먼저 제거하고 하이폴을 확인해보겠습니다.

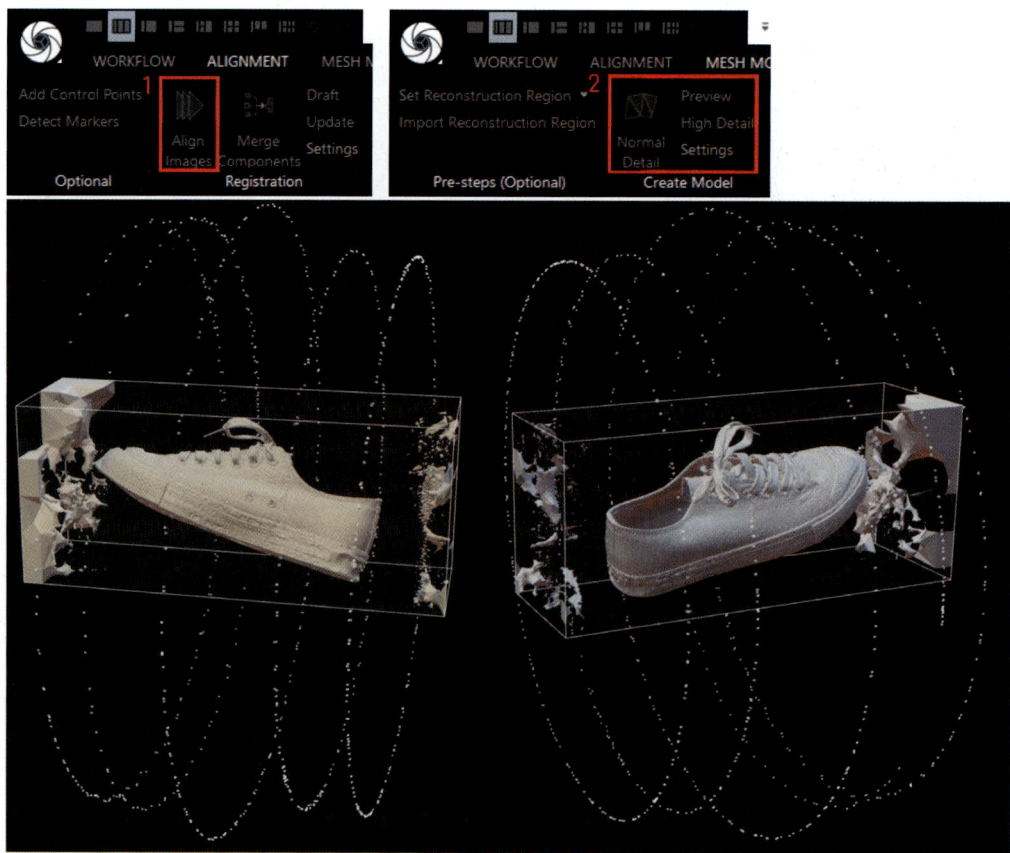

찌꺼기처럼 생성되는 메쉬는 나중에 제거해도 되지만 이렇게 많을 땐 먼저 지워줍니다.

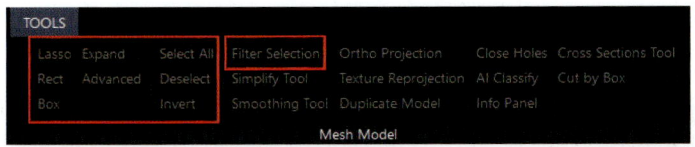

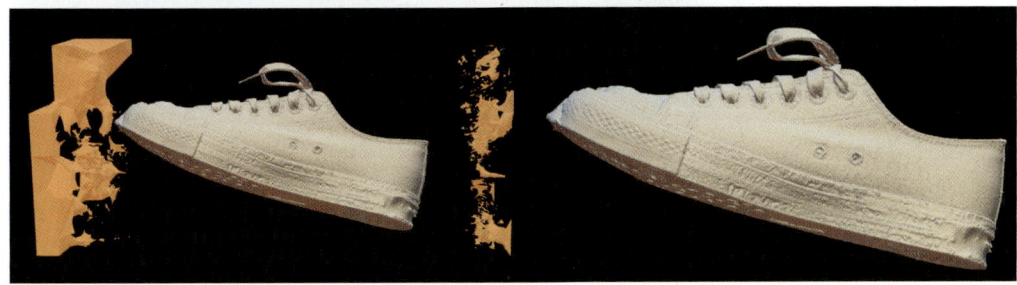

그리고 메쉬가 조금 회전되어 있으니 정방향으로 돌리겠습니다. Set Ground Plane을 클릭하면 컨트롤러가 나옵니다.

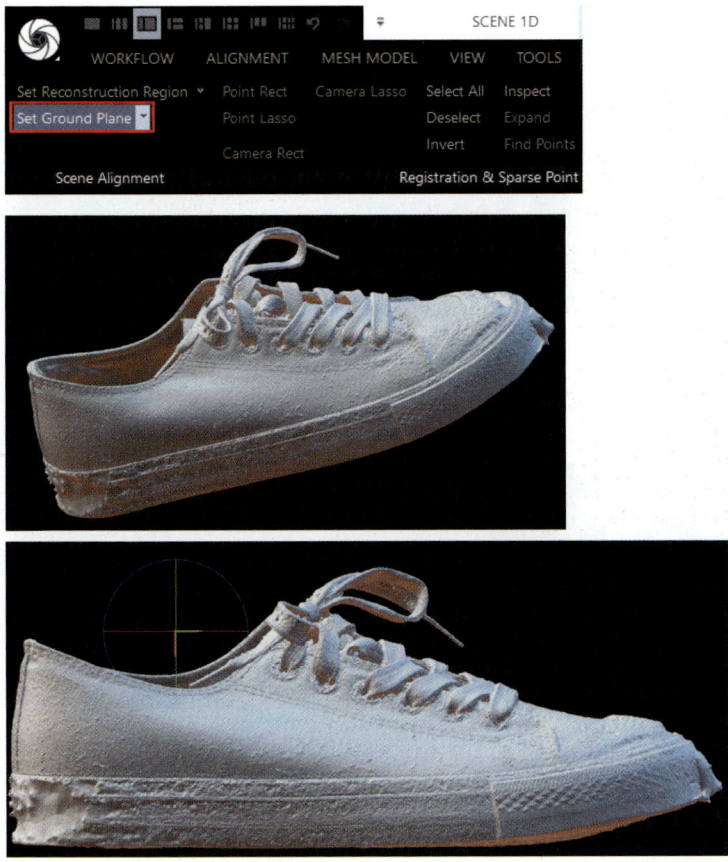

우려했던 대로 뒤꿈치의 흰색 부분이 잘 나오지 않았는데 메쉬를 수정해야 될 것 같습니다. 신발 내부는 촬영이 어려웠기 때문에 감안하고 있던 부분입니다. 앞꿈치의 덩어리는 생각하지 못했던 부분이라 메쉬를 수정하는 방향으로 진행해야 할 것 같습니다. Texture도 같이 확인해 보겠습니다.

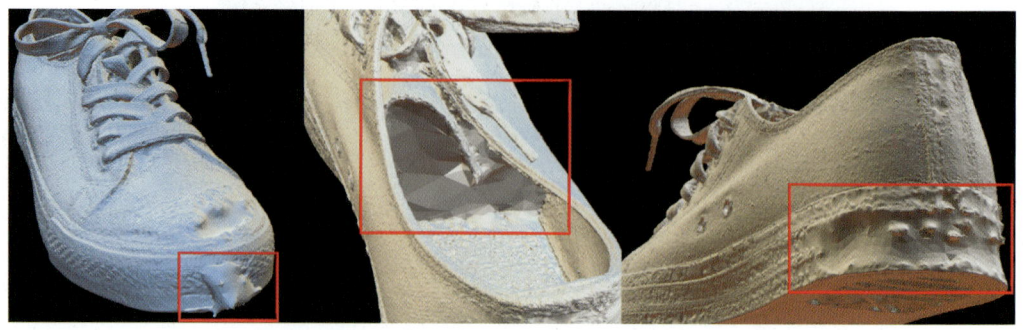

전체적으로 잘 나오긴 했지만, 메쉬에서 문제가 되었던 앞꿈치와 뒤꿈치 부분이 조금 흐리고 음영이 선명하게 나온 결과가 아쉬움이 남습니다. 물체를 세로로 매달아 놓고 사진을 찍다 보니, 앞꿈치 쪽으로 빛이 점점 어두워졌던 현상이 고스란히 사진 촬영에도 반영되었습니다. 후처리에서 음영과 찌그러진 앞, 뒤꿈치 메쉬를 수정해 보겠습니다.

추출한 3D 데이터는 '08_Shoes > 추출데이터' 폴더를 참고하세요.

09 DSLR로 실내 촬영하기 (새) 편

실내 촬영의 마지막 포토스캔 예제는 새입니다.

새의 포토스캔은 좀 의아하게 생각하실 것입니다. 분명 움직이는 것도 안 되고 살아있는 것은 더욱 어려울 텐데 말입니다. 그런데 다행히 연구용으로 박제된 새를 촬영할 것입니다. 종목이 독특하지만, 일반 사물이라고 생각한 상태에서 촬영하면 됩니다. 주의해야 할 사항이라면, 반짝임이 강한 박제본은 피해 주면 됩니다. 물고기류는 반짝거리는 비늘로 박제화되어 있어서 어쩔 수 없지만, 그런 것이 아니라면 일반 사물처럼 그대로 촬영하면 됩니다.

그럼 우선 사진을 확인해 보겠습니다.

사진을 찍을 때 주의할 점은 크게 없습니다. 스튜디오 내부에서 촬영을 해서 그림자도 거의 없고, 안구나 부리에 반짝임이 있지만, 문제 될 정도는 아니라서 앞선 예제와 동일하게 미니 스튜디오에 넣고 촬영을 진행했습니다. 아무래도 디테일한 부분이 많다 보니 다른 물체보다 많은 장수를 촬영했습니다. 총 1867장의 사진을 찍었습니다. 새의 형태를 최대한 놓치지 않도록 촬영을 했습니다. 장수를 몇 장 이상 찍기보다는 시간을 정해서 촬영하는 것이 도움 되는 것 같습니다. 30분 정도를 촬영하면 촬영 장수가 자연스럽게 늘어납니다.

예제 폴더에서
제작 영상을
참고하세요!

> 예제데이터는 '09_Bird' 폴더의 사진소스를 활용하시면 됩니다.

앞서 했던대로 이미지 추가 및 그룹화를 해 줍니다.

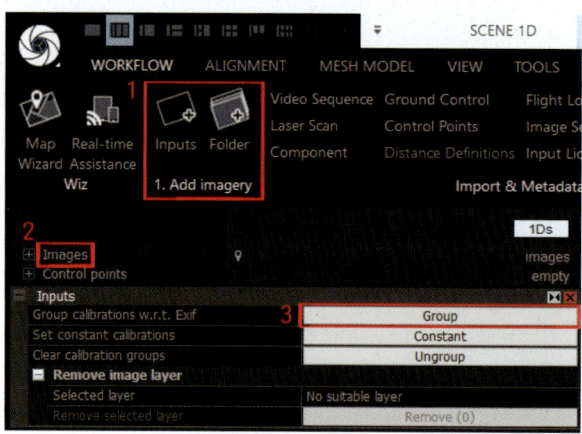

Align 및 High Detail 기능으로 메쉬를 만듭니다.

카메라들이 원을 그리면서 잘 생성되었습니다. 바닥에 찌꺼기가 남은 것을 제외하곤 잘 나온 것 같아서 바로 Texture를 제작하고 자세히 살펴보겠습니다.

다행히 큰 문제 없이 잘 제작되었습니다. 다만 조금 아쉬운 부분은 소스 사진에서 보이는 수염 같은 부분이 표현되지 않았는데 이런 섬세한 부분까지는 표현에 어려움이 있는 것 같습니다.

바닥에 있는 찌꺼기를 제거하고, 메쉬 개수를 줄여서 추출하기 편하도록 수정하겠습니다.
본인이 조절하기 편한 선택 툴을 선택한 후 Filter Selection 메뉴로 불필요한 부분을 제거해줍니다.

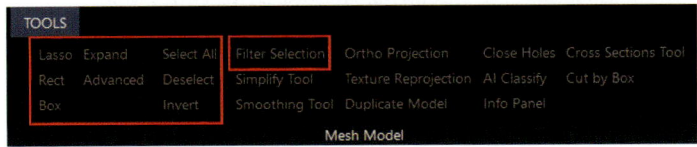

그리고 Simplify Tool로 너무 많은 양을 줄이면 메쉬에 영향이 있을 것 같아서 3번에 걸쳐서 34만 개로 줄였습니다. 하이폴 메쉬가 필요한 게 아닌 이상 줄여서 추출하는 것이 가볍고 수정도 용이하여 효율적입니다. 이미지의 Tris 개수는 계산 방식이나 옵션에 따라서 차이가 있을 수 있으니 참고하세요.

이렇게 새 표본을 완성하였습니다.

그림자는 후처리로 다듬어주어야 하겠지만 전체적으로 큰 문제 없이 잘 제작되었습니다. 메쉬도 구멍이 난 곳이 없고 아랫부분도 놓친 곳이 없는 훌륭한 결과물입니다. 이는 공들여 촬영한 수백, 수천 장의 사진의 힘이라는 것을 알아두시기 바랍니다. 1800장을 찍어야 한다고 생각하고 찍으면 힘들었겠지만, 모델의 형태와 구조에 신경을 쓰면서 꼼꼼하게 촬영하다 보면 아주 멋진 결과물로 이어질 수 있다는 것을 잊지 마세요.

> 추출한 3D 데이터는 '09_Bird > 추출데이터' 폴더를 참고하세요.

PHOTO SCAN GUIDE

PART

E

포토스캔의 실전 실외 촬영

01 실외 촬영 시 주의할 점

야외에서 촬영할 때는 실내와는 다른 몇 가지 주의사항이 있습니다.

우선 날씨입니다.
실내에서는 빛과 그림자를 어느 정도 원하는 대로 구성하고 조절할 수 있는데 실외에서는 사실상 불가능합니다. 흐린 날은 그림자가 잘 생기지 않고, 빛도 흐려서 후처리 작업을 수월하게 할 수 있기 때문에 실외 촬영에 적합한 날씨입니다. 빛을 따로 지워주지 않아도 되고, 지워야 할 그림자도 많지 않을 것입니다. 하지만 맑은 날에는 강한 빛에 의해 그림자가 선명하게 생기는데, 나중에 물체 고유의 색을 얻으려면 그림자와 빛을 지워주는 작업을 해 주어야 합니다. 그래서 실외 촬영은 가급적 흐린 날을 추천하는 것입니다.

또한 날씨가 맑은 날과 흐린 날만 있는 게 아니라 눈, 비가 오면 그런 구분이 무색하게 촬영이 어려워집니다. 비가 올 때는 물리적으로 촬영 자체가 어렵습니다. 특히, 비가 많이 오면 피사체와 카메라의 시야가 흐릿해지기 때문에 정확한 초점을 맞추기가 어려워집니다. 또한 피사체가 물에 젖으면 표면에 반사가 생기는데 나중에 계산할 때 방해를 많이 줄 수 있습니다.
눈이 올 때는 비처럼 물체를 가리는 이슈도 생길 수 있지만 그보다 우려되는 부분은 반사입니다. 눈은 하얗기 때문에 반사가 강해서 평상시보다 더욱 신경을 써서 촬영해야 합니다.
이렇듯 가급적 기상 및 날씨의 변화가 있을 때는 촬영하지 않는 것이 좋습니다. 반드시 촬영해야 한다면 이러한 이슈들을 감안하고 촬영해야 할 것입니다.

날씨에 대한 문제도 있지만 특히 야외에서 촬영을 할 때에는 타인에게 피해를 주지 않도록 해야 합니다. 사진을 찍다 보면 타인이 불가피하게 나오는 경우가 생길 수 있는데 이런 경우를 최대한 피해줍니다. 또한 개인의 사유물로 판단되는 사물은 절대 찍지 않도록 해야 합니다.

마지막으로, 촬영할 때는 부끄러움을 버리고 자신감 있게 촬영하는 것이 좋습니다. 실외 촬영이 평상시에는 잘 하지 않는 행동이겠지만, 잠깐의 부끄러움을 견디고 적극적으로 촬영하다 보면 더 좋은 결과물을 얻을 수 있을 것입니다.

02 스마트폰으로 실외 촬영하기 (바위) 편

실외 촬영은 아이폰을 사용했고 앞서 소개한 ProCam 8로 진행했습니다.

이번 촬영에는 2가지 설정만 해 놓고 촬영했습니다. 바로 파일 포맷과 ISO만 설정했습니다.

파일포맷은 사진을 좀 더 정확하게 촬영하고 싶을 경우, 컬러체커를 사용하게 된다면 RAW가 좋고 아니라면 TIFF로 촬영하는 것이 좋습니다. RAW로 촬영하면 후처리 과정에서 다룰 공정 중 수백 장의 이미지를 일괄적으로 보정할 수 있게 됩니다. 이런 과정이 필요없다면 TIFF도 좋습니다.

ISO는 날씨에 따라 본인이 설정해 주면 되는데 촬영을 한번 해 보고 너무 어둡거나 밝지 않게만 설정해서 촬영해 주면 됩니다. 이번 예제는 촬영할 때 흐린 날씨여서 400으로 해 놓고 촬영했습니다.

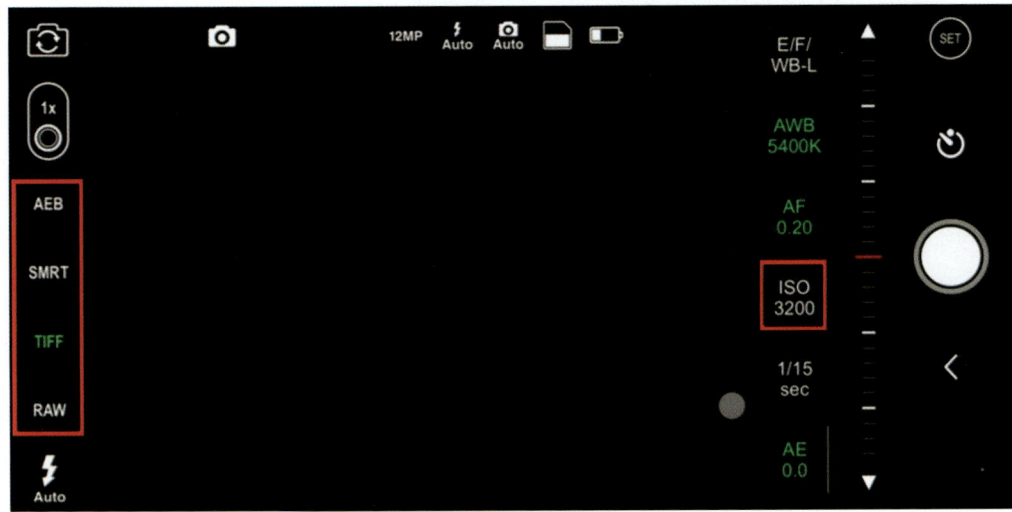

사진을 확인해보도록 하겠습니다.

149

전체적으로 환하게 찍힌 느낌은 있지만 괜찮을 것 같아서 진행했습니다. 햇빛의 밝기는 표면 반사가 적은 돌을 촬영했다 보니 육안으로 강약 확인이 어렵지만 큰 문제 없이 촬영되었습니다. 이런 부분들이 흐린 날이 촬영에 유리하다고 말하는 이유입니다.

예제데이터는 '10_Stone' 폴더의 사진소스를 활용하시면 됩니다.

이미지 추가 및 그룹화를 해 줍니다.

사진 촬영은 417장을 했고 보통 Align 하고 바로 하이폴 메쉬까지 넘어가는데 이번에는 Align만 우선 먼저 해 보겠습니다.

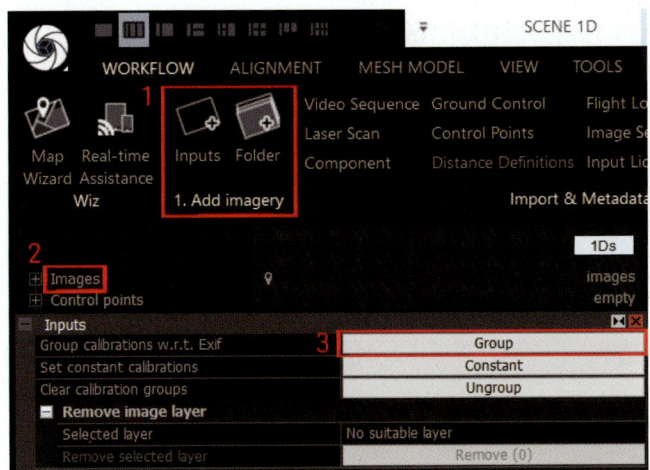

촬영한 417장의 이미지가 모두 계산에 활용되었는데 Align 한 것을 보면 많이 회전되어 있습니다. 큰 문제는 아니고 사진 촬영을 하면 종종 나오는 결과입니다. 하이폴을 만들 때 가운데 생성되어 있는 육면체인 Reconstruction Region, 재구성 영역에 맞춰 생성되는데 저렇게 점들이 비틀어져 있으면 메쉬도 그것에 맞게 생성되어 확인도 어렵고 보기도 안 좋게 생성됩니다.

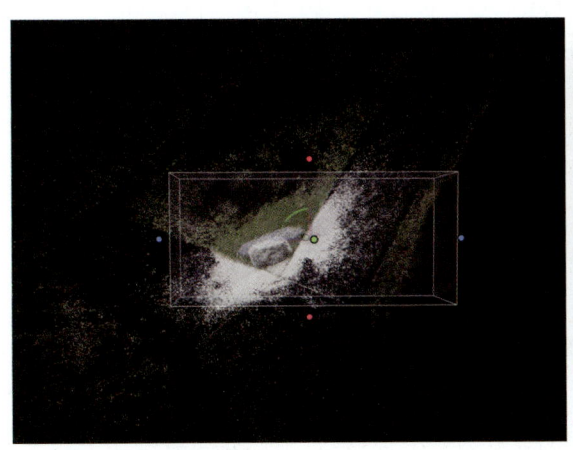
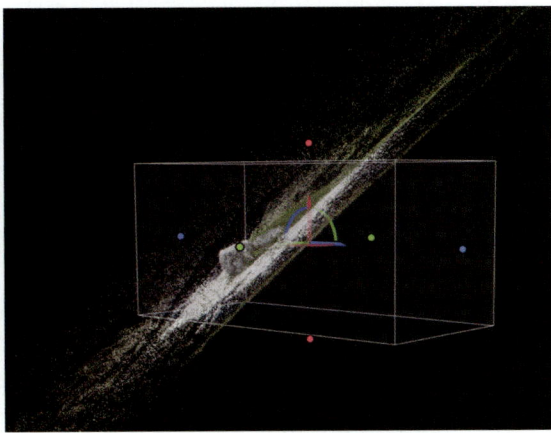

그래서 Set Ground Plane 기능으로 정방향으로 돌려줍니다. 그래야 확인도 편하고 메쉬도 원하는 대로 설정한 박스에 맞게 생성됩니다. 이 상태로 하이폴 메쉬 생성해보겠습니다.

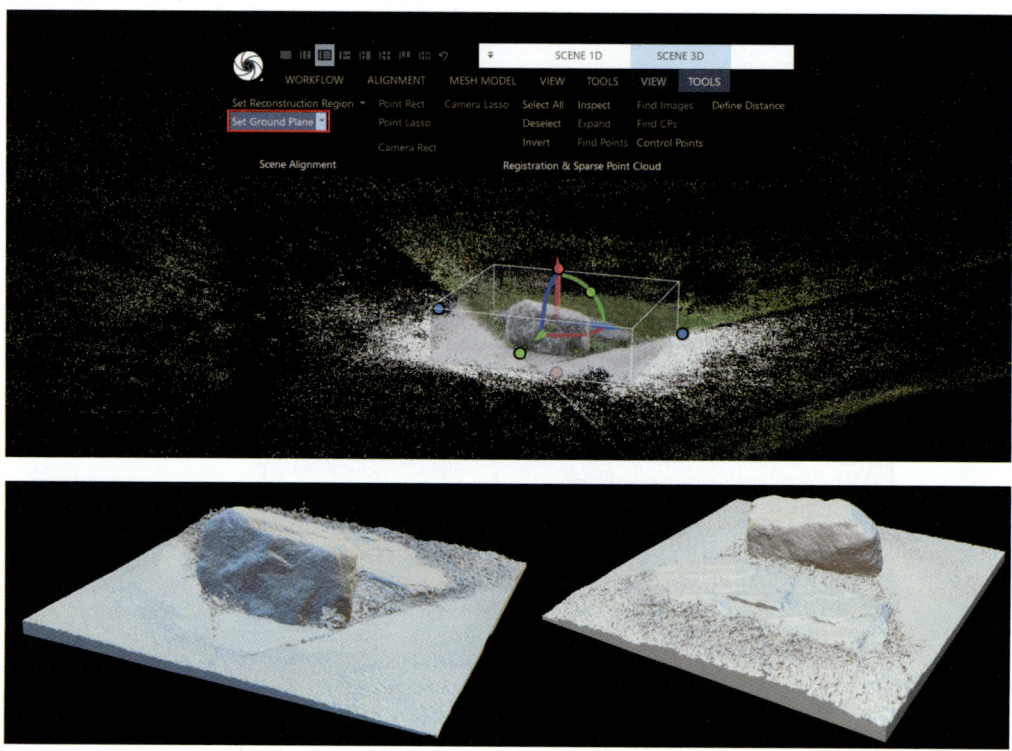

이 경우가 제일 이상적인 경우인 것 같습니다. 따로 구멍도 없고 큰 문제점도 보이지 않으니까요.

Texture 제작을 해서 나머지도 확인해 보겠습니다.

옆면은 당연하게도 영역에 맞춰 잘려져서 단색으로만 나온 것이고 메쉬 자체에는 사진을 찍던 상태 그대로 잘 만들어진 것 같습니다. 굳이 후처리하지 않아도 될 정도로 메쉬나 Texture도 잘 나왔고 그림자도 강하지 않습니다. 이런 경우가 최고입니다. 풀은 우선 불필요하니 내부 기능으로 한번 잘라서 확인해 보겠습니다.

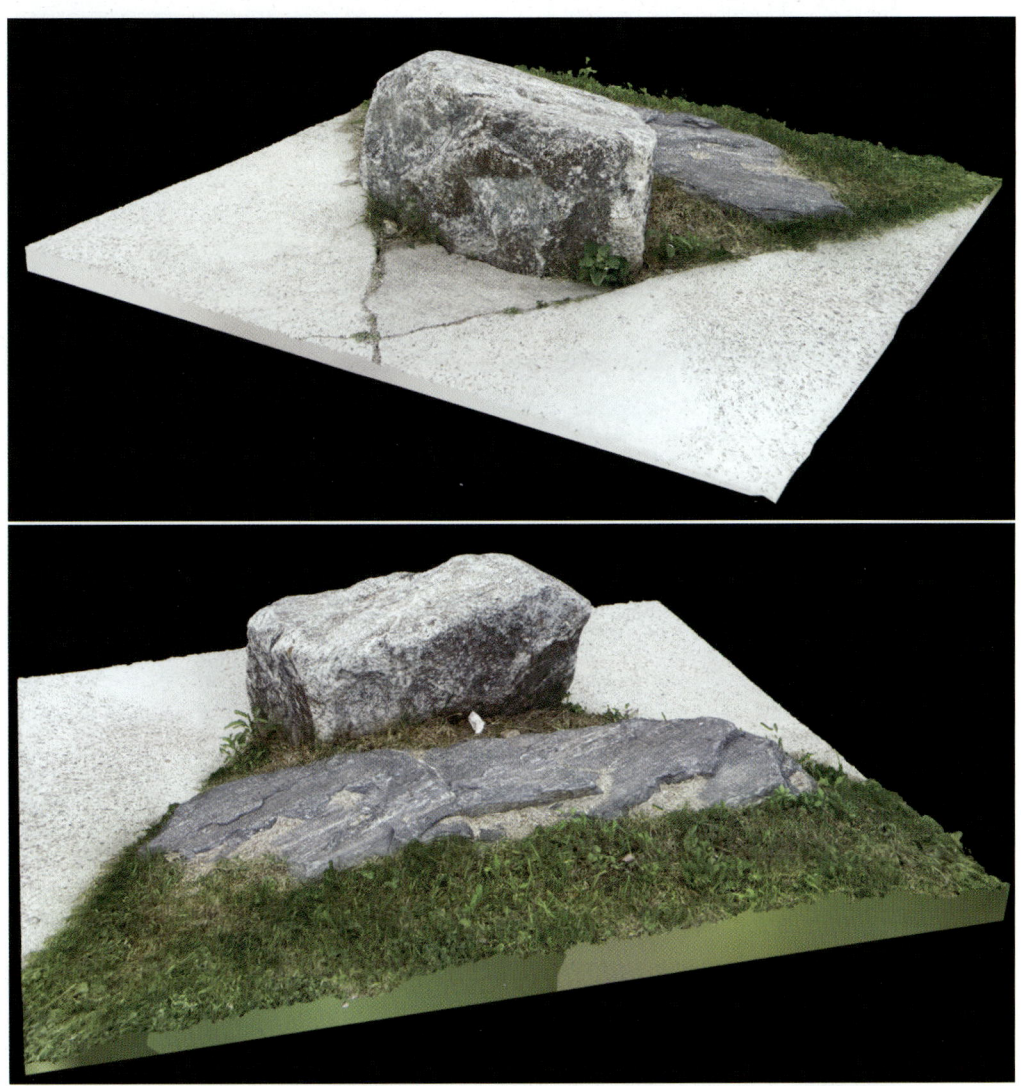

이렇게 자르면 구멍 난 부분은 확인하기 쉽게 파란색으로 나타나는데 이런 작은 구멍 같은 것을 쉽게 막아주는 Close Holes이 있습니다. 앞선 작업에선 일부러 사용하지 않은 이유가 어차피 후처리에서 메쉬를 수정하기 때문에 생략했었는데 이번 예제는 메쉬의 후처리를 하지 않아도 될 것 같으니, 여기서 Close Holes를 사용해 보겠습니다.

Close Holes은 구멍을 막아주는 기능입니다. 클릭해 보면 설정할 수 있는 것은 한 가지입니다. Max edge count는 최대 이 개수의 모서리로 구성된 구멍만 채워 주는 옵션입니다. 지금은 1024로 되어 있으니 1024개의 Edge로 구성된 구멍까지만 채워주는 옵션입니다. 어차피 바닥에 맞닿은 큰 구멍은 의미 없으니 작은 구멍만 채울 거라 지금 그대로 Close holes 클릭합니다.

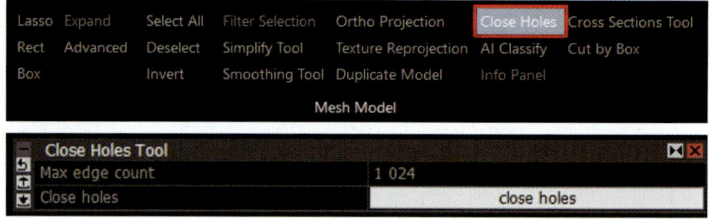

그러면 이미지처럼 적당하게 채워줍니다. 정말 작은 부분이라서 메쉬 수정까진 안 해도 될 것 같고 그렇다고 그냥 두긴 애매할 때 좋은 기능입니다. 구멍도 채웠으니 자세히 확대해서 확인하겠습니다.

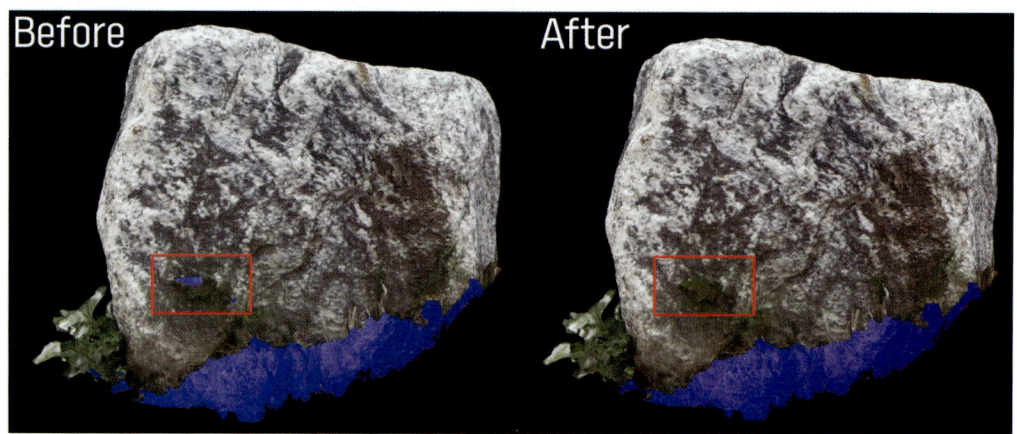

풀을 자르고 보니 돌을 2개로 분리해도 좋겠다는 생각이 들어서 후처리 과정에서 분리 작업을 다뤄야 될 것 같습니다. 아무래도 스마트폰 카메라의 기능적 한계 때문에 피사체 주변부가 흐려지는 것은 조금 아쉽지만 결과물 자체는 잘 나왔다고 볼 수 있습니다. 주위에 풀이 있던 것은 아쉽지만 촬영한다고 주변의 식물을 해치는 건 아니라고 생각해서 그대로 담아왔는데 정말 그대로 반영이 되어버렸습니다. 그래도 괜찮을 정도로 잘 나온 것입니다. 이제 이 돌은 후처리에서 분리 작업과 그림자 지우는 과정 정도만 다루면 괜찮은 결과를 볼 수 있을 것 같습니다.

추출한 3D 데이터는 '10_Stone > 추출데이터' 폴더를 참고하세요.

03 DSLR로 실외 촬영하기 (바위) 편

지금까지 제작했던 예제들의 아쉬운 점이라면 화질이라고 생각합니다. 그런 의미에서 이번에는 큰 바위를 준비했습니다. 이번에는 실외라서 컬러체커를 사용했는데 제공하는 예제 파일로는 일괄 수정이 안됩니다. 일괄 수정은 RAW 파일이 가능한데 너무 고용량이라서 부득이하게 JPG로 준비했습니다.

실외 촬영에서의 주의할 점은 주변에 피해를 끼치지 않도록 주의하라였습니다. 주변을 신경쓰면서 바위를 찾는게 쉽지 않았는데 결국 바위를 찾아서 촬영에 성공했습니다.

맑은 날씨였지만 숲속이라 나무 그림자도 생기고 다른 바위를 더 찾기도 어려웠습니다. 이런 경우가 생각보다 흔한데 그림자를 물체에 전부 드리울 방법이 없으면 그대로 촬영하는 것도 좋다고 생각합니다. 이미지 추가 전에 After effect 프로그램을 이용하여 일괄 보정을 해줄 수 있는데 RAW 파일로만 가능합니다. 어떻게 보정하는지는 이후 후처리 과정에서 다시 설명하도록 하겠습니다.

예제데이터는 '11_Stone_DSLR' 폴더의 사진소스를 활용하시면 됩니다.

앞서 했던대로 이미지 추가 및 그룹화를 해줍니다. 이번에는 529장으로 계산을 해보려고 합니다.

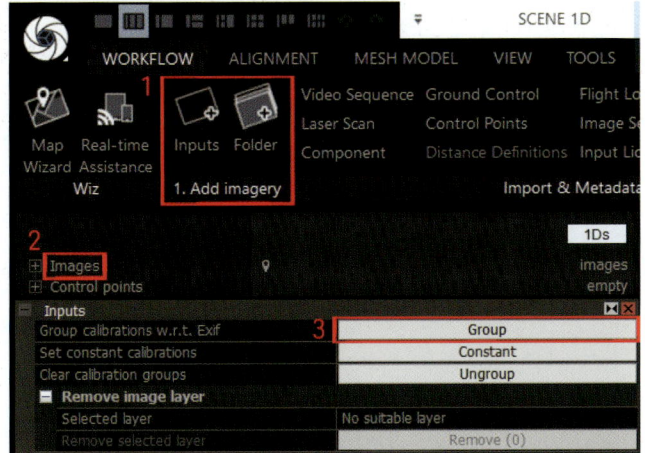

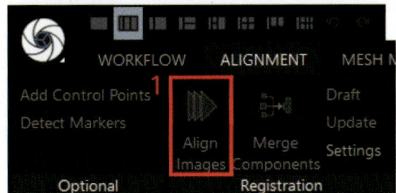
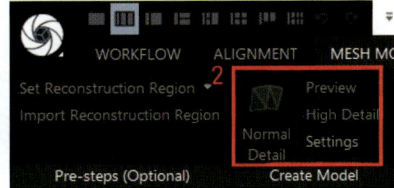

사진 한 장 빠짐없이 계산에 이용되었는데 이번엔 좀 특이한 부분이 있습니다.

이전 예제와는 다르게 카메라들이 흐트러진 원을 이루면서 생성된 것을 확인할 수 있는데 사진을 보면 바위 자체가 좀 기울어져 있었습니다. 기울어진 바위를 기준으로 촬영해서 그렇기도 하고 아무래도 실외 촬영은 실내처럼 물체를 기준으로 완벽한 원을 그리며 촬영을 할 수 없습니다. 생성된 카메라는 촬영한 궤적을 확인하는 용도로 사용하면 좋습니다. 거기에 그 카메라 위치에서 어떤 사진이 사용되었는지도 확인할 수 있습니다.

하이폴을 확인해보면 큰 문제 없이 결과물이 생성된 것 같습니다.

Texture도 마저 확인해보겠습니다.

전체 이미지와 확대 이미지를 확인해보겠습니다. 크기가 1m 정도였고, 주변부를 빈틈없이 촬영되었고 특히 위아랫 부분도 놓치지 않고 촬영을 했습니다. 이번 바위는 촬영이 힘들었는데 결과물이 잘 나와서 그림자 정도만 지워주면 되는 훌륭한 결과물 중 하나였습니다.

추출한 3D 데이터는 '11_Stone_DSLR > 추출데이터' 폴더를 참고하세요.

04 DSLR로 실외 촬영하기 (나무 밑동) 편

이번엔 산에서 볼 수 있는 '나무 밑동'입니다.
스캔을 한다고 해서 자연을 훼손하면 안 되기에 이미 베어 있는 나무 중에서 괜찮은 밑동을 찾느라 고생 좀 했습니다. 개인적으로 스캔할 물체를 고를 때는 반사가 없고 사이즈는 중간 또는 큰 사이즈 정도에 직접 만들기 어려울 것 같은 물체를 찾는 편입니다. 나무 밑동은 크기가 작은 것도 많고 물체를 기준으로 360도로 돌아가면서 촬영해야 하는데 공간적인 제약도 받지 않았어야 했기에 오래 걸렸습니다. 주변의 낙엽들도 걷어내고 촬영하였습니다.

실외 촬영을 나갈 때는 컬러체커를 같이 가져갑니다.
산속에서 촬영하다 보니 조금 외진 곳에서 촬영했는데 안전한 촬영을 위해 지인이나 동료들과 함께 가는 걸 추천합니다.

예제데이터는 '12_Wood' 폴더의 사진소스를 활용하시면 됩니다.

앞서 했던대로 이미지 추가 및 그룹화를 해줍니다. 이번엔 413장으로 계산을 해볼 계획입니다.

앞서 했던 야외 바위 촬영때와 비슷한 카메라 군집이 형성되었습니다. 아무래도 이 밑동도 살짝 경사진 곳에 있어서 살짝 기울어졌지만 이번에도 큰 문제 없이 잘 나왔습니다.

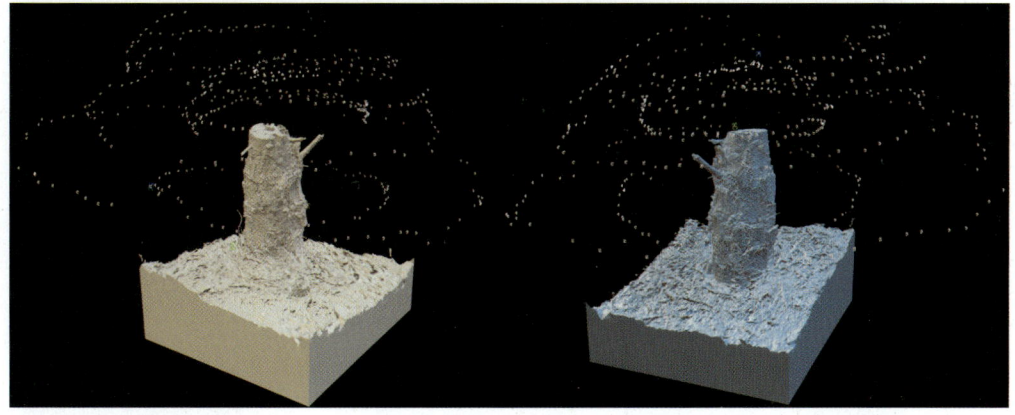

조금 크게 확인해보겠습니다.

리얼리티 캡처를 이용한 포토스캔 시작하기

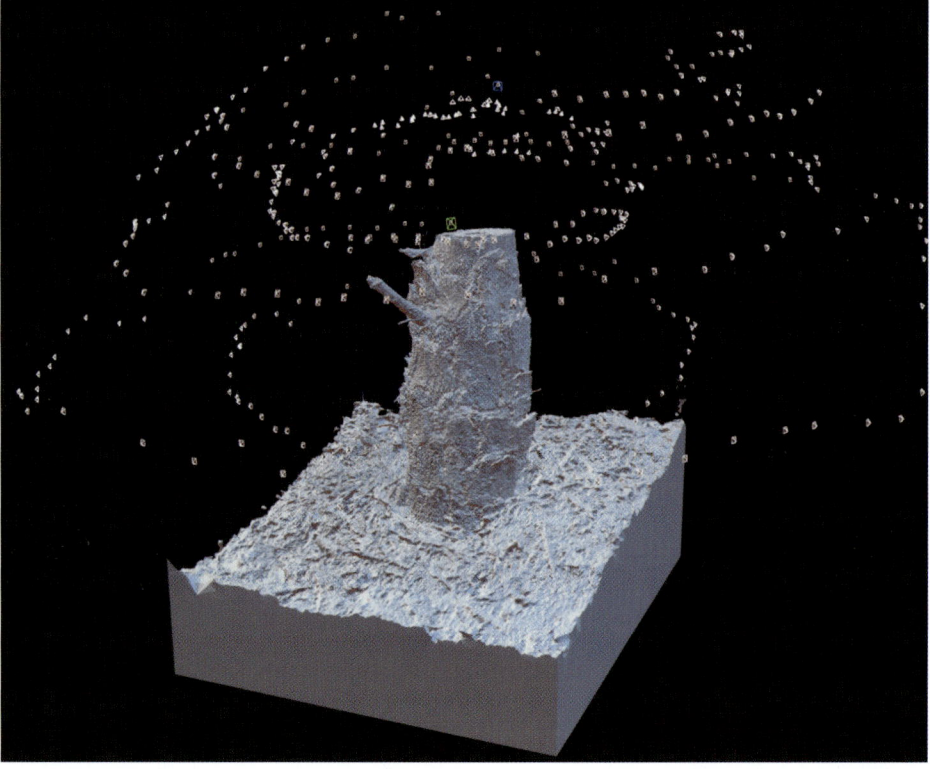

Texture 제작하고 상세 사진 확인해보겠습니다.

이번 결과물도 큰 에러사항 없이 잘 나왔습니다.

다만, 외곽의 바닥 부분은 나무 밑동에 비해 좀 흐릿하거나 제대로 생성되지 않은 부분도 있습니다. 이런 부분에 대해 신경이 쓰일 수 있으나 목적에 따라 다르게 생각할 수 있습니다. 여기서는 밑동만 남기기보다는 자연스러움을 위해 주위를 조금 남겨주겠습니다. 밑동만 남겨도 되지만 밑동만 있는 것보다는 주변의 바닥도 함께 있는 메쉬를 활용하는 것이 훨씬 자연스러울 것입니다.

우측처럼 둥그렇게 조금만 남겨놓고 삭제해줬습니다.

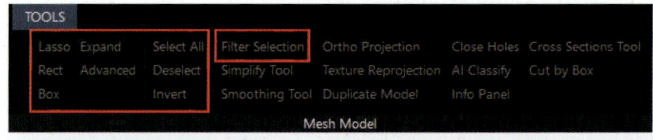

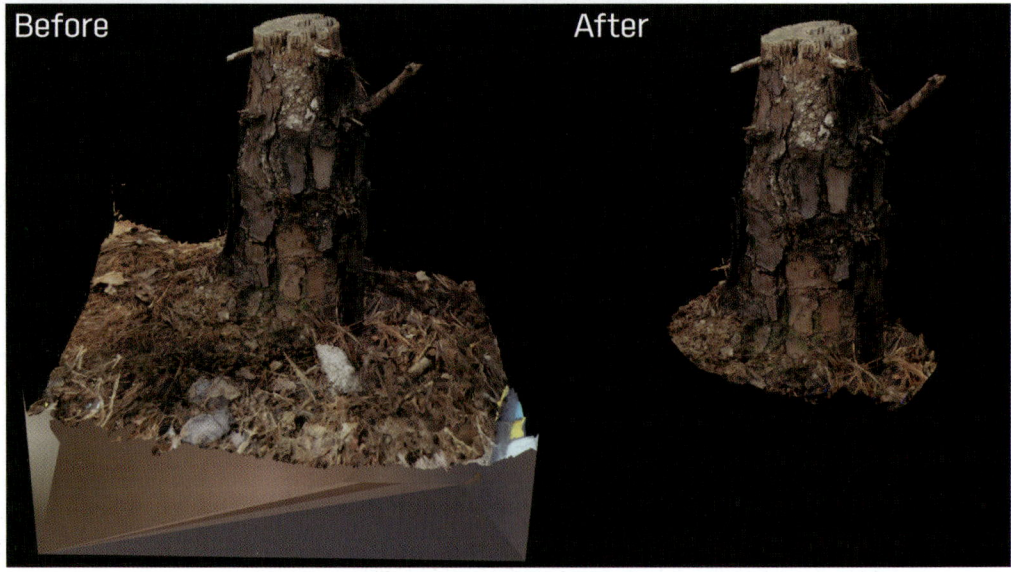

아쉽긴한데 그림자는 어쩔 수 없는 부분이라 이 부분을 제외하곤 이번 작업도 만족스러운 결과물인 것 같습니다.

추출한 3D 데이터는 '12_Wood > 추출데이터' 폴더를 참고하세요.

PHOTO
SCAN
GUIDE

포토스캔의 실전 드론 촬영

01 드론 촬영을 하려면

드론 촬영은 처음부터 시도하기에는 약간의 어려움이 있습니다. 장비도 구매해야 하고, 자격증도 구비해야 하고, 필요에 따라 허가도 받아야 합니다. 자격증이나 허가 과정은 후술하겠지만, 준비물만 있다고 바로 할 수도 없습니다. 그렇다고 너무 걱정할 필요는 없습니다. 제가 처음 드론을 접했을 때 걱정들이 많았지만 몇 번의 시행착오를 겪고 난 후에 진행할 수 있게 되었으니까요.

드론 촬영을 하면 확실한 장점이 있습니다. 지금까지의 예제를 따라 하면서 높이에 대한 한계, 규모에 대한 한계를 확실하게 느끼셨을 겁니다. 지금까지 해온 실내 및 실외 촬영은 어찌 됐든 내 손이 닿는 만큼만 가능했으니까요. 이제 그 영역의 한계를 더 넓혀줄 수 있는 것이 드론입니다.

규모가 큰 작업을 한다면 무엇을 할 수 있을까요? 보통 포토스캔에 대해 들어보셨다면 엄청난 작업물들을 보셨을 것입니다. 건물이나 야외의 공간 작업들은 신기하기도 해서 시선을 끌기 때문이죠. 보통 드론 촬영은 건물 촬영도 하지만 측량을 할 때도 사용합니다. 아직은 측량이 대중적이진 않지만 프로그램 자체적으로도 계속 발전시키고 있고 특정 분야에서는 사용 빈도가 매우 높은 편입니다. 드론으로 산 같은 지형도 찍을 수 있어서 가능성이 많은 도구임에는 분명합니다. 드론 촬영은 기존 카메라 촬영처럼 물체를 기준으로 회전하며 찍는 것은 동일합니다. 단점이라면 신경 써야 할 문제들이 많습니다. 안전, 허가, 시간, 공간 등이 있습니다.

아래는 제가 사용하는 드론입니다.

제품명은 DJI의 매빅 에어2S인데, 무게가 595g의 기체로 금지구역을 제외하고는 허가 없이 비행이 가능한 무게이지만 촬영을 하려면 허가를 받아야 합니다. 이 드론을 처음 구매했을 때 100만원이 넘는 금액치고는 작은 외형이라서 살짝 의심했었는데 비행을 한번 해 보니 생각이 완전히 바뀌었습니다. 소리가 엄청 크고 속도도 빨라서 무서운 느낌이 들 정도였습니다. 자칫 실수하면 인명 피해도 날 수 있으니 미숙하다면 반드시 개활지에서의 연습이 필요하고 익숙해졌더라도 매번 긴장하면서 촬영해야 합니다.

자세한 스펙은 후술하겠지만, 드론 촬영의 허가를 받으려면 비행 허가와 항공촬영 허가로 나뉘는데 일정 규모 이상의 드론을 띄우려면 반드시 두 항목 모두 허가를 받아야 합니다. 시간이 3~5일 정도 소요되어서 바로 비행할 수는 없고 촬영까지 하려면 지역 담당자에게 여러 항목들(촬영 시간, 촬영한 사진, 촬영 장비 등)을 제출해야 합니다. 특정 위치에 따라 교육이 필요한 경우도 있습니다. 또한, 드론은 비행이 가능한 시간이 정해져 있습니다. 해가 지고 난 후 다음 해가 뜨기 전까지는 비행이 불가능합니다. 불법이기 때문에 비행을 하면 안 됩니다.

공간은 실내와 실외를 구분해야 하고 실내는 비행 자체를 추천하지 않습니다. 체육관처럼 넓은 공간이라도 GPS가 작동을 안 할 수 있고 원인 모를 제어 불가능 상태가 될 수도 있습니다. 또한 인명 피해가 발생할 확률이 높으므로 가급적 추천하지 않습니다. 요즘은 전봇대가 사라지고 전선들도 많이 없어졌지만 나무나 전등 같은 요소들이 남아있기 때문에 실외에서는 주의가 필요합니다.

이번엔 드론 예제를 촬영하다가 인상 깊었던 부분이 있어서 잠깐 이야기해보겠습니다.
풍속에 대한 이야기입니다. 제 기체는 기체 스펙상 10m/s의 강풍도 버틴다고 되어있는데, 촬영 당시(5월) 2~4m/s의 바람이 분다는 예보가 있었습니다. 숫자만으로는 약한 바람인 듯해서 촬영을 나갔는데 드론이 제 자리는 유지했지만 고도가 계속 바뀌거나 기체의 흔들림이 많았습니다. 이날 유독 바람이 많이 부는 날이었습니다. 머리카락이 많이 날릴 정도의 날씨긴 했는데 생각보다 예보상의 바람이 강하단 걸 느꼈습니다. 이게 기억에 남는 건 비행 중에도 그랬지만 착지도 굉장히 불안했었기 때문입니다. 자칫하면 인명 피해로 이어질 수 있다 보니 긴장이 계속되었던 것 같습니다. 이렇듯 실외 날씨는 드론 촬영에 서 매우 주의해야 할 요소입니다.

그럼 이제 예제를 통해 드론 촬영의 가능성을 확인해보겠습니다.

02 드론 촬영하기
[해안 바위] 편

드론 촬영에 필요한 조건, 장비와 허가 문제를 해결하고 바위를 촬영해보았습니다.

바닷가에 있는 바위들이라 파도가 계속 밀려와서 가능할지 궁금했고, 큰 자연물인 만큼 드론에 어울리는 작업은 없다고 생각했습니다. 아쉬웠던 점은 촬영 당시 사람들이 많아서 사진 촬영을 많이 할 순 없었기에 사진의 장수는 적은 편입니다.

92장의 사진으로 계산했습니다. 사진 장수가 적지만 전반적인 해상도가 높아서 계산 자체는 문제가 되지 않을 것입니다. 그러나 DSLR에 비해 피사체를 원거리에서 찍기 때문에 비교적 디테일한 표면을 포착하기에는 어려움이 있습니다.

우선, 사진을 확인해보겠습니다.
파도가 실시간으로 변해서 파도는 사진마다 다르지만 바위는 그대로라서 촬영했고 사람이 많은 바닷가라서 안전에 신경을 써서 촬영했습니다.

예제 폴더에서 제작 영상을 참고하세요!

> 예제데이터는 '13_Drone_Rock' 폴더의 사진소스를 활용하시면 됩니다.

촬영 각도 측면에서 보면 수직 촬영할 때는 좋지만, 수평으로 내려올수록 비행하면서 촬영해야 되기 때문에 촬영이 쉽지 않습니다. 각도 조절을 하면서 적절한 안전을 염두에 두고 촬영해야 합니다.

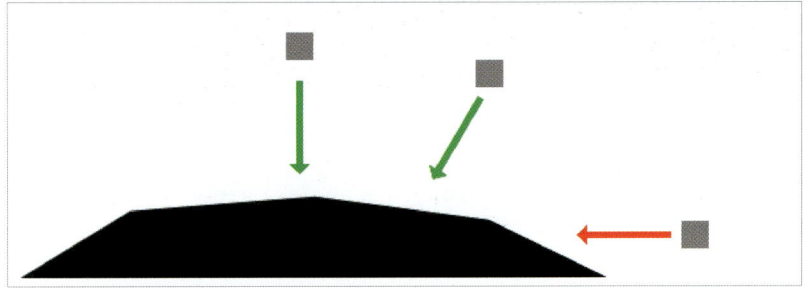

공유해 드린 사진 속성을 확인해 보면 사이즈가 매우 큰 편인 것을 확인할 수 있을 것입니다.
그래서 적은 장수임에도 비교적 괜찮은 결과를 만들어낼 수 있을 것입니다. 촬영 시간은 10분 미만으로 촬영했습니다. Align 및 하이폴 메쉬를 생성한 후 한 번 더 확인해 보겠습니다.

이미지 추가 및 그룹화를 해줍니다. 이번에는 92장으로 계산해볼 계획입니다.

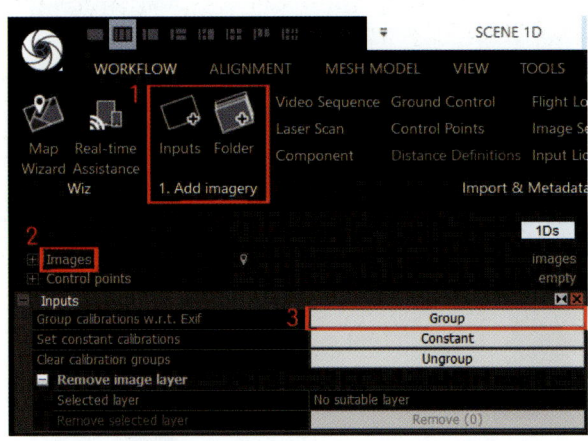

171

카메라의 궤적이 좀 독특하게 형성되었는데 가운데 부분은 왜 저런지 카메라를 클릭해서 확인해줍니다.

촬영을 할 때 아무래도 윗부분이 많다 보니 해당 부분에 몰려서 촬영된 것 같습니다.

촬영할 때 신경 쓴 부분이라면 중앙의 큰 바위 군이었는데 둥근 형태라서 최대한 물체를 기준으로 드론을 회전시켜가며 촬영했습니다.

하이폴을 확인해 보면, 빨간 표시 부분은 큼지막한 폴리곤으로 대부분 이루어져 있고, 초록 부분은 디테일하게 표현되어 있습니다. 이제는 폴리곤이 크게 만들어질수록 결과물이 잘 안 나올 것이라는 예측이 가능할 것입니다.

Texture까지 마저 제작하겠습니다.

지금 상황에선 형태가 뚜렷하지 못하기 때문에 메쉬를 자르는 작업은 Texture를 확인하고 진행 여부를 결정하겠습니다.

중심 부분일수록 결과물이 잘 나온 듯 하고 파도 부분은 예상했던 대로 아예 생성되지 않거나 적당히 생성된 것 같습니다. 결과물을 확대해서 확인하며 분석해 보겠습니다.

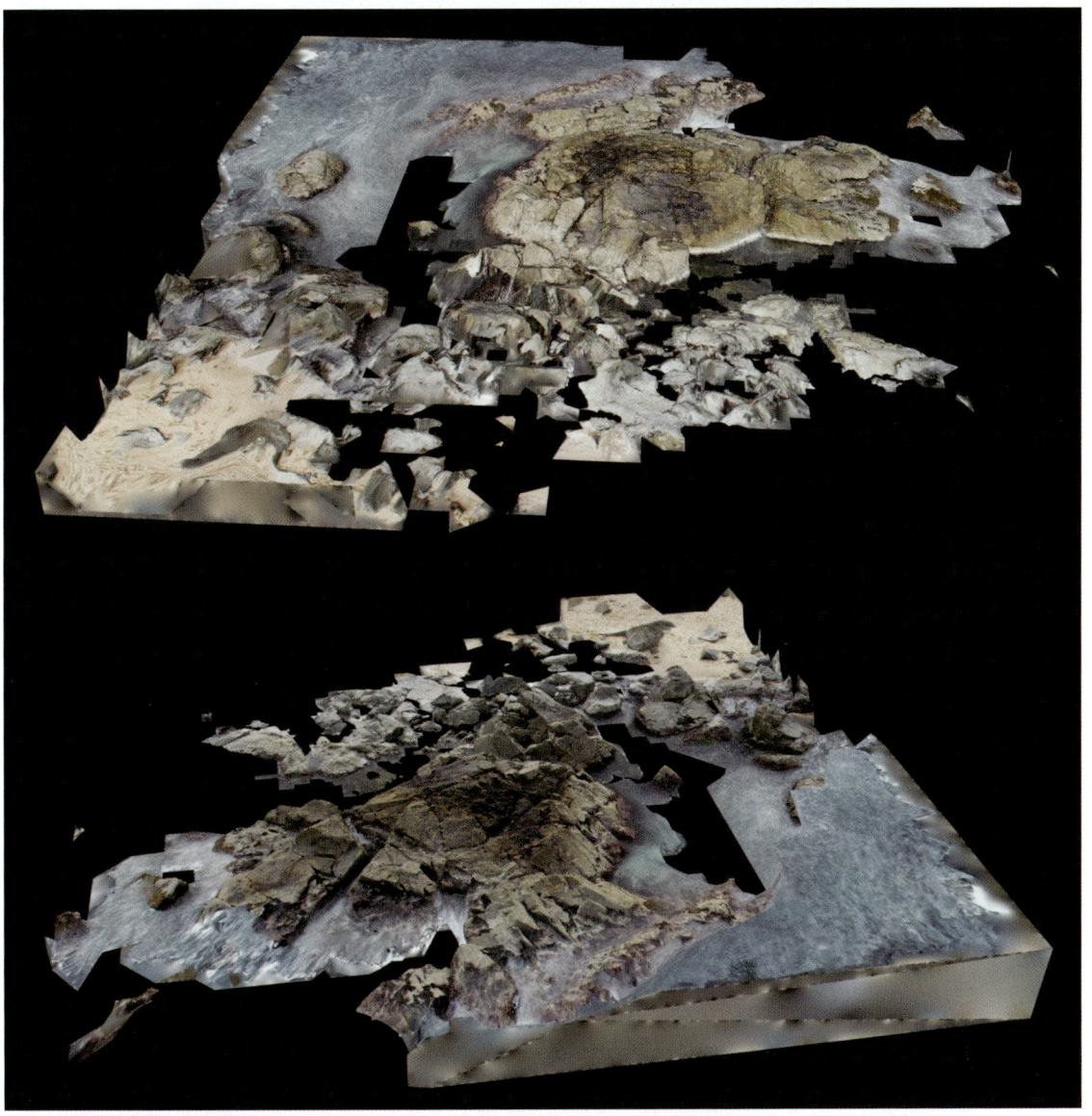

생각보다 낮은 높이에서의 촬영이 적었음에도 바위는 퀄리티 있게 생성되었습니다. 아무래도 가운데 큰 바위군을 기준으로 촬영을 했었기 때문에 해변에 가까워질수록 결과물의 퀄리티가 떨어졌지만 중앙의 큰 바위군은 비교적 좋은 퀄리티로 제작되었습니다.

사진 장수는 적고 촬영 시간도 정말 짧은 편이지만 이 작업을 하기 위해 드론 구매 및 자격증 취득, 비행 숙달, 허가 신청 및 촬영 후 보고까지 많은 과정을 경험했습니다. 그럼에도 드론 촬영이 괜찮은 방법이라고 생각하는 이유는 이러한 멋진 결과물을 확인할 때입니다. 카메라로 바위의 윗부분을 촬영한다고 생각하면 사실상 불가능했을 것입니다. 애초에 바다 위라서 안전하지도 않고 물리적으로도 불가능하니 말입니다.

> 추출한 3D 데이터는 '13_Drone_Rock > 추출데이터' 폴더를 참고하세요.

앞서 드론 촬영만이 가지는 장점 중 하나는 특정 공간 자체를 옮겨올 수 있다고 설명했습니다. 이러한 장점을 측량 분야에서 잘 사용하고 있는 것입니다. 다음 예제에선 이러한 장점을 확인해 보는 작업을 해 보겠습니다.

03 드론 촬영 하기
[산책로] 편

이번에는 공간 자체를 옮겨오는 작업을 해볼 것입니다.
포토스캔의 장점은 현실에 있는 물체를 옮겨오는 것인데 공간 자체도 옮겨올 수 있습니다. 물론 카메라 만으로는 제약이 따르지만 드론으론 손쉽게 가능합니다. 다만, 카메라로 물체를 찍을 때와 같은 디테일을 얻기는 어려울 것입니다. 카메라와 같은 디테일까지 얻으려면 카메라와 드론을 병행해서 사용하거나 나누어서 제작한 후 조립하는 방식으로 가야 하는데 이제 시작하는 단계에서는 불가능하기 때문에 이런 단점이 있는 것만 알고 있으면 좋을 것 같습니다.

이번에 산책로를 촬영할 때 신경 쓴 부분은 안전입니다. 어차피 디테일한 부분은 나무와 수풀 때문에 얻기 쉽지 않을 것입니다. 그래서 안전에 제일 먼저 신경을 쓰고 최대한 촬영해보고자 했습니다.

그럼 사진을 보면서 이야기해 보겠습니다.
사진에는 3가지 포인트가 있는데 흐르는 강, 수풀, 인도 정도입니다. 흐르는 강을 보면 갈색 부분은 거의 정지된 듯한 이미지에 수면에 의한 빛 반사가 있는 것을 확인할 수 있습니다. 돌계단 좌측으로는 계속 흐르면서 사진마다 다른 모습을 볼 수 있고, 수풀은 계산이 좀 걱정되는데, 입체감이 많지도 않고 수풀 자체가 비슷하게 생겨서 디테일은 기대하지 못할 것 같습니다. 인도 부분은 선명한 이미지를 얻어서 결과물이 좋을 것 같습니다.

포토스캔의 실전_드론 촬영 PART

이번 사진도 사이즈가 큽니다. 제공한 예제 사진들은 용량 문제 상 JPG화 시켜서 조리개나 ISO 등의 정보는 확인이 불가능할 것입니다. Align 및 하이폴 제작하고 확인해보겠습니다.

이미지	
이미지 ID	
사진 크기	5464 x 3070
너비	5464픽셀
높이	3070픽셀
수평 해상도	96 DPI
수직 해상도	96 DPI
비트 수준	24
압축	

예제 폴더에서 제작 영상을 참고하세요!

예제데이터는 '14_Drone_Street' 폴더의 사진소스를 활용하시면 됩니다.

앞서 했던대로 이미지 추가 및 그룹화를 해줍니다. 이번엔 139장으로 계산을 해볼 계획입니다.

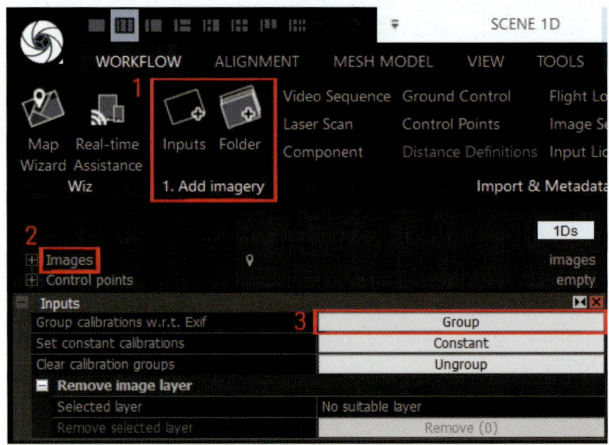

카메라 배열은 촬영했던 대로 나왔습니다. 드론을 카메라가 형성된 대로만 날렸는데 더 낮게 날리기에는 바람이 많이 불어서 불안했었고, 드론 자체적으로 각도를 조절하면 어느 정도 각도가 나와서 저렇게 촬영했었습니다.

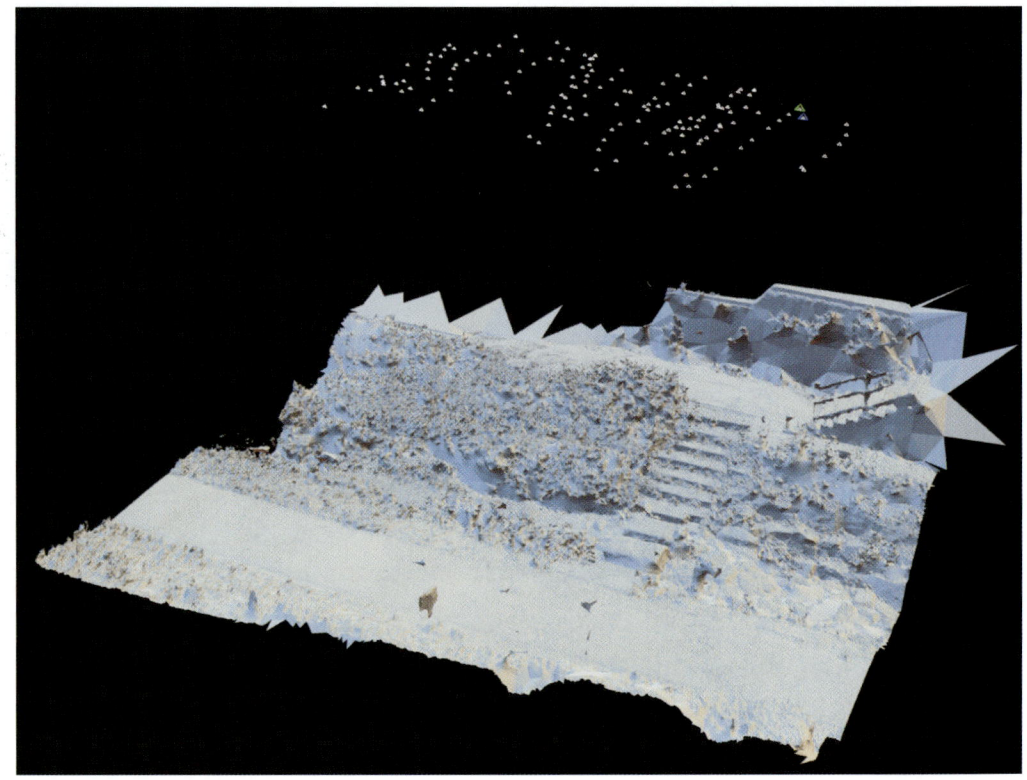

도로나 바위 부분은 메쉬 밀도가 높고 외곽이나 아랫 부분은 밀도가 낮은 걸로 보아 낮은 부분은 결과물이 잘 안 나올 것으로 생각됩니다.

Texture는 어느 정도 예상한 결과가 나왔습니다. 틈틈이 깨진 부분이 보여서 아쉽지만, 강 부분이 좀 특이하게 나왔습니다.

포토스캔의 실전_드론 촬영 PART F

181

위에서 봤을 땐 정말 잘나오긴했는데 옆에서 보면 텍스처가 많이 흘러내린 메쉬가 형성이 되었습니다.

흐르는 부분은 사진이 조금씩 다 달라서 깨진 부분이 있고 전체적으로 옆면 부분은 잘 안 나오고 인도 부분은 선명하게 제작이 되었습니다.

드론 촬영은 드론 하나만으로는 섬세한 디테일을 얻는 것은 쉽지 않습니다. 자세한 디테일은 카메라나 스캐너가 동반되어야만 가능합니다. 하지만 큰 물체, 공간 자체를 옮겨올 수 있다는 점이 매력적입니다. 그렇다고 무턱대고 비싼 장비부터 맞추는 것보다는 작은 장비에서 시작하는 것을 추천해 드립니다.

이번 2개의 예제는 프로그램 내에서 이렇게 구성이 된다는 정도를 느끼면 좋을 것 같아서 준비했기에 예제 파일로 이미지 소스만 제공하니 생성까지만 해 보시면 도움이 되실 것입니다.

추출한 3D 데이터는 '14_Drone_Street > 추출데이터' 폴더를 참고하세요.

PHOTO SCAN GUIDE

PART

포토스캔의 실전 식물 촬영

01 식물 촬영 개요

식물 촬영은 크게 2가지 방법으로 접근하는 것이 좋습니다. 기존 물체를 회전시키면서 촬영하는 방법이 있고, 분해해서 잎, 줄기를 스캔하고 재조립하는 방법이 있습니다.

전자는 실패할 가능성이 높아서 어느 정도 환경에 대한 연구가 필요합니다. 기존 방식대로 미니 스튜디오에 넣고 회전하면서 촬영하면 결과물이 잘 나오지 않습니다. 물체가 얇아서 앞뒤 구분이 어렵기 때문인데 이런 경우에는 환경을 바꿔주어야 합니다. 기존에는 여러 각도에서 빛을 일정하게 비추어 그림자를 없애는 미니 스튜디오를 활용하였는데, 식물들은 두께가 얇고 일정한 빛을 주어 그림자를 없애면 앞뒤가 구분이 잘 되지 않아서 배경을 검정으로 만들고 하나의 빛만 이용하여 촬영하는 것이 좋습니다. 나중에 소개할 실패 사례에도 포함되겠지만 많은 시행착오 중에서 식물은 실패 경험이 많던 분야였습니다. 이렇게 실패를 하고 더 연구해 보지 않은 이유는 3D 메쉬로 만들고자 할 때 큰 꽃잎이나 잎사귀는 비교적 단순하게 생겼지만, 복잡하게 생긴 형태이거나 솔잎처럼 얇은 부분은 스캔 메쉬로 만들기가 어렵기 때문입니다.

후자는 실패할 수 없지만, 전혀 다른 방법입니다. 이미지를 활용하여 재조립하는 방식의 작업이라서 실패라기보다는 3D에 대한 지식이 필요한 작업입니다. 앞서 말씀드린 Albedo나 Diffuse 등의 지식적인 부분도 필요하나 3D 프로그램을 사용해본 경험도 필요하기 때문입니다.

이렇게 2가지 방법을 말씀드렸는데 식물은 다른 물체들에 비해 시간이 필요한 대상입니다. 사진 촬영 방법을 기존 방식에서 바꾸지 않는다면 시간이 많이 걸릴 수 밖에 없습니다. 대부분의 식물은 형태가 다양하고, 나뭇잎이나 꽃 등은 형태감은 있으나 두께가 얇아서 빛이 투과되어서 불확실하게 인식되는 경우가 생기기 때문입니다. 이러한 특징들 때문에 식물 촬영은 기존과 다르게 촬영해야 합니다. 이번 예제에서는 식물 제작에 대한 약간의 힌트 정도로 이해해 주시면 좋을 것 같습니다. 이 방식이 꼭 정답은 아니므로 참고만 해 보시기 바랍니다.

02 식물 촬영
(이미지를 활용한 3D 변환)

이번 예제는 3D 기능과 관련된 심화 예제라고 생각합니다. 뒷부분에 다루게 될 후처리에 대한 기능이 소개되기 때문에 기존과는 다른 복합적인 작업 방식이 필요하며 3D 프로그램의 숙련도가 어느 정도 있다는 가정하에 진행하겠습니다.

크게 보면 과정은 간단합니다.
사진 소스 촬영 〉 Texture 수정 〉 3D 메쉬를 이용한 모델 생성. 이렇게 3가지 과정입니다.
사진 소스 촬영은 식물을 분해해야 가능합니다. 이 부분을 미리 알고 진행했으면 합니다.
이번 예제에서는 리시안셔스라는 꽃을 활용해 보겠습니다.
꽃을 분해한 이미지들을 보면서 말씀드리겠습니다.

꽃에서 필요한 부분을 추려서 분해했습니다. 꽃잎, 줄기, 잎, 수술 및 암술을 챙겨서 분해했습니다. 이렇게 분해해서 작업하면 식물은 원래대로 돌이킬 순 없지만 꽃잎이나 잎사귀 하나하나의 디테일을 얻을 수 있는 장점이 있습니다.

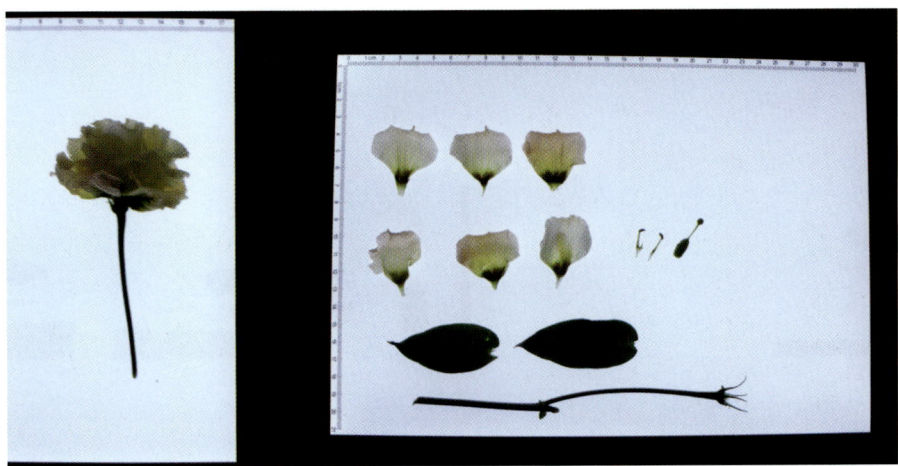

이런 식으로 표면도 놓치지 않고 얻을 수 있습니다. 다만 이렇게 얻기 위해선 라이트박스 위에 올려놓고 촬영하는 것이 좋습니다. 라이트박스 없이 촬영해도 되지만 라이트박스를 이용하면 훨씬 좋은 결과물을 얻을 수 있습니다.

필요한 부분을 한 번에 모두 찍는 것보다 필요한 부분들을 나누어서 찍는 것이 좋습니다. 메쉬를 제작할 때 어떻게 사용하게 될지는 모르지만, 일반적으로 하나의 Texture 그룹에 1개의 메쉬를 사용하는 것을 선호합니다. 더 많이 사용해도 되지만 Texture나 메쉬의 용량이 크거나 Texture의 수를 줄여야 하는 경우가 생기게 됩니다. 따라서 우선 하나의 Texture 그룹을 사용하고 좀 더 사용해도 될 때 원본 Texture를 다시 활용하여 여러 장의 Texture를 사용하는 쪽으로 작업하는 것이 좋습니다.

이번 예제에서는 CR2 형식의 이미지 파일을 예제로 제공해드릴 텐데, CR2는 Canon Raw라고 캐논 고유의 Raw 파일 형식입니다. 이 책에서 DSLR을 사용한 모든 예제는 CR2 파일로 제작되었는데 용량 문제로 JPG 포맷으로 변환하여 제공했으나, 이번 예제는 파일 수가 많지 않으므로 CR2 포맷 그대로 제공하게 되었습니다.

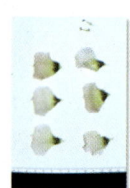    

CR2 파일은 보정작업이 용이합니다. CR2 파일을 포토샵에 넣으면 다음과 같이 나옵니다.

포토샵에 사진 보정 메뉴가 나와서 편하게 수정이 가능합니다. 어도비의 After Effect에 CR2로 촬영한 수백 장의 이미지를 넣으면 위 이미지처럼 일괄 수정이 가능하게 도와줍니다.

라이트박스에 올려서 촬영을 끝냈다면 포토샵에서 이미지를 하나 생성합니다. 소스들 크기를 보면 거의 4K 사이즈라서 우선 4K로 제작하겠습니다.

4096×4096 사이즈로 설정하고 Resolution은 너무 높으면 이미지의 용량이 기하급수적으로 늘어나므로 72로 맞추겠습니다.

그리고 기존 소스들을 드래그 해서 보정 메뉴에서 필요한 만큼 설정해 주면 됩니다.

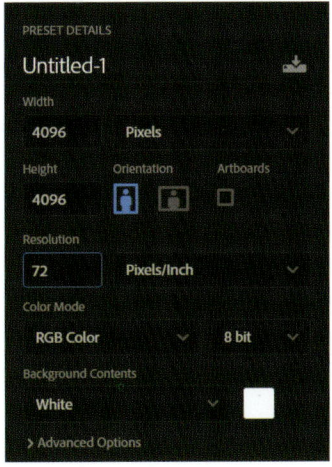

우선 여기서는 어떻게 설정했는지 관련 이미지를 추가하였습니다.

절대값은 당연히 아니지만, 라이트박스 특성상 물체의 테두리 부분이 하얗게 되는데 이런 부분은 감안해서 작업해야 합니다. 그리고 테두리만 아닌 전체적으로 하얗게 되는 부분도 있기에 그런 부분을 조절했습니다.

이제 아까 만든 포토샵 4k 이미지에 넣어주고 적당히 공간 배치해 줍니다.

공간 배치할 때의 기준은 비중입니다. 비중이 큰 부위는 비교적 크게 사이즈를 키워서 넣고 비중이 좀 낮은 부위는 작게 배치해 주는 식으로 조절해서 배치합니다.

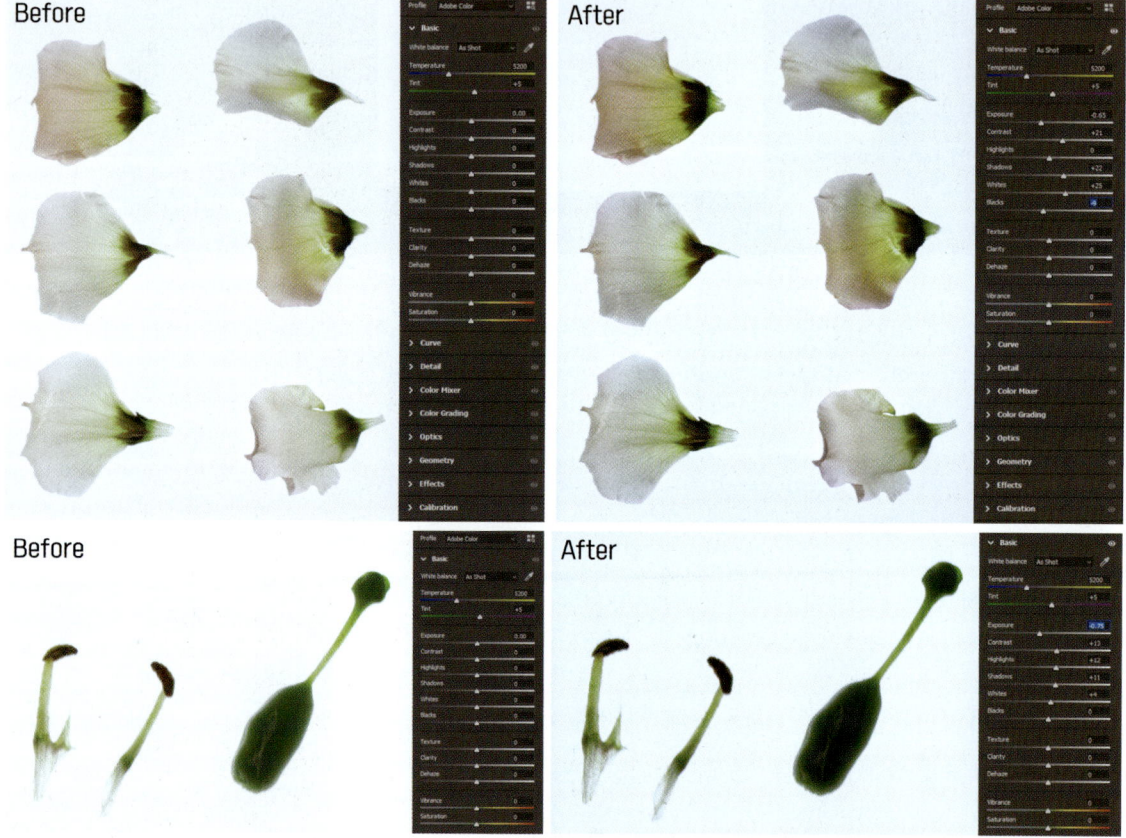

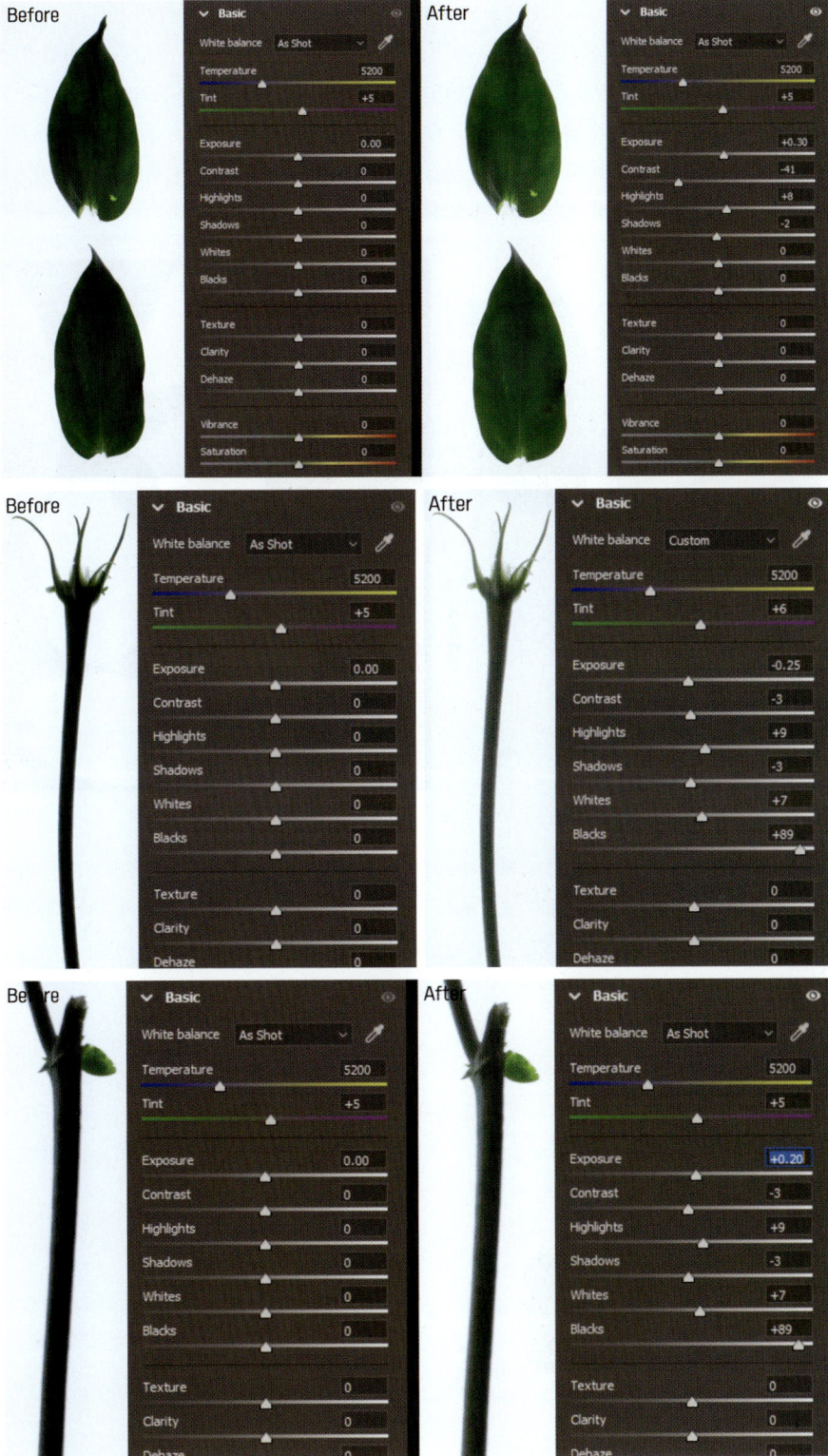

아래와 같이 배치했습니다.

꽃 부분이 많이 보여서 꽃 부분의 비중을 최대로 키우고 줄기나 잎사귀는 적당히 배치했습니다. 배치 후 Diffuse Texture 1개 (왼쪽) / Alpha Texture 1개(오른쪽) 이렇게 2장의 Texture를 만듭니다. 이번 예제에서는 잎사귀나 꽃잎처럼 얇으면서 복잡하게 생긴 형태는 직접 만드는 것보다 Alpha Texture를 활용하여 간단하게 처리하는 것이 훨씬 효율적입니다. Alpha Texture의 흰 부분이 해당 텍스쳐를 적용했을 때 보이는 부분이고, 검정 부분은 투명해집니다.

앞서 제작한 Diffuse를 Albedo를 바꿔주고 싶어서 다른 프로그램 하나 더 사용해보고자 합니다.
물체를 촬영할 때 물체의 색과 빛과 그림자가 섞여서 Diffuse texture를 이루게 되는데 물체의 색만 있는 Albedo texture가 필요한 경우가 많을 것입니다. 최초에 촬영할 때 정해진 빛의 방향과 다른 방향의 빛이 있는 환경에서도 사용해야 할 수 있기 때문입니다.

이건 좀 더 정확한 결과물, 물체 본래의 색 자체를 원할 때 하는 작업입니다. 그림자가 강할 때 해 주긴 해야 하는데 그 정도까지 필요없다 싶으면 하지 않아도 됩니다. Substance Alchemist라는 프로그램을 사용하는데 이 프로그램이 3D Sampler라는 이름으로 바뀌었습니다. 기능 자체는 어차피 대단한 기술을 사용하지 않기에 인지만 하고 넘어가면 될 것 같습니다.

Substance Alchemist을 켜고 우측의 빨간 부분에 아까 제작한 Diffuse Texture를 드래그해서 넣습니다.

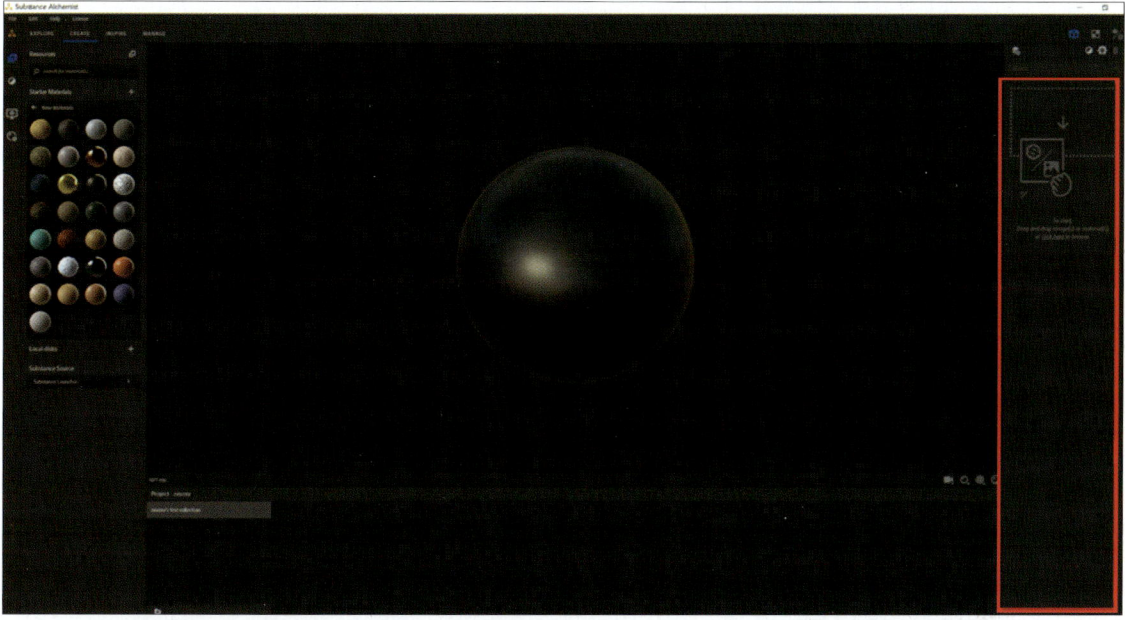

드래그하면 아래와 같은 메뉴가 나오는데 표시된 대로 진행합니다.

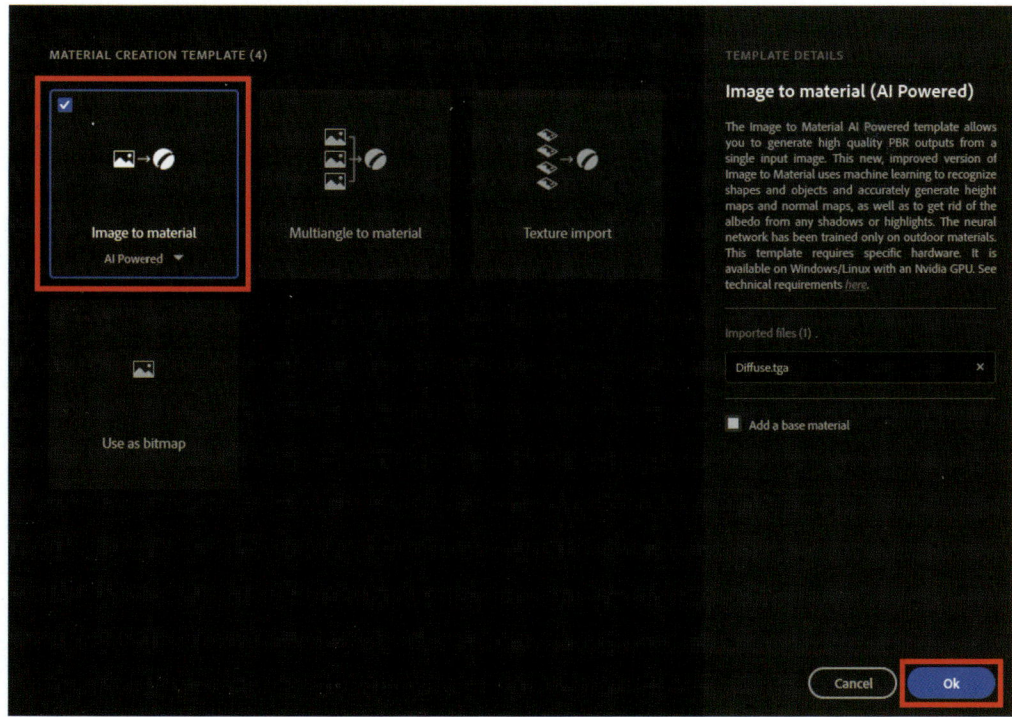

그리고 아래 메뉴를 확인합니다. 가장 우측의 Image to Materia(AI Powered) 클릭 후 Delighting Intensity 부분만 체크하면 됩니다. 0으로 되어 있으면 기본 상태이고, 1로 바꾸면 그림자랑 빛을 지운 Delight 상태가 됩니다.

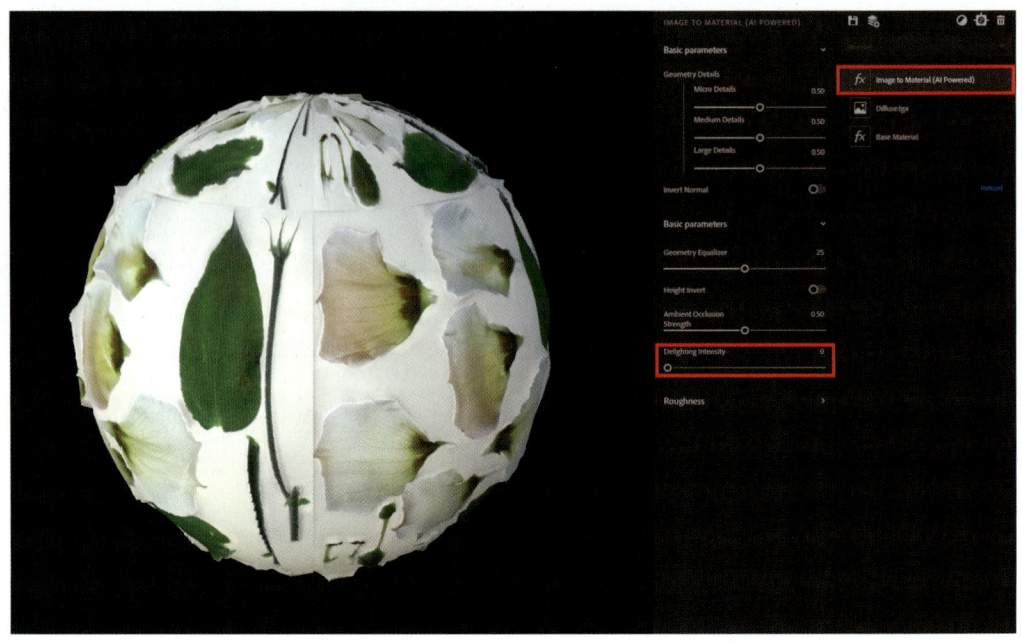

이전 기존 이미지와 좀 디테일이 달라졌습니다. 줄기는 사용하지 못할 것 같지만 꽃잎과 잎사귀는 사용할 수 있을 것 같아서 포토샵에서 합성해야할 것 같습니다.

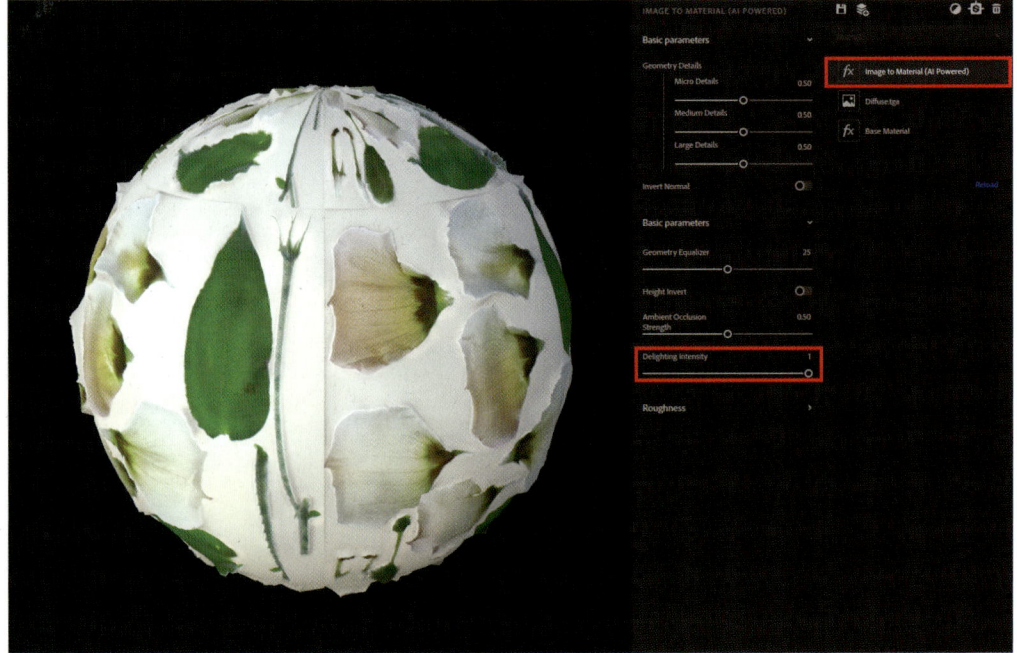

잎사귀도 사용하려다가 마음에 들지 않아서 제외하고, 꽃잎과 수술, 암술만 사용했습니다. 빛이나 그림자 위주로 살펴보면 차이가 좀 있습니다. 완벽하진 않으나 사용할 만한 정도라서 괜찮습니다.

Diffuse   Diffuse + Delight

이제 Substance Designer로 Diffuse Texture을 이용하여 Normal Texture를 제작해 보겠습니다.

4개의 노드를 이용하여 제작했습니다. 정말 간단한 노드만 사용했고 이렇게 해서 제작되는 Normal Texture은 큰 주름에 대한 표현은 못 하지만 세밀한 디테일을 표현하기에 적절합니다.

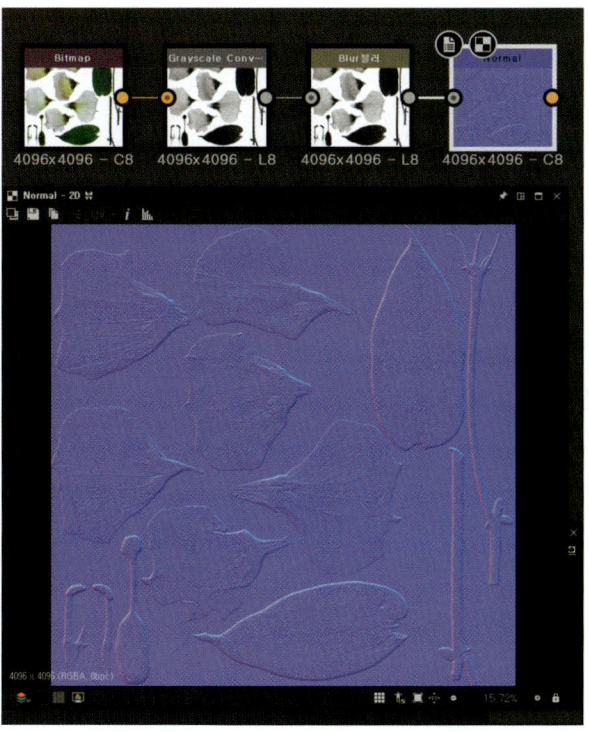

Roughness Texture도 제작하겠습니다.

Roughness Texture는 반사를 조절하는 역할을 하는데 식물은 어느 정도 표면에 반짝거림이 있으면 훨씬 보기가 좋습니다. 디테일하게 제작할 수도 있지만 우선 간단하게 제작했습니다. 처음 만든 Diffuse Texture의 디테일이 조금 살아있다 보니 이것을 기준으로 조절해서 제작했습니다. 검정에 가까울수록 반사가 강해서 반짝거립니다.

이렇게 2가지 Texture를 제작하였습니다.

이 프로그램은 3D 프로그램에 대한 경험이 많은 사람에겐 사용하기 적절하지만, 초보자인 경우에는 쉽게 이해하기 어려울 수 있습니다. 참고 정도만 하면 좋을 것 같습니다.

   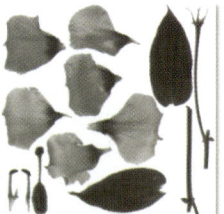

alpha.tga   Designer Normal.png   Diffuse+Alchemist.tga   Roughness.png

이렇게 4가지 Texture가 생겼는데 이것을 이용해서 3ds max에서 3D 메쉬를 제작해보겠습니다.

이번에는 3ds max를 사용하겠습니다.

Plane을 하나 생성해서 Diffuse Texture를 적용하겠습니다.

Edit Geometry > Preserve UVs 클릭한 상태에서 Edge를 움직이면 Texture가 밀리지 않고 수정됩니다. 이걸 켠 상태로 꽃잎을 하나 제작해 줍니다.

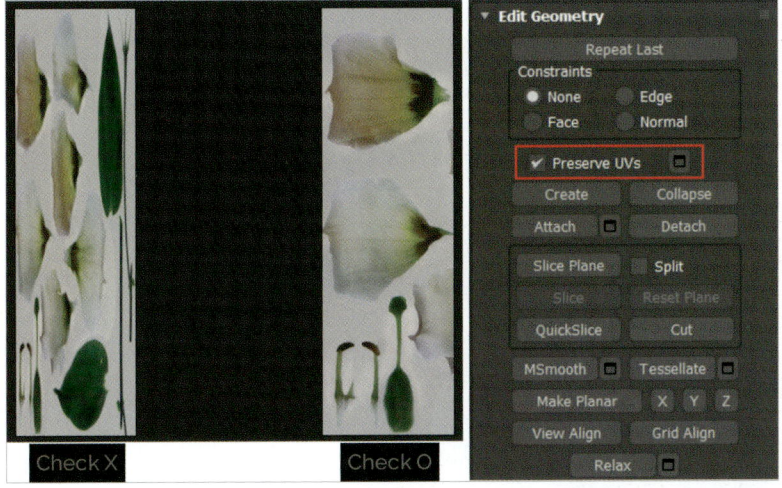

최초에 꽃잎이 갖고 있던 형태를 구현한다고 생각하면서 제작합니다.

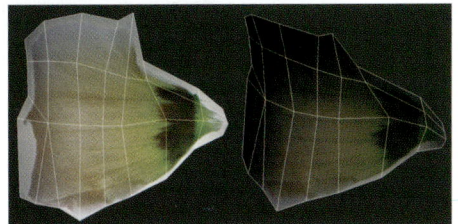

이런 방식으로 형태를 갖춘 메쉬로 만들었습니다. 흰 배경 부분은 Alpha Texture를 통해 없는 것처럼 보일 것이기 때문에 그 부분을 감안하고 다른 영역을 침범하지 않는 선에서 제작해줍니다.

다시 꽃으로 재조립해보겠습니다. 이 부분은 자료 사진을 참고하여 조립해봅니다.
폴리곤을 적게 써서 간단하게 제작하였으나 폴리곤을 많이 주어서 제작하면 더 부드러운 꽃 메쉬를 얻을 수 있을 것입니다.

3ds max에서 렌더링해서 간단하게 분위기만 확인을 해보았습니다.

자세히 보면 Normal과 Roughness Texture의 쓰임새를 확인할 수 있습니다.
Normal Texture는 표면의 꺼끌거림을 표현해 주기 위해 사용하는 Texture 입니다. 실제라면 메쉬가 하나하나 깨져야 하지만 이 Texture를 사용함으로써 적은 폴리곤의 메쉬에 꺼끌거리는 표면의 디테일을 추가해줄 수 있습니다.

Normal Texture를 적용시키지 않았을 때에는 좌측처럼 표면의 거칠기가 표현되지 않는데 우측 이미지를 확인해 보면 꽃잎 표면에 거친 느낌이 추가되어 있습니다. 저런 느낌을 Normal Texture 없이 표현하고자 하면 굉장히 많은 폴리곤이 필요할 것입니다. 또한 이번에는 표면의 거칠기 같은 미세한 디테일 표현만 하였지만, 잎이 가지고 있는 큰 주름같은 표현도 가능합니다.

Normal Texture X   Normal Texture O

Roughness Texture는 표면의 반사를 조절하는 역할을 하는데 검정에 가까울수록 반사가 강해집니다. 그래서 꽃잎은 반사되는 부분이 거의 보이지 않고 암술 부분은 반사가 있는 것을 확인할 수 있습니다.

Roughness X   Roughness O

우측 Texture를 보면 이유를 알 수 있습니다. 꽃잎 부분은 흰색에 가까운 회색이고 암술 부분은 검정에 가까운 회색이라서 반사에 차이가 생겨서 보이게 됩니다.

완성된 3D 데이터는 '15_Rose > 추출데이터' 폴더를 참고하세요.

이렇게 해서 좀 다른 스캔 방식을 살펴보았습니다.

꽃만 이렇게 한 이유가 성공한 작업물을 얻기가 쉽지 않기 때문입니다. 실패 사례에서 많이 보여드리겠지만 정말 실패를 많이 합니다. 돌 같은 것은 참 쉽게 제작되는데 그에 비해 꽃은 왜 이렇게 어려운지 고민하게 만드는 주제인 것 같습니다. 어려운 만큼 도전해 보고 연구할 가치가 있는 분야라고 생각합니다. 지금 꽃 튜토리얼까지 따라오신 분들이라면 어느 정도 재미를 느꼈을 텐데 가이드에선 실패를 느끼진 못하셨을 것입니다. 그래서 실패를 느끼기 좋은 주제라고 생각합니다. 실패하면서 고민해 보는 그런 단계를 위한 예제라고 이해해주시면 감사하겠습니다.

이제는 앞에서 만든 예제에서 아쉽거나 고쳐야 하는 부분들이 있었는데 그런 부분들을 수정하는 후처리 과정을 진행해볼 것입니다. 이 책에서 소개하는 후처리 내용은 여러 방법 중 하나일뿐이니 참고하시기 바랍니다.

PHOTO SCAN GUIDE

PART

후처리

01 후처리 개요

후처리는 아쉽거나 더 좋은 퀄리티를 위해서 수정하고 포장하는 과정입니다.
그림자가 진한 부분을 지우고 싶다거나 계산이 원활하지 않아서 구멍이 생기거나 잘린 부분을 이어주는 등 처음 제작할 때 아쉬웠던 부분의 품질을 높일 수 있는 과정입니다.

후처리에는 굉장히 다양한 방법들이 있는데 목적에 따라 대응하는 방법이 다를 수 있습니다. 앞서 진행해 왔던 예제에서 크고 작은 문제들이 많았는데 그 문제를 해결하면서 사용했던 방법들을 소개하고자 합니다. 꽃 제작할 때처럼 다양한 프로그램을 사용하여 따라 해볼 수 있도록 가이드를 할 예정입니다.

여기서의 후처리 데이터는 앞서 사용한 예제 폴더 안의 '추출데이터' 폴더를 참고하세요.

02 참외 수정하기

가장 먼저 진행했던 첫 번째 참외 제작과정에서 이상한 부분을 발견했을 것입니다.
이 부분을 지우고 자연스럽게 만들어 주겠습니다. 우선 추출을 했던 메쉬를 3ds max 프로그램에 Import 해줍니다.

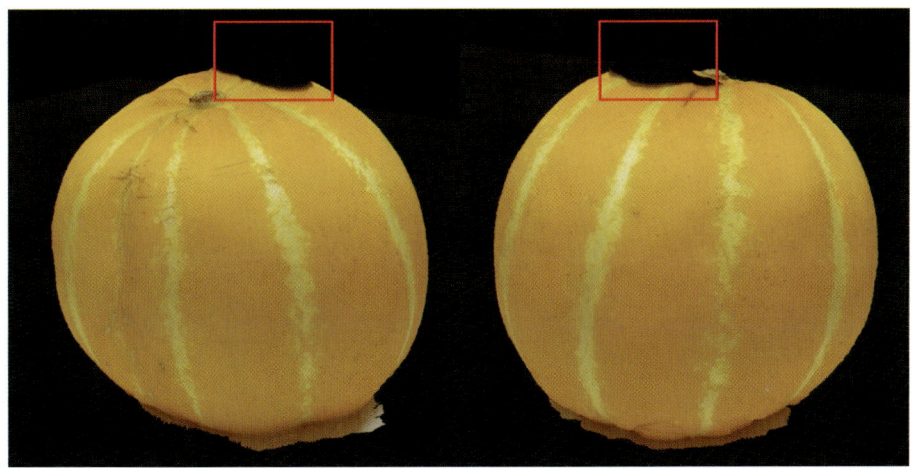

Import를 하면 깨진 것처럼 보이는 삼각 메쉬 형태를 확인하실 수 있습니다. 참외로 보일 수 있도록 Smoothing Group을 새로 지정하여 깔끔하게 정리해보겠습니다.

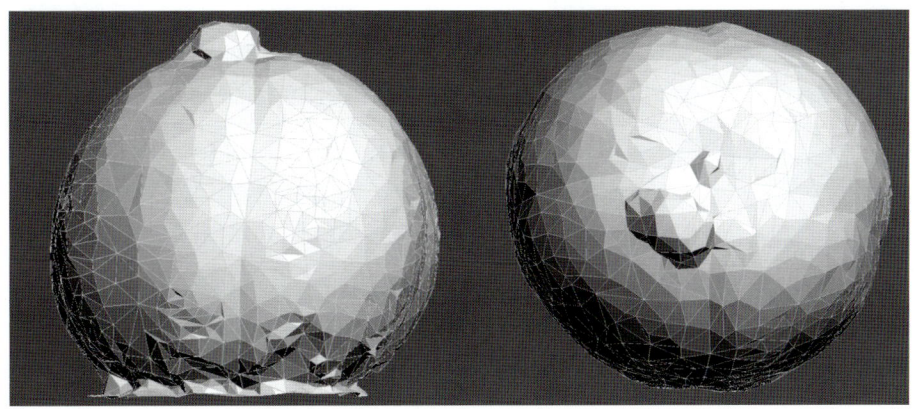

1 Smoothing Group 재설정

Smoothing Group을 설정해주면 그룹별로 부드럽게 보여줍니다.

어느 플랫폼에서 사용하느냐에 따라 다르겠지만 일반적으로 지정하지 않으면 좌측 이미지처럼 깨진 듯이 보입니다. 좌측 이미지를 보면 최초 Import한 직후라서 Smoothing Group이 전혀 설정되어 있지 않는 상태입니다. 우측 하단 이미지를 보면 Smoothing Group 메뉴에 숫자가 하나 있고 좌측에 Auto Smooth 버튼이 있는데 저 숫자의 각도에 맞춰서 Smoothing Group을 설정해 주는 것입니다. 그래서 우측 이미지는 45도를 기준으로 Smoothing Group이 설정되어 있는 상태입니다. 반드시 45도를 기준으로 설정할 필요는 없습니다. 임의의 숫자를 정하고 Auto Smooth를 클릭하면 그 숫자의 각도대로 그룹이 설정됩니다. 또한 원하는 부분의 Polygon을 선택하고 숫자를 클릭하면 그 숫자의 그룹으로 설정이 됩니다.

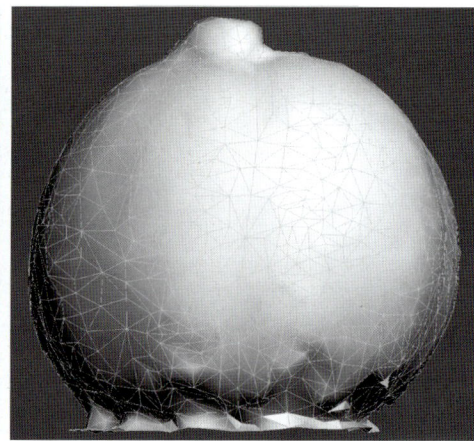

2 메쉬 구멍 채우기 및 기타 수정

최초 추출한 Texture를 적용해 놓으면 특정 몇 곳이 이상해 보입니다.
이런 부분은 다른 vertex를 지우거나 합쳐 주는 방법으로 깔끔하게 정리해줄 수 있습니다.
Reality Capture에서 메쉬를 최적화해 주는 Simplify tool은 vertex를 합쳐가며 줄여주는 방식의 최적화라서 좌측 이미지 같은 메쉬 오류가 종종 있습니다.

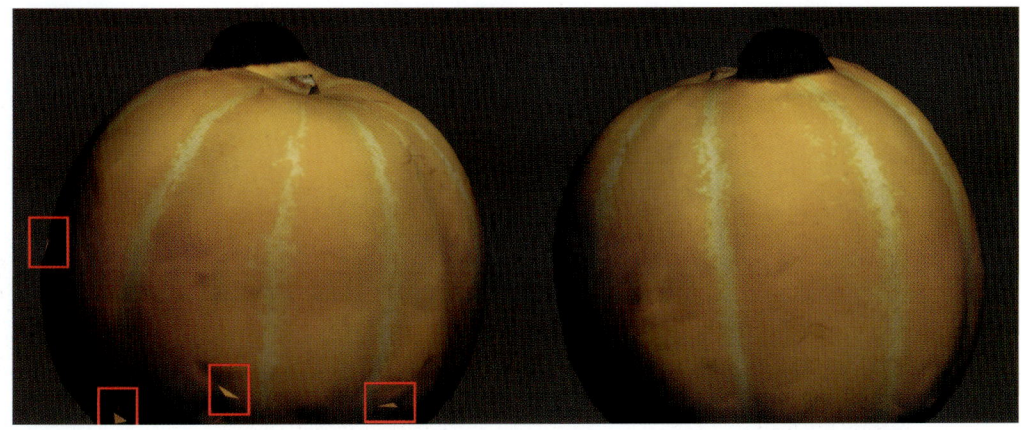

Before   After

이제 튀어나온 부분을 수정하겠습니다. 필요없는 부분을 삭제하겠습니다.

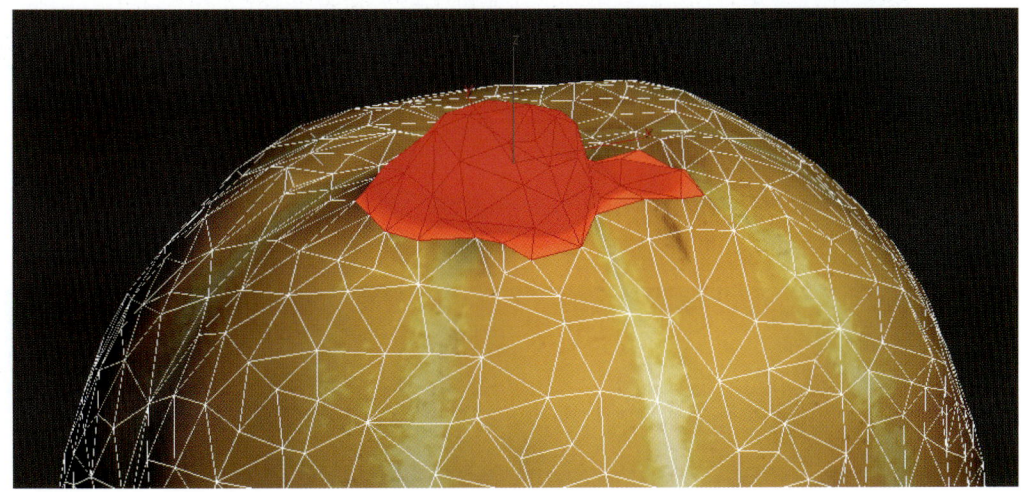

빠진 구멍을 채워 넣었습니다.

채워 넣고 찌그러진 UV를 펴서 임의로 정리합니다. 이 과정에서 아랫 부분처럼 적당히 채워 넣는 것만으로 만족하면 이대로 넘어가도 되겠지만 보통은 이 단계에서 좀 아쉬움을 느낄 것입니다.

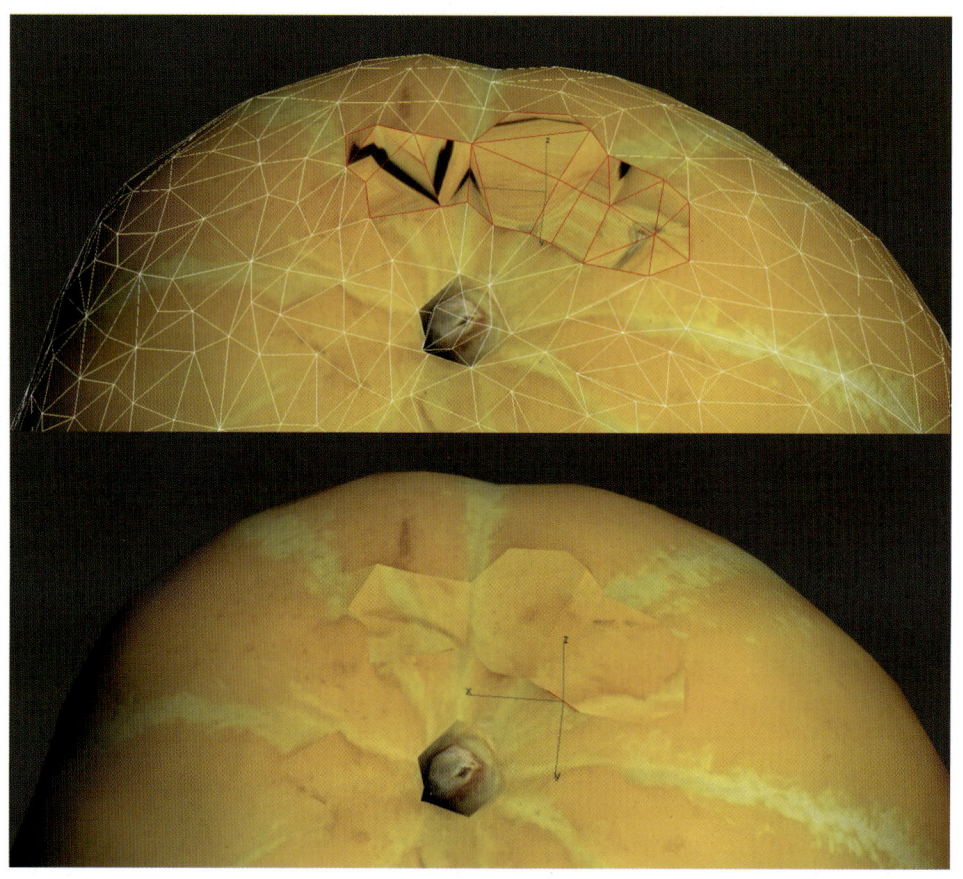

아래 이미지에서 더 확연히 알 수 있는 부분은 우측은 제가 임의로 Albedo를 만들었는데 조금 아쉬운 결과물입니다.

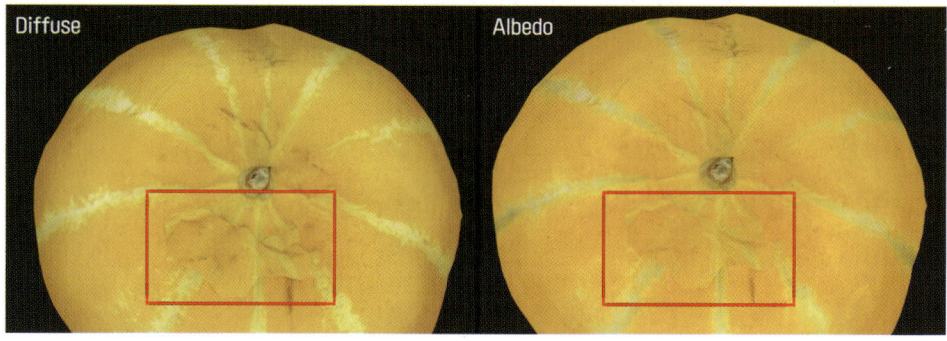

그래서 빈 공간에 UV를 놓고 Substance Painter에서 Clone을 이용하여 주변 영역에 맞게 비슷하게 칠하는 방식을 사용하겠습니다.

Substance Painter로 가져왔습니다. 저 표시된 부분만 주위에 비슷한 부분을 이용하여 칠해줍니다.

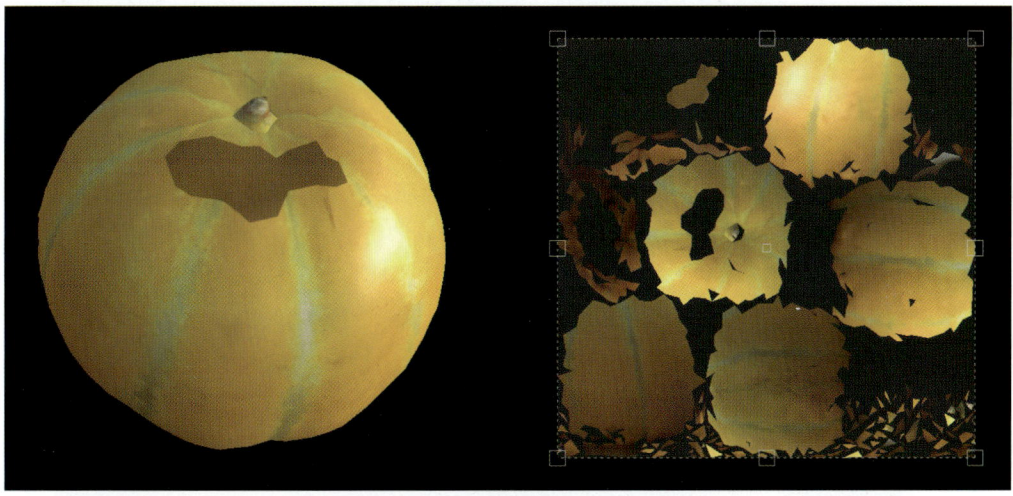

Diffuse를 Base에 깔아 놓고 Add Layer를 클릭하여 Layer를 하나 추가합니다[1].
Layer 속성을 Path Through로 바꾸고[2] Clone 도구를 클릭합니다[3].

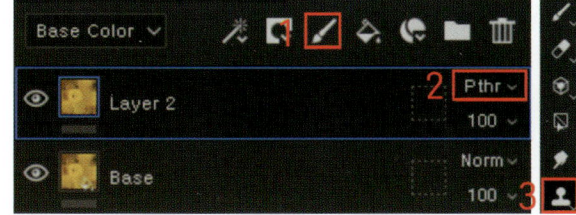

갖고 올 부분에 마우스를 두고 V 키를 누르면 해당 부분이 지정됩니다. 그래서 옮겨 붙일 부분으로 가서 드래그하면 복사됩니다. C 키를 눌러서 Base Color를 보는 상태에서 작업하면 좀 더 선명하게 확인이 가능합니다.

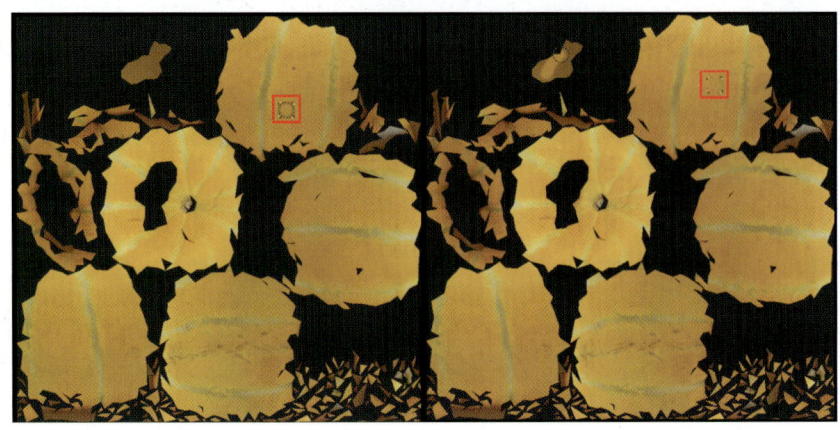

주위의 비슷한 부분을 적당히 가져오면 원래 무늬처럼 자연스럽게 보일 수 있습니다. 이러한 방식으로 좀 어색한 부분들을 수정하면 됩니다.

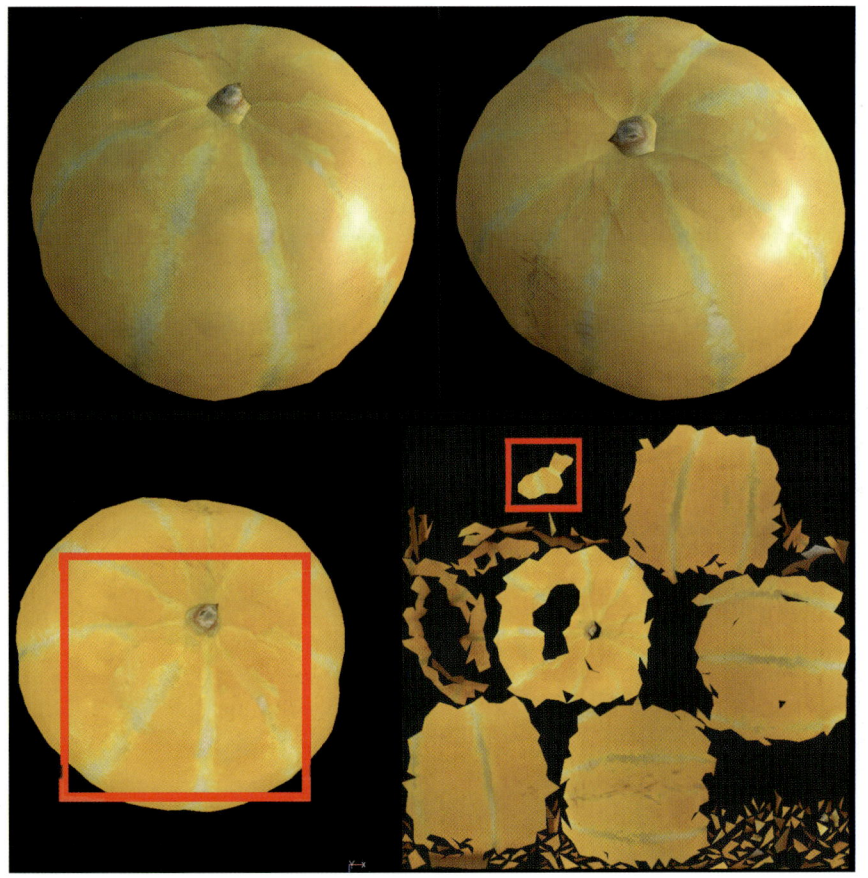

03 석고상 수정하기

1 High Polygon 메쉬 수정하기

지금까지 제작한 예제 중에서 석고상을 제외하고 하이폴 메쉬를 수정해야 할 예제는 없었습니다. 석고상은 Texture를 그대로 얻을 수 없어서 형태만 얻고 하이폴 메쉬를 수정하여 새로 Texture를 제작해야 하도록 계획하고 작업에 들어갔었습니다.

다음은 Reality Capture에서 최적화를 어느 정도 진행한 메쉬들입니다. 왼쪽이 하이폴, 오른쪽이 로폴(Low Polygon)모델로 줄여서 추출하였습니다. 여기서 이제 이 소스들을 어떻게 활용할지는 선택이지만 하이폴을 깔끔하게 수정해서 활용할 수 있도록 만들어 보겠습니다.

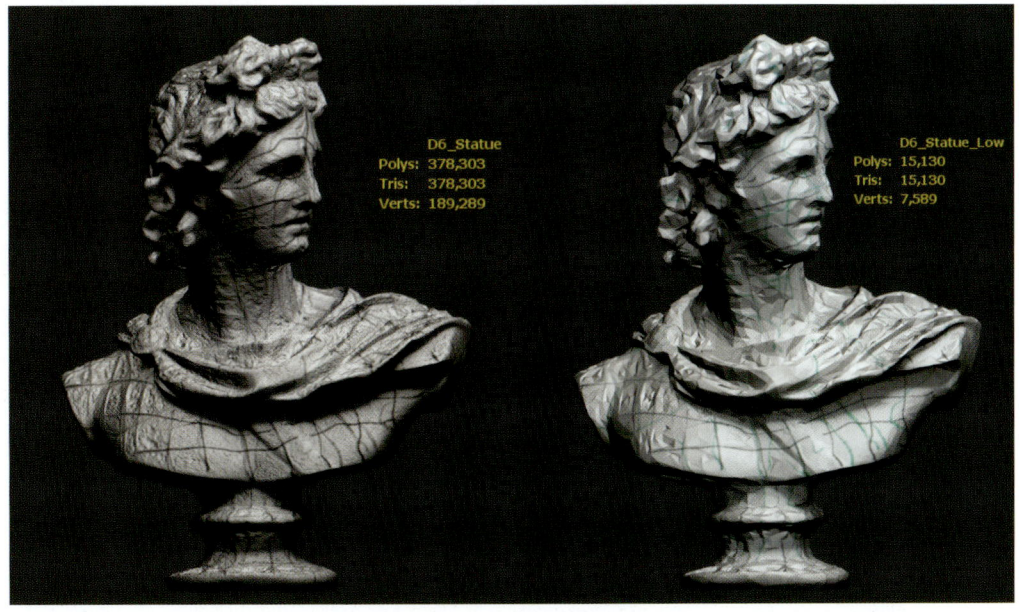

표면을 보면 처음 색을 추가했을 때 그어놓은 선을 따라서 메쉬로 형성되어 있는 것을 확인할 수 있습니다. 저런 부분들이 있으면 사용하기 어려울 수 있으므로 깔끔하게 정리해보겠습니다.

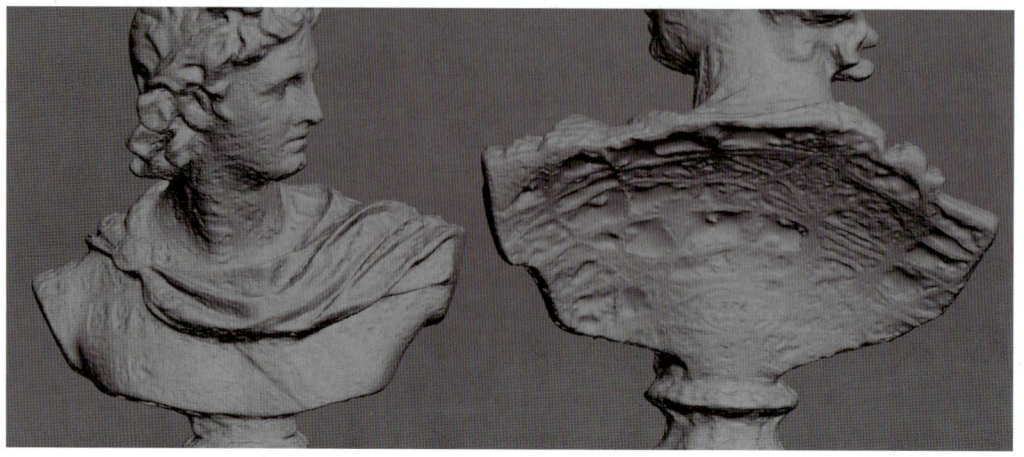

하이폴 모델은 메쉬가 37만 개라서 직접 하나하나 수정하려면 시간이 많이 걸릴 것입니다. 이런 경우에는 직접 하나하나 수정하기보다는 스컬핑(Sculpting) 작업을 하게 됩니다. 조각을 하는 과정이라고 생각하면 됩니다. 폴리곤을 많이 사용하여 하이폴 모델을 만드는데 이런 과정에서 다른 프로그램을 사용하여야 합니다. 대표적인 Sculpting 툴은 ZBrush 입니다만, 여기서는 무료 프로그램인 블렌더(Blender)를 사용하겠습니다.

블렌더에 넣어보면 더 명확하게 형태가 확인됩니다.

블렌더의 여러 편집 모드 중 Sculpt Mode로 수정을 하겠습니다.

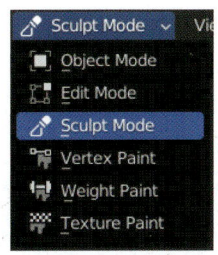

다양한 옵션대로 브러쉬에 대한 설정을 합니다.
Radius는 브러쉬의 크기, Strength는 브러쉬의 강도입니다.
빨간 표시의 +,- 는 +일 때는 튀어나오고, -일 때는 파고들어갑니다.
기본적으로 노란색 박스 안의 브러쉬 중 하나를 선택해서 펜으로 칠하듯 그어주면 됩니다.
여러 개의 브러쉬가 있지만 그 중 많이 사용했던 브러쉬를 예시로 보여드리겠습니다.

첫 번째는 Smooth 브러쉬입니다.
표면을 부드럽고 평평하게 만들어줌으로써 표면을 고르게 만들어주는 브러쉬입니다. 다른 브러쉬와 다르게 Shift를 클릭한 상태에서 마우스 좌클릭하면 선택하지 않아도 Shift를 누른 동안에는 이 브러쉬로 바뀝니다. 가장 많이 사용하는 브러쉬일 것입니다.

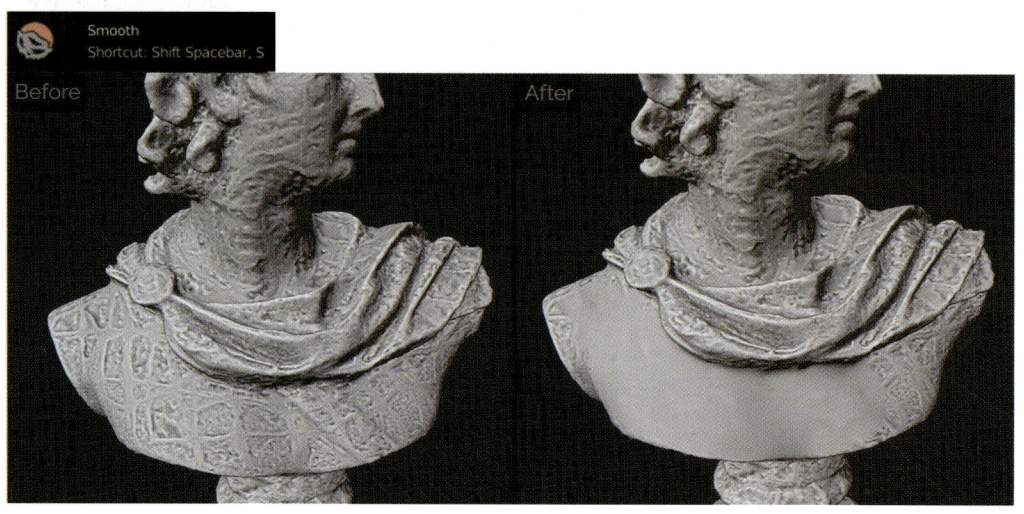

두 번째는 Scrape 브러쉬입니다.
Smooth 브러쉬와 비슷하게 표면을 고르게 해 주는데 좀 더 각지게 만들어 줍니다. 그래서 모서리 부분을 좀 더 강조해줄 수 있는 브러쉬입니다.

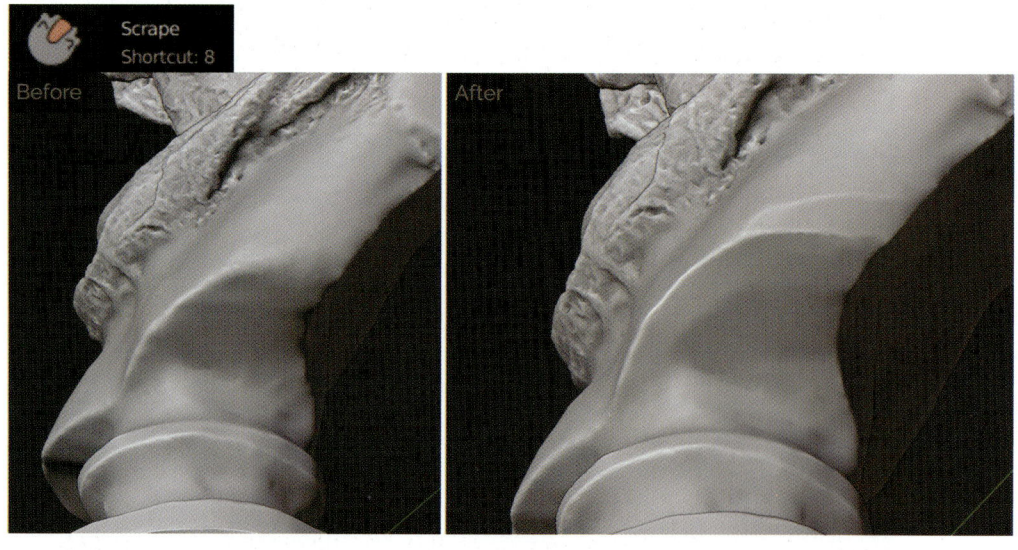

세 번째는 Multi-plane Scrape 입니다. 손가락으로 찝은듯 모서리를 날카롭게 모아주는 브러쉬입니다. 이 정도의 브러쉬만 사용해서 표현했지만 다른 브러쉬도 많으니 한 번 사용해보시기 바랍니다.

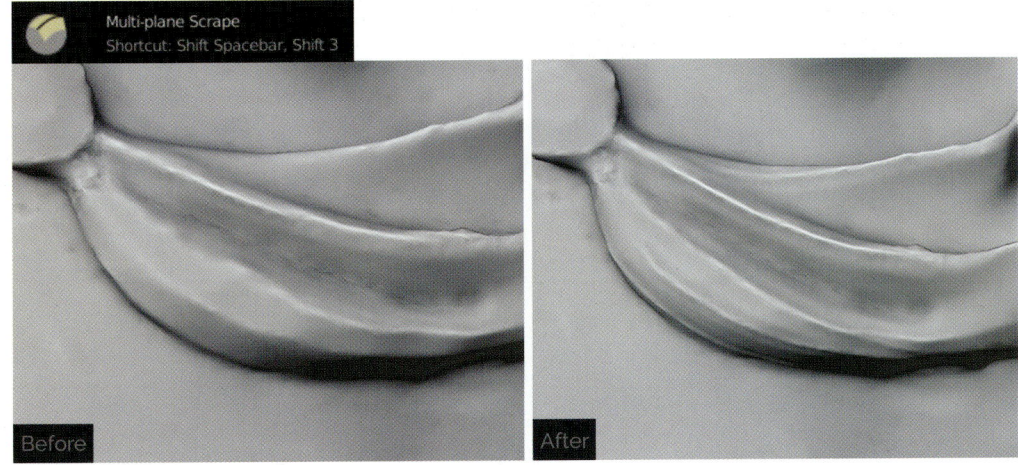

이런 방식으로 깔끔하게 정리했습니다. 물론 이것보다 더 좋은 퀄리티를 낼 수 있을 것입니다. Sculpting은 시간이 투자할수록 퀄리티가 높아지는 작업이라고 생각합니다.

이렇게 얻은 하이폴 메쉬를 이용하여 기존 추출한 Texture를 사용할 수도 있겠지만 새로운 Texture를 제작할 수도 있을 것입니다.

아래 줄리앙 석상도 동일한 방법으로 제작했었던 작업입니다.
이런 방식의 작업 공정도 있다는 것을 경험할 수 있는 예제가 되었으면 합니다.

원본   최초 하이폴 제작   하이폴 수정

텍스쳐 제작

04 컬러체커의 활용 및 이미지의 일괄 수정

책의 예제 사진 소스를 확인해 보면 가끔 컬러체커를 사용한 사진들이 있습니다.

컬러체커는 컬러체커 속 색상 값을 보유하고 있는데 찍은 사진 속 컬러체커 색상 값을 기존 컬러체커의 색상 값 수치에 맞춤으로써 색상 보정을 해 주는 역할을 합니다. 정밀한 색상을 얻기 위해서 사용하는 것이라 자주 사용하지는 않지만 무언가 있는 그대로를 최대한 3D로 옮겨오기 위해선 필요한 도구입니다.

이 컬러체커의 기준에 따라 이미지가 수정되는데 1, 2장이면 하나하나 수정하면 되지만 기본 100장 이상의 많은 이미지를 사용하기 때문에 일괄 보정이 필수입니다. 그래서 After Effects라는 프로그램을 이용하여 수백 장의 이미지를 일괄 보정해 보겠습니다.

After Effects를 실행해서 Import – Multiple Files를 클릭하고 이미지를 선택하면 됩니다.

선택할 때 Camera Raw Sequence 옵션을 선택해야 합니다. 이때 이미지의 확장자는 Raw 파일이어야 합니다. 이 책에서는 캐논 DSLR로 촬영한 사진들을 사용합니다. Raw 파일로 설정해 놓고 찍으면 CR2로 나오는데 Canon Raw라는 의미의 확장자입니다. 확장자의 이름은 다를 수 있지만 기본적으로 Raw 파일로 촬영해야 일괄 수정이 가능합니다.

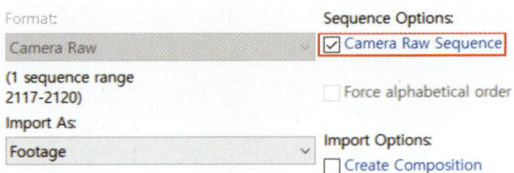

이렇게 추가하면 설정값을 조절할 수 있는 메뉴가 나옵니다.

대부분의 컬러 조절 기능이 있어서 원하는 대로 수정이 가능합니다. 이 수정값들이 Import할 때 선택한 모든 이미지에 적용됩니다. 수정을 마치고 완료하면 이미지들이 추가됩니다.

그럼 왼쪽 이미지처럼 클릭+드래그하여 아랫 부분에 추가해 줍니다.
그 후 File 〉 Export 〉 Add to Render Queue를 클릭합니다.

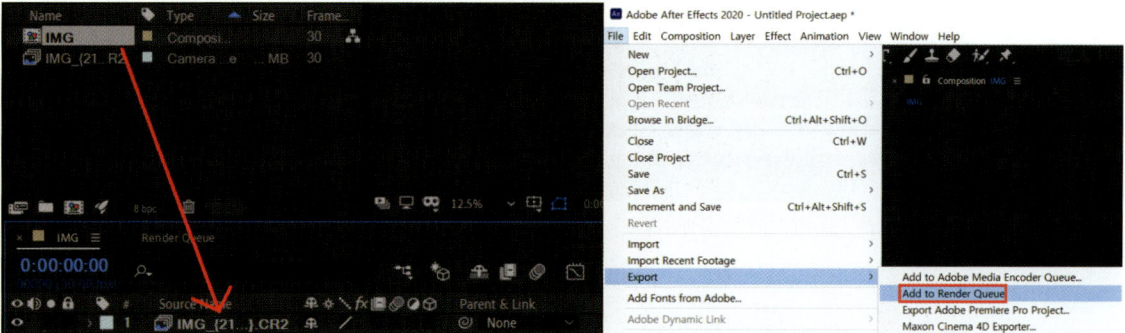

표시된 2가지를 설정해줘야 합니다.

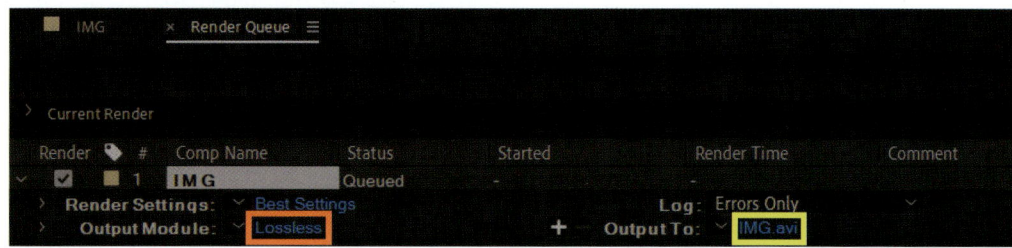

Output Module을 누르면 Setting 메뉴가 나오는데 확장자만 선택해 주면 됩니다. Tiff가 용량은 크지만 원본의 정보를 잘 담아주는 확장자이기에 TIFF로 선택하고 OK 합니다.

노란색 표시된 부분은 클릭하면 저장할 경로와 이름을 선택할 수 있게 됩니다.

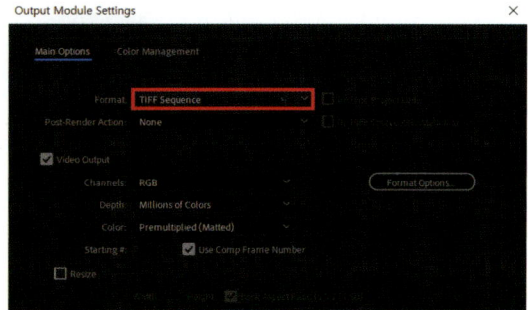

설정을 완료했다면 Render를 클릭합니다. 수백 장이면 시간이 좀 걸릴 수 있는데, 경로에 가보면 원하는 설정에 맞는 사진이 일괄 수정 및 저장되어 있을 것입니다.

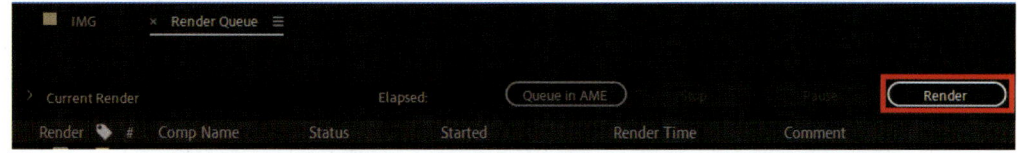

Photoshop도 동일한 수정 기능이 있으나 여러 장을 수정하려면 After Effect를 추천합니다.

05 나무 밑동 수정하기

앞에서는 After effects처럼 다른 프로그램을 이용하여 소스 이미지를 수정했는데 이번에는 결과물에서의 수정 및 퀄리티 업을 해 보겠습니다.

우선 Delight입니다. Delight 과정은 빛과 그림자를 없애주는 작업입니다. 현실에서 촬영하면 빛과 그림자는 지울 수 없는 부분입니다. 그림자는 최소한으로 할 수 있으나 빛은 없으면 안 되는 요소이기 때문입니다. 그래서 최초 단계에서는 이미 생성된 빛을 제거할 방법이 없으니 Delight 과정을 거치는 것입니다.

Delight 과정에서는 Substance Alchemist(Substance Sampler)와 Substance Painter로 진행하겠습니다. Alchemist는 Substance 프로그램을 만든 알레고리드믹을 어도비에서 인수한 이후 대대적인 이름 및 아이콘 변경이 있었습니다. Alchemist는 이름이 Sampler로 변경되었고 Painter는 아이콘만 바뀌었습니다. 큰 기능은 대동소이하여 Alchemist로 진행하겠습니다.

Substance Alchemist (Old) / Substance Painter (Old) / Substance Sampler (New) / Substance Painter (New)

예제로는 앞서 제작했던 나무 밑동을 활용해보겠습니다.
현재 Diffuse Texture가 적용되어 있어서 조명이 없음에도 마치 조명이 있는 것처럼 보입니다.

Substance Alchemist를 실행시켜서 표시된 부분에 해당 나무 밑동의 Diffuse Texture를 드래그+드랍 해 줍니다.

Image to material을 클릭하고 기다려줍니다.

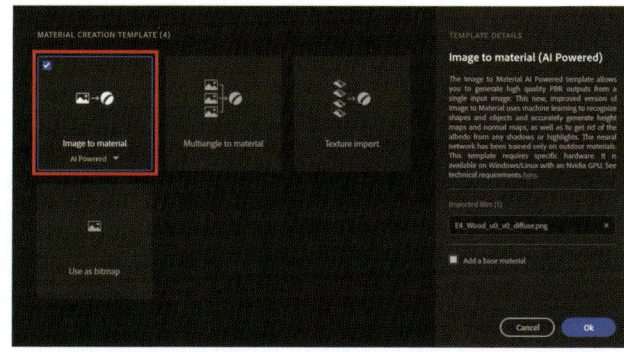

로딩이 다 되면 빨강 부분의 아이콘을 클릭하고 주황색 부분의 Image to Material (AI Powered)를 클릭합니다.

그럼 화면이 바뀌고 컨트롤할 수 있는 메뉴가 나옵니다. 기본적으로 처음 이미지를 추가할 때 선택했던 Image to material을 클릭하면 Delighting Intensity가 1로 적용되어 있는 것을 확인할 수 있는데 이 기능이 이 프로그램을 사용하는 이유라고 해도 될 만큼 Delight를 잘 처리해 주는 강력한 기능입니다.

이 기능의 수치가 1에 가까울수록 기능이 적용되는 것인데 0과 1일 때의 차이가 극명합니다. 0일 때는 Diffuse이기 때문에 그림자와 빛이 반영되어 있지만 1일 때는 물체의 고유색인 Albedo인 것처럼 사물의 컬러만을 표현해 줍니다.

Painter에서 이 Texture를 적용시켜놓고 확인해 보겠습니다.

확인하는 화면에서 우클릭하여 Save as bitmap 클릭합니다.
클릭하고 우측 이미지에 적힌 것을 참고하여 원하는 곳에 원하는 이름 및 확장자로 저장합니다.

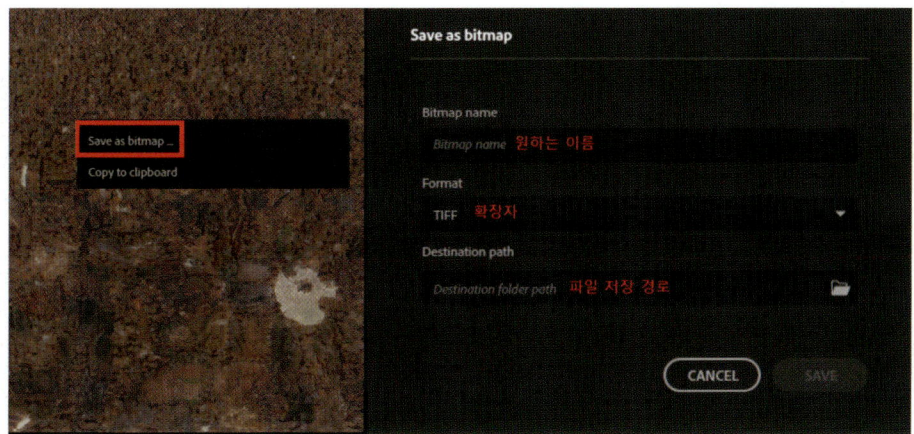

추출이 완료되면 Substance Painter를 실행하고 File 메뉴에서 New를 선택합니다.

위에서 아래로 내려오면서 표시된 부분에 대해 설정합니다.
Select를 클릭하여 3D 메쉬를 선택합니다. 나무 밑동 메쉬를 선택하고 4096되어 있는 부분은 Document Resolution 해상도를 뜻합니다. 추출할 때 원하는 사이즈로 바꿔서 추출이 가능하기에 우선 4096을 선택합니다.

Normal Texture Format은 OpenGL과 DirectX, 둘 중 OpenGL로 우선 선택하고 작업하는데 분명 Normal Texture의 영향으로 튀어나오게 보여야 하는 데 반대로 움푹 패여 보인다면 반대인 DirectX로 바꾸면 됩니다.

마지막으로 Add를 클릭하여 Texture를 선택해줍니다. 앞서 제작한 Delight가 된 Texture와 최초 추출했던 Texture를 선택하고 OK 합니다.

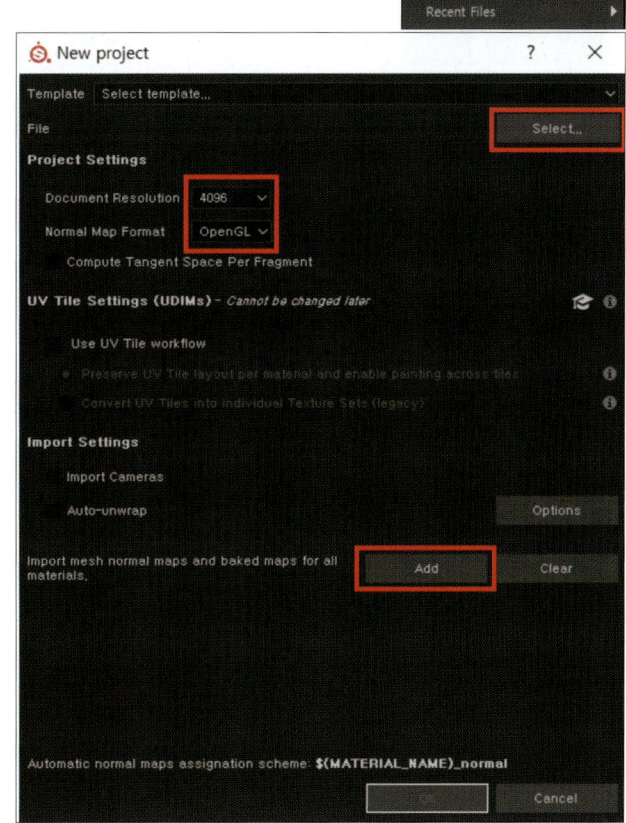

아래 이미지처럼 메쉬가 확인이 가능하지만 아무 색이 없는 상태일 것입니다.
빨간 부분을 먼저 확인해 보겠습니다.
LAYERS 탭에서 Add Fill layer를 클릭하면 Fill layer 1이란 Layer가 하나 추가됩니다.

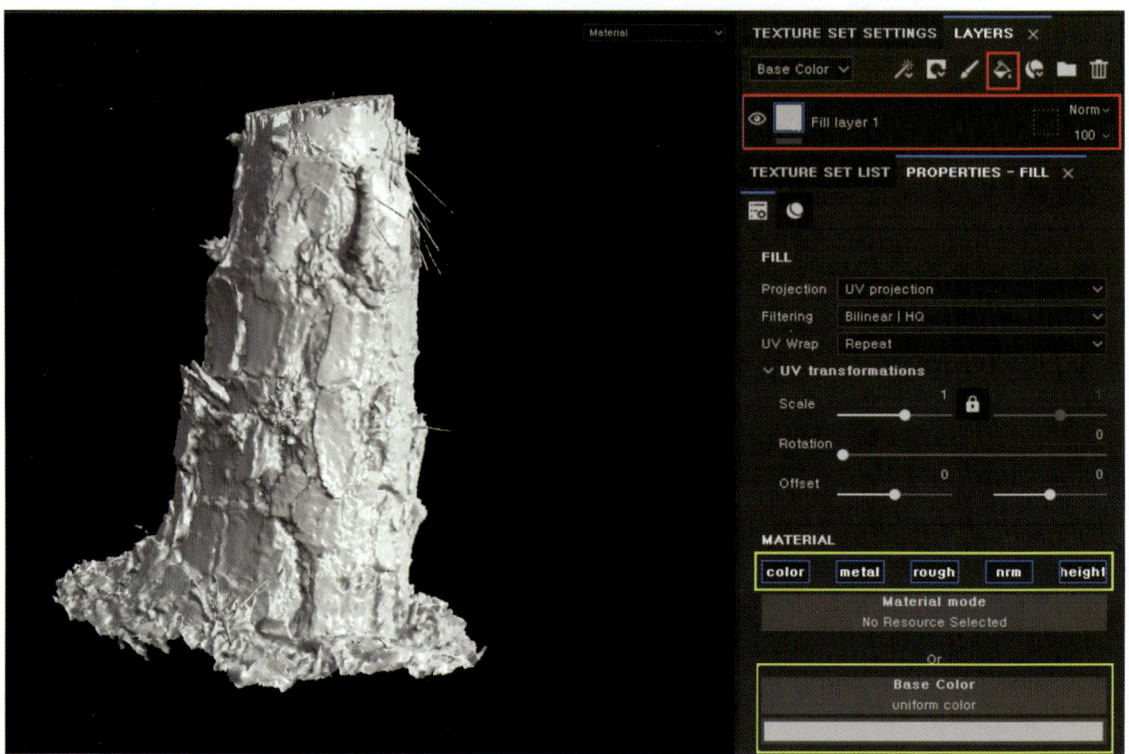

노랑 부분을 확인해 보면 방금 추가된 Fill layer 1을 클릭하면 PROPERTIES > FILL 탭에서 해당 Layer에 대한 옵션을 확인할 수 있습니다. MATERIAL 아랫 부분에 color / metal / rough / nrm / height라고 있는데 이 채널들이 합쳐져서 최종으로 보이게 되는데요. color를 제외한 나머지 채널을 클릭해서 꺼줍니다. 그리고 맨 아래 Base Color 부분에 아까 같이 가져온 Texture 중 최초 추출한 Texture를 드래그 드랍하여 적용시켜 줍니다.

이렇게 설정해 놓으면 아래 이미지처럼 반짝거리는 나무를 확인할 수 있는데 Material이라고 적힌 상태에는 모든 채널이 적용된 상태로 보여지고 Roughness 수치를 따로 적용하지 않으면 Add fill layer 할 때의 기본값인 0.3이 Roughness에 적용된 상태라서 반짝거리게 보이는 것입니다. 지금 색상만을 확인해야 하니 C를 클릭하여 Base Color 채널로 화면을 바꿔줍니다.

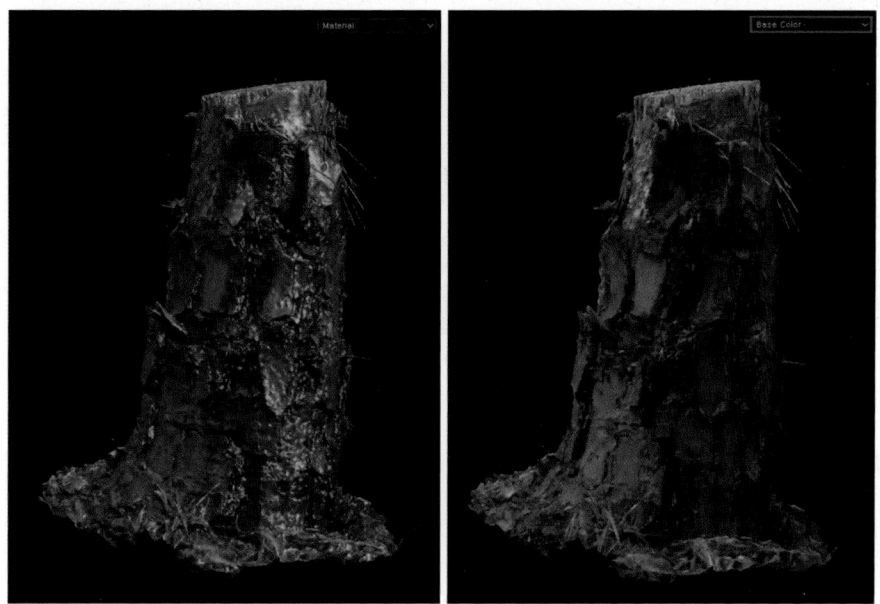

최초 추가한 Fill layer를 [Ctrl + C], [Ctrl + V]를 하여 복사한 후 Alchemist에서 제작한 Texture를 드래그+드랍하여 적용시켜 줍니다. 그러면 좌측 이미지처럼 보이는데 생각보다 색이 붉게 나와서 보정해 줘야 할 것 같습니다.

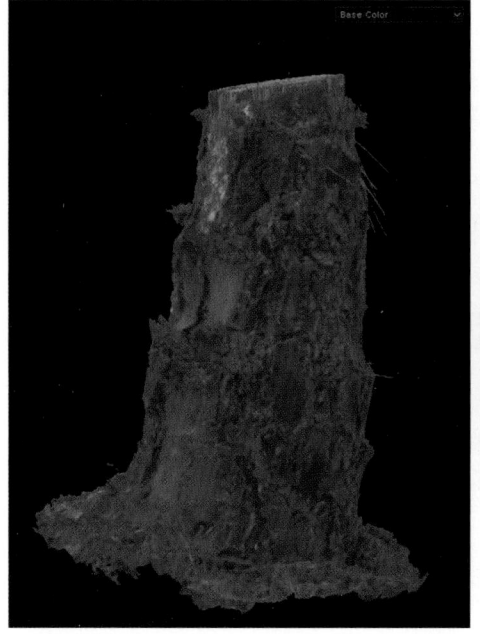

해당 Layer를 우클릭하여 Add Filter를 클릭합니다. Filter에서 HSL Perceptive을 클릭합니다. Filter의 종류가 다양한데 그중 Hue, Saturation, Lightness를 조절할 수 있는 필터를 선택하였습니다.

붉은색을 좀 줄여주면서 색상 보정을 했습니다. 너무 어두워진 것 같아서 좀 더 조절해 주겠습니다.

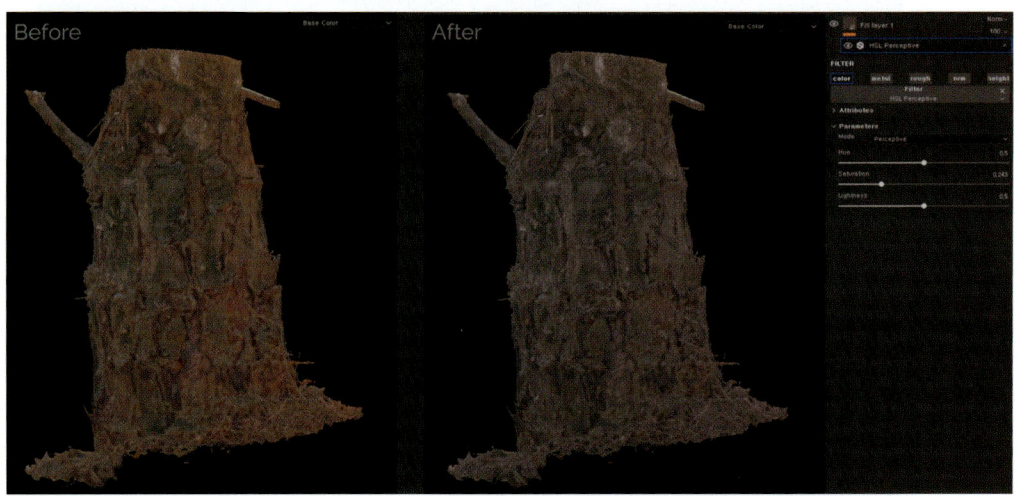

Filter를 추가할 때처럼 Layer에서 우클릭한 후 Add levels를 클릭합니다. 여기선 채널별로 조절하거나 Invert 등을 해줄 수 있는데 앞선 Filter를 적용했을 때 하얗게 뜨는 것처럼 나와서 그 부분을 없애기 위해 조절해 보겠습니다.

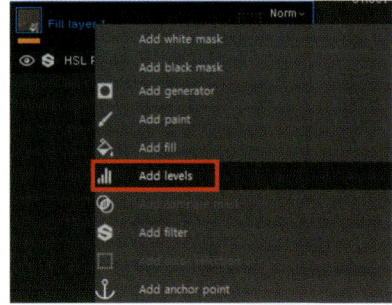
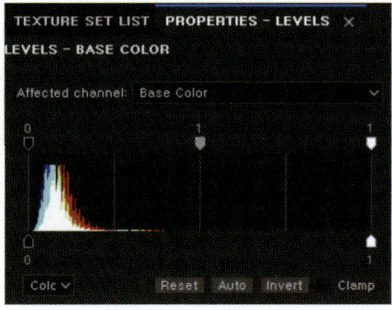

톤 조절을 조금 더 해보았습니다.
이런 식으로 일괄 수정이 가능한데 특정 부분만 수정하고 싶은 경우가 있을 것입니다.

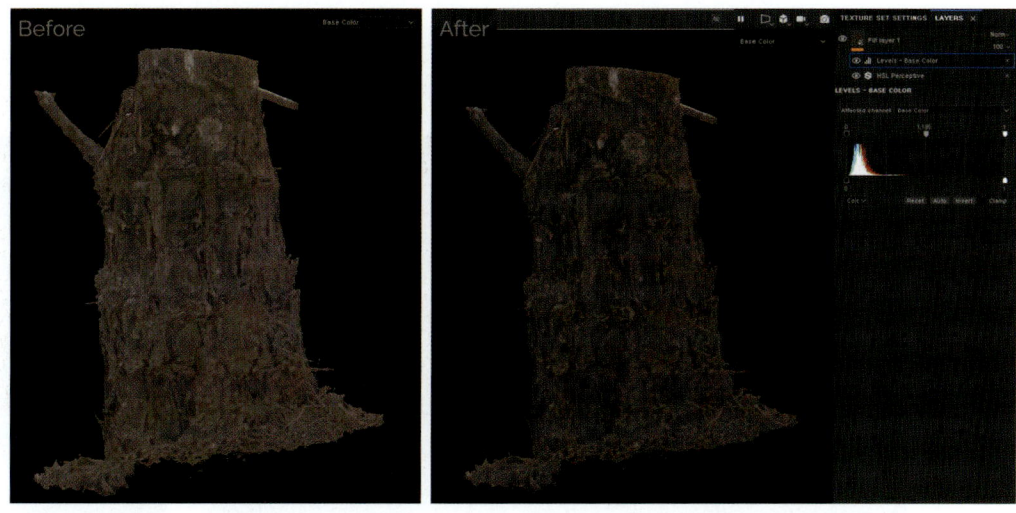

만약 아랫 부분을 수정하고 싶다면 Layer에서 우클릭하여 Add black mask를 클릭합니다.
그 레이어 위에서 우클릭하여 하단의 Add paint를 해줍니다. 그렇게 되면 특정 부분에 대해 영역을 직접 칠하듯이 지정해줄 수 있습니다. 아래 이미지의 Layer는 기존 Albedo Texture만 넣은 Layer라서 색상 보정이 적용되어 있지 않습니다.

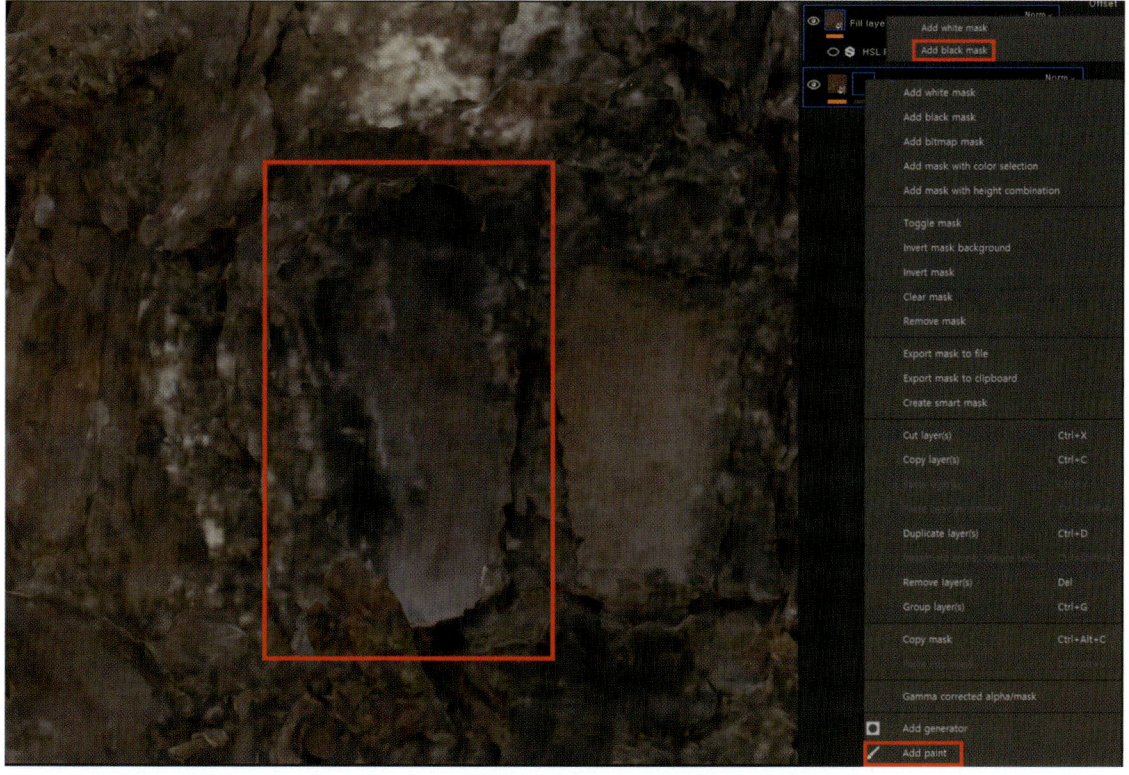

표시된 부분에 클릭 드래그로 칠을 해보았습니다. 그러면 해당 Layer의 Black mask에서 흰색 표시된 부분을 볼 수 있는데 C 키를 여러 번 누르다 보면 Mask 채널을 확인할 수 있습니다. 해당 채널로 바꿔서 보면 아까 칠했던 것처럼 Mask 영역이 설정된 모습을 확인할 수 있습니다.

이렇게 영역 지정을 해놓은 상태에서 Layer에 필터나 레벨 등으로 색에 변화를 주면 그 영역 안에서만 변화가 생깁니다. 다른 채널도 똑같이 이 영역 안에서만 변화가 생깁니다.

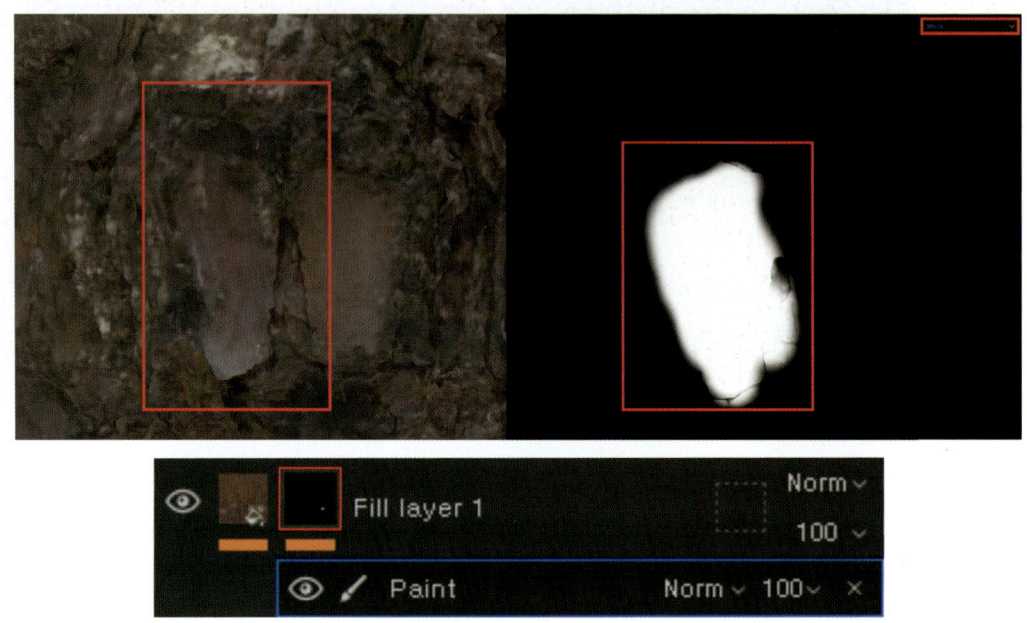

조심해야 할 사항이 하나 있는데 LAYERS 탭에서 선택이 된 Layer나 마스크에는 파란색 테두리가 됩니다. 또한 필터나 레벨도 마찬가지입니다. 그래서 영역을 지정할 때는 반드시 Paint를 클릭한 상태로 해야 합니다. Black Layer를 클릭하고 영역 지정이 불가능한 것은 아니지만 수정이 용이하지 못하기 때문에 Layer를 추가하는 것이니 이 부분은 인지하시길 바랍니다.

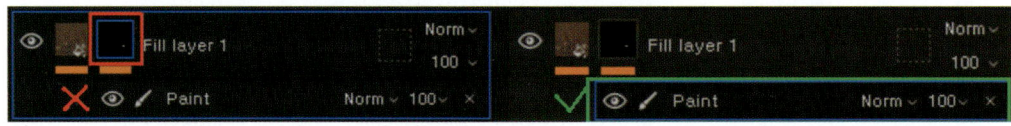

레벨 추가만으로는 색상이 조금 아쉬워서 HSL Perceptive 필터로 수정을 한 번 더 해보겠습니다.

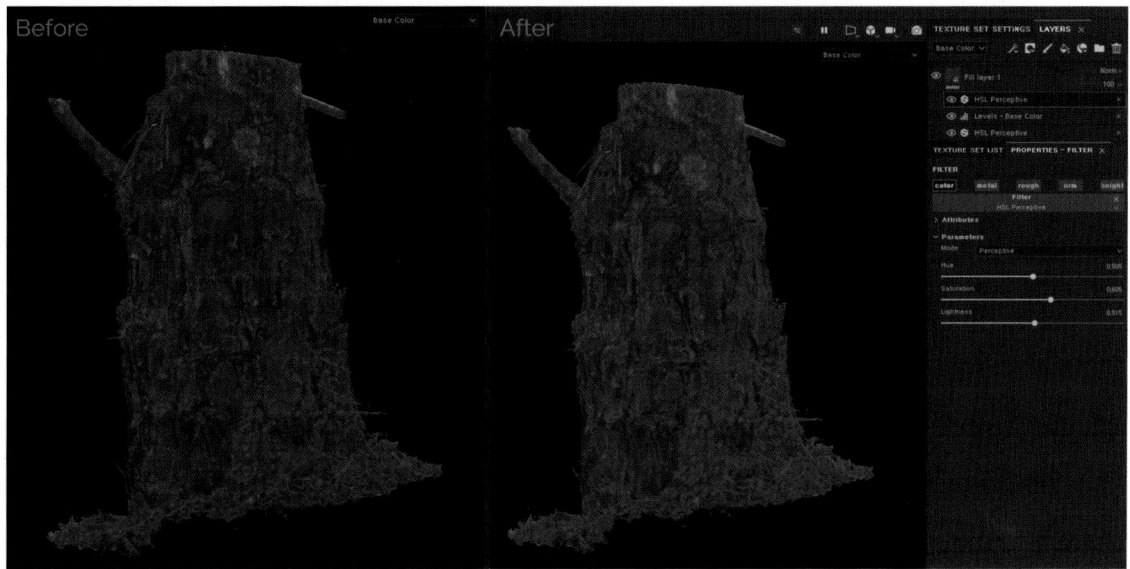

이렇게 수정을 해 봤습니다.

색의 기준은 개인마다 다르기 때문에 정답이라고 할 수 없으니 예시라고 생각해 주시기 바랍니다. 완벽하게 수정하기엔 거의 불가능이라고 생각합니다. 물체를 수정하는 단계에서는 육안으로 볼 수 없고 완벽한 결과물까지 진행하기에는 시간이 많이 소요될 것입니다. 그러나 이런 과정을 하는 이유는 최초 제작할 때보다 더 좋은 퀄리티를 내고 어느 환경에서든 사용할 수 있도록 하기 위해서입니다. 그렇기 때문에 처음 제작하기 전에 목적을 분명히 하고 제작한다면 시간이 더욱 단축될 것입니다.

이제 추가 퀄리티업을 진행해보겠습니다.
지금까지의 결과물만 보면 Albdeo Texture는 있으나 Roughness Texture는 없고 최초 추출한 Normal Texture는 있어도 좋지 못한 퀄리티입니다. 추가 디테일을 Roughness Texture와 Normal Texture에 넣어보겠습니다.

아까 사용했던 Alchemist를 다시 켜봅니다.

우선 우측 상단의 2D를 클릭합니다.

2D view로 전환되고 나서 Image to Material(AI Powered)를 클릭합니다. 그럼 조절할 수 있는 메뉴가 나옵니다. 여기까진 아까와 동일합니다. 여러 채널이 있지만 그 중 Normal Texture와 Roughness Texture를 확인해 보겠습니다.

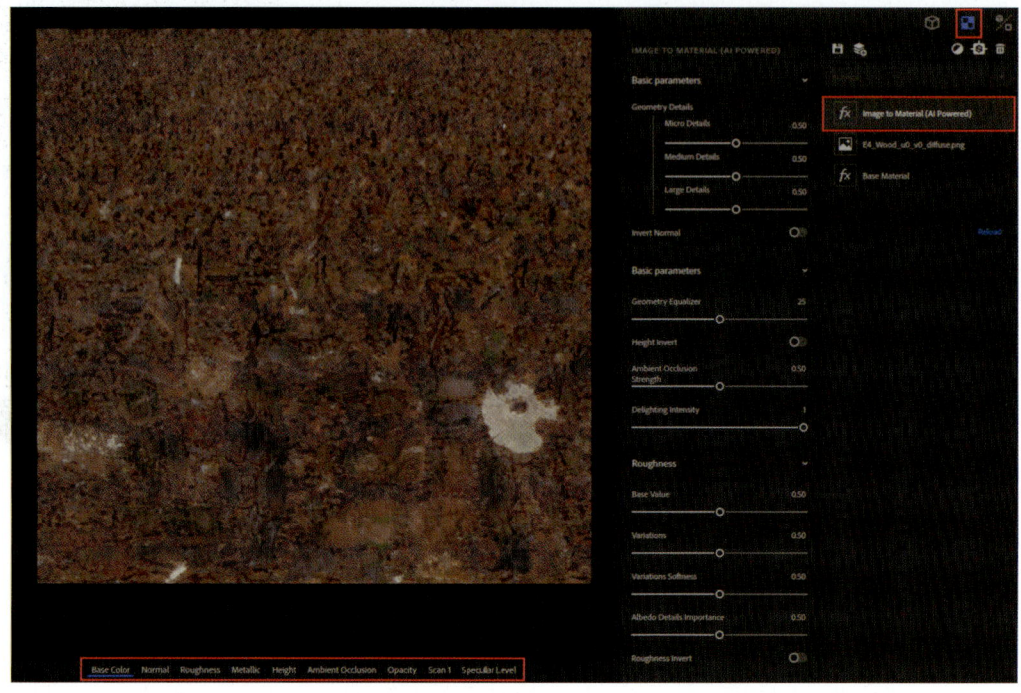

좌측이 Normal Texture, 우측이 Roughness Texture입니다. Normal Texture는 X, Y, Z축을 수치화하여 각각 R, G, B로 옮겨 놓은 이미지입니다. Roughness Texture는 1이 흰색, 0이 검정색 기준에서 반사도를 0~1 사이의 수치로 표현한 Texture입니다. 그래서 반사가 낮을수록 흰색에 가깝고, 반사가 강할수록 검정에 가까운 Texture입니다.

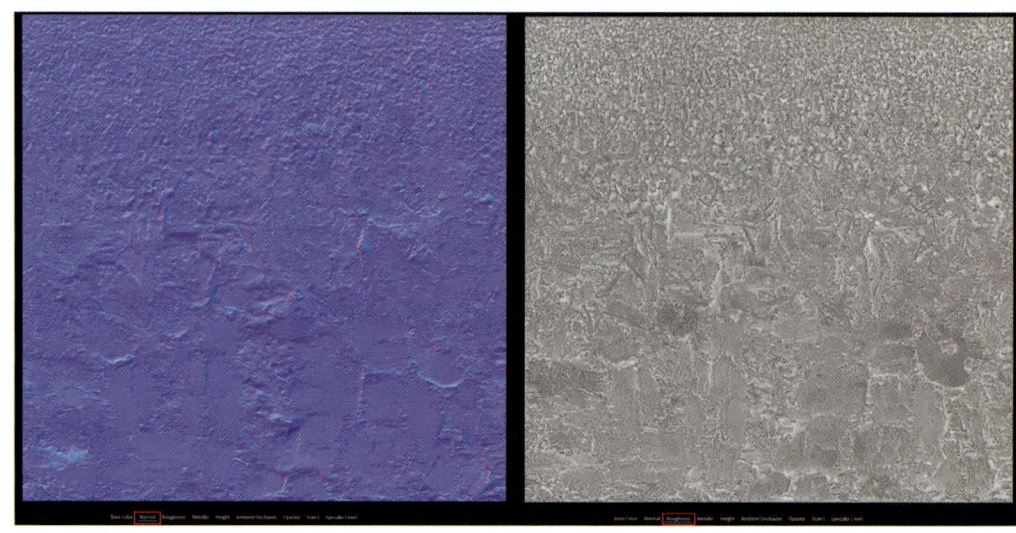

Alchemist를 적극적으로 사용하게 된 부분이 이 부분입니다. 기존에는 Substance Designer를 이용하여 Diffuse를 Normal, Roughness Texture로 변환해서 사용했었습니다. 그러기 위해서는 해당 프로그램에 대한 이해가 필요했습니다. 반면 Alchemist를 사용하면 앞선 프로그램보다는 퀄리티가 떨어질 수 있지만 간편하게 텍스쳐를 변환할 수 있습니다. 거의 원클릭으로 제작되어서 3D 프로그램에 대한 숙련도가 낮더라도 사용하기 좋은 프로그램이라고 생각합니다. Designer가 다른 프로그램에 비해 높은 숙련도를 요구하고 사용할 수 있을 정도라 해도 Alchemist에 비해 시간 대비 효율 자체는 떨어집니다. 그래서 간편하게 Texture를 변환해볼 때는 Alchemist를 추천합니다.

물론 Designer는 더 섬세한 조절이 가능하고 절차적 방식으로 인한 결과물의 용이한 수정 등의 강점이 명확한 프로그램입니다. 앞서 Albedo Texture를 추출할 때처럼 이미지에서 우클릭하여 Roughness와 Normal Texture를 추출해줍니다.

Substance Painter로 돌아와서 SHELF 탭에서 표시된 Import resources를 클릭합니다.

Texture 버튼을 클릭해서 Texture로 선택하고 Import your resources to를 클릭하면 3가지 메뉴가 나옵니다. 보통은 project로 해서 이 프로젝트 안에서만 넣어서 사용하고 다른 프로젝트에서도 사용할 것 같으면 shelf로 선택하는 것도 좋습니다. 이번엔 project – 로 선택 후 넣겠습니다.

- **Current session** : 현재 프로그램을 켠 상태의 세션용으로만 추가합니다. 해당 리소스는 다음 번에 손실됩니다.
- **Project –** : 현재 프로젝트에 넣습니다.
- **Shelf** : 이 프로그램의 SHELF에 넣습니다.

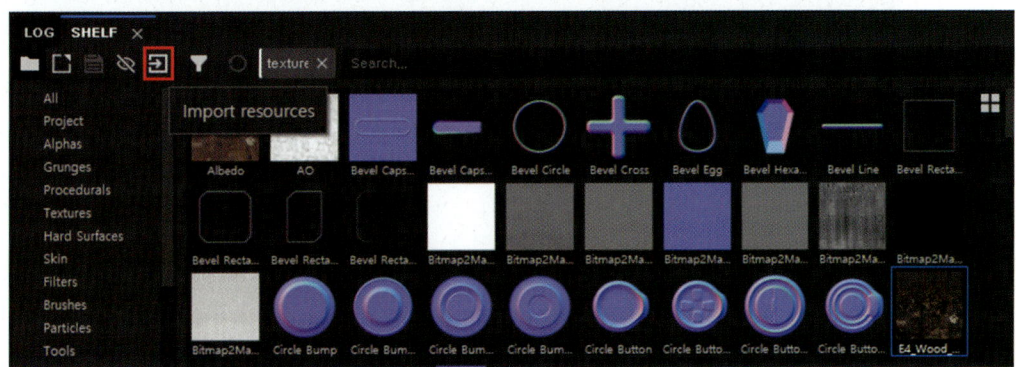

추가한 이미지들은 기존 Layer를 선택하여 각각 rough, nrm채널을 켜준 뒤 그 안에 드래그해줍니다. 그렇게 하면 차이가 생기는데, Normal Texture를 추가함으로써 세부적인 디테일이 좀 더 추가되었고 Roughness는 좀 반짝이는 상태가 됩니다. 이 부분은 Level을 추가해서 수정해보겠습니다.

Roughness는 어떤 기준으로 수정을 하는 게 좋을까요?
보통은 원본 이미지를 보면서 수정합니다. Alchemist에서 가져온 Roughness Texture는 기존 텍스쳐만으로는 반짝임에 대한 조절이 어렵습니다. 이런 조절은 Level을 통해서 할 수 있습니다.

원본 이미지 3장 정도를 추려왔습니다. 이미지를 보면 마치 물이 묻은 것처럼 반짝이는 부분이 없습니다. 그러므로 Level을 통해 일괄적인 수정을 해 보겠습니다.

Level 추가 자체는 기존과 같은데 Affected channel을 Roughness로 바꿔야만 Roughness를 조절할 수 있습니다. 조절해 보면 반짝임에 어떤 변화가 있는지 알 수 있을 것입니다. 우선 반사를 기존보다 조금 더 줄여줬습니다.

Normal Texture는 디테일이 추가가 되긴 했지만 조금 더 선명했으면 좋을 것 같아서 좀 더 강하게 표현해 주겠습니다. Roughness처럼 Level로 조절하면 이상하게 변하므로 주의해야 합니다.

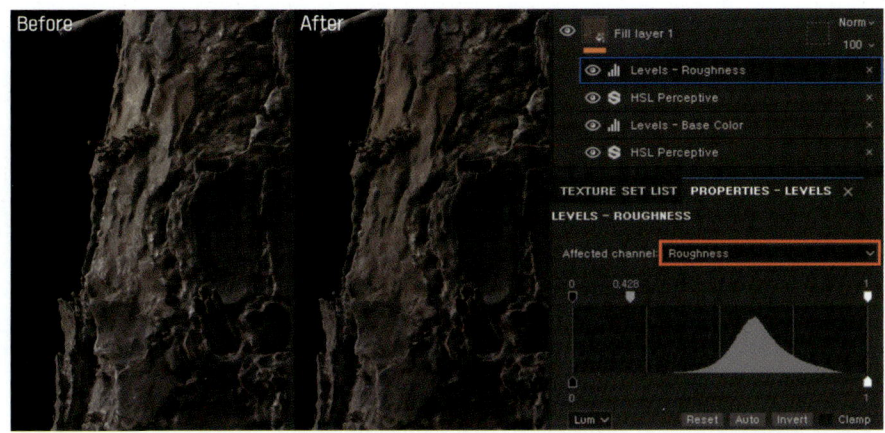

아래 이미지를 보면 알 수 있듯이 Texture가 이상하게 변하는데 이유는 뭘까요?

바로 Normal Texture의 특징 때문입니다. Normal Texture는 방향을 수치화하여 이미지화한 것이라고 설명했습니다. Level을 수정하면 수치가 변하면서 바라보는 방향이 바뀌는 것입니다.

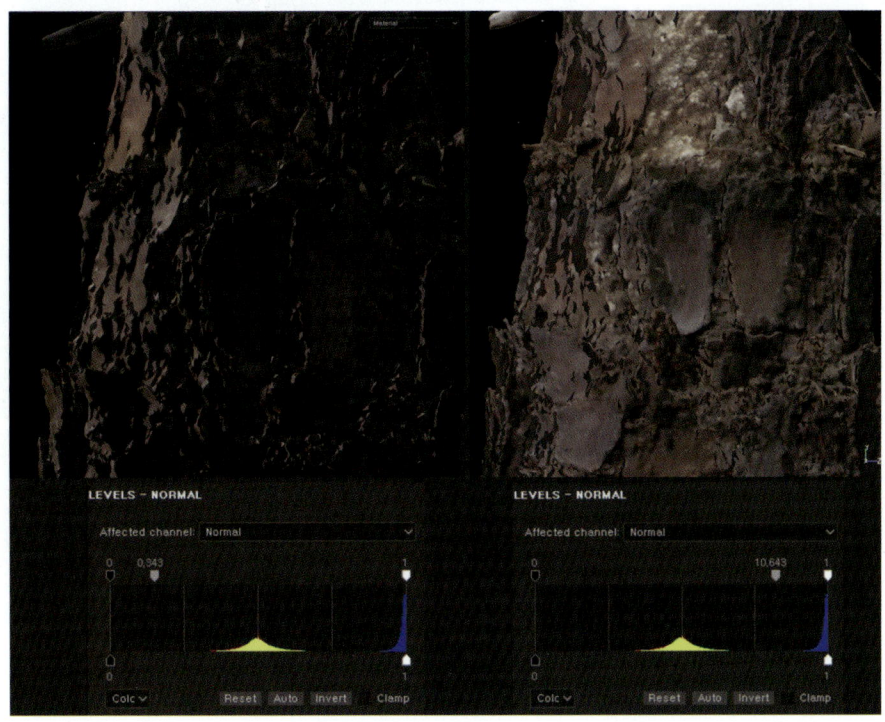

그래서 Normal은 이렇게 하지 말고 Layer를 하나 복사하고 Normal 채널만 켜놓습니다.

아래 이미지에서 좌측은 기본, 가운데는 Nomal만 있는 Layer 1개, 우측은 Normal만 있는 Layer 3개를 복사한 상태입니다. 3개까지는 과하지만 1개 정도는 꽤 괜찮은 모습을 보입니다. 우선 1개만 해놓겠습니다. 추가적으로 Normal을 추가하고 싶다면 직접 마스크 영역을 그리거나, 영역을 지정하여 표현할 수도 있습니다.

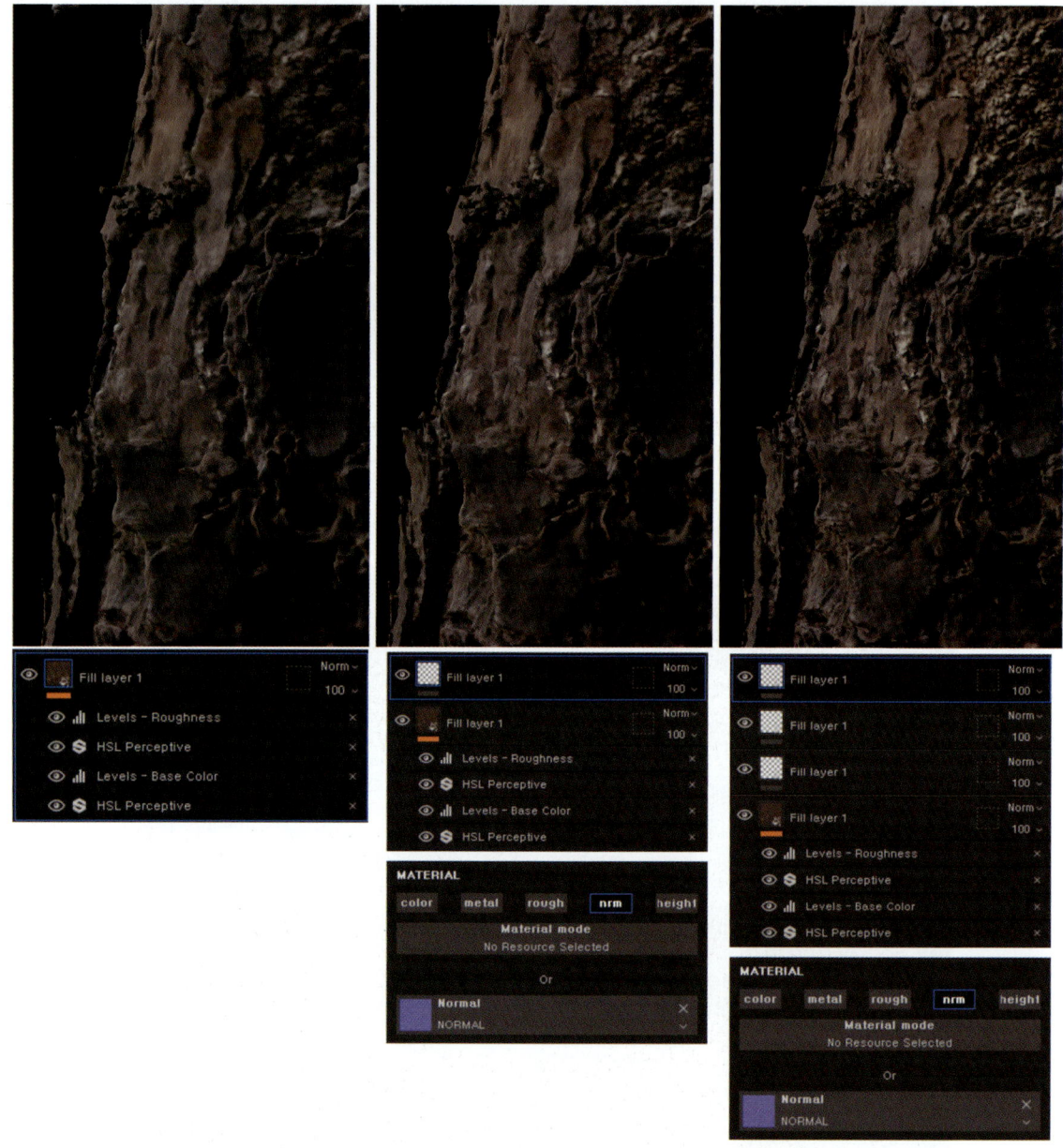

빨간 박스로 표시된 Add Fill layer를 클릭하여 모든 채널을 끄고 height를 켜서 튀어나오게 하기 위해 수치를 조금 높였습니다. 그리고 Black mask를 추가하고 Add Paint를 했습니다. 이 상태에서 Paint를 클릭하고 표면에 그어봅니다.

아래 이미지처럼 그은 부분에 마스크가 생기면서 튀어나오는 것처럼 보이는데 추출하면 Normal Texture에 적용된 상태로 나옵니다.

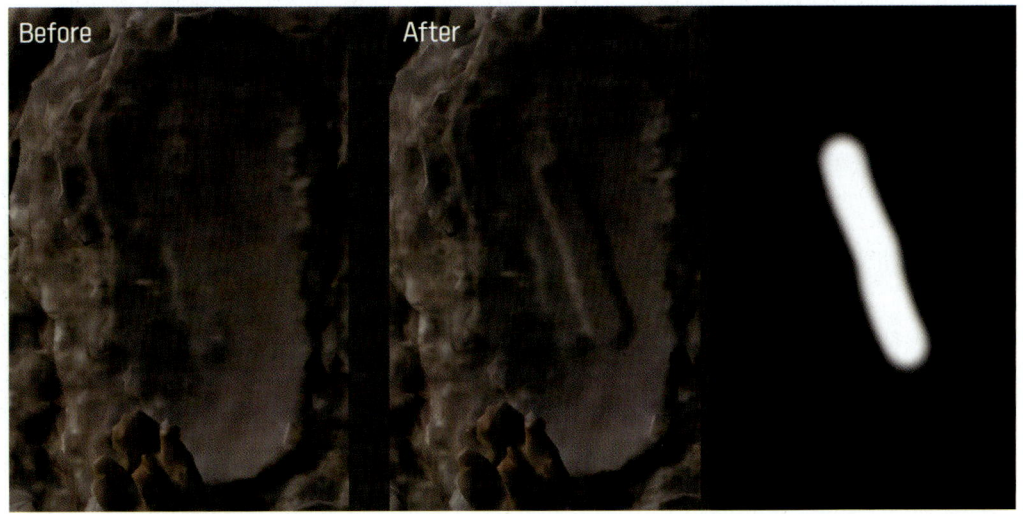

직접 그어가면서 영역을 지정하게 되면 어색할 수 있으니 Black mask 우클릭 〉 Add filter에 Blur를 넣어주면 비교적 자연스러운 표현을 넣어줄 수 있습니다.

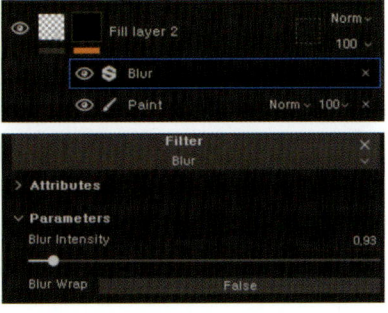

직접 그려가면서 모든 부분에 디테일을 추가하는 것은 비효율적일 수 있으나 부분적으로는 효과적인 방법이 될 수 있습니다.

우측 이미지는 예시로 찍어본 부분입니다. 이러한 방식으로 Texture를 이용해서 찍어주거나 통째로 디테일을 추가해줄 수 있습니다.

Normal Layer를 하나 복사함으로써 디테일이 추가되었습니다.
결과물을 추출하여 원본과 어떤 차이가 있는지 확인해보겠습니다. [Ctrl+E]를 누르면 Export textures라는 메뉴가 나옵니다. 하나씩 확인해보겠습니다.

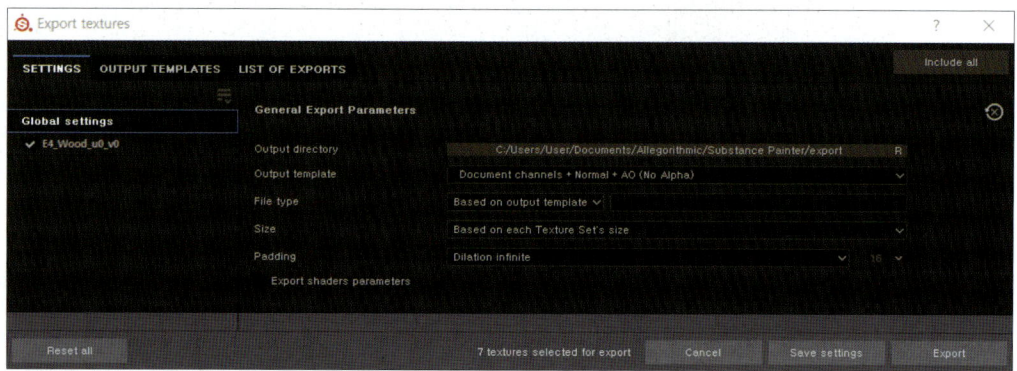

- **Output directory** : 저장할 위치를 설정합니다. 클릭하면 지정이 가능합니다.
- **Output template** : 저장할 때 어떤 채널을 어떻게 저장할지 정할 수 있습니다. 상단의 OUTPUT TEMPLATES에서 원하는 대로 설정도 가능한데 별다른 의도가 없다면 기본 설정으로 저장합니다.
- **File type** : 확장자를 지정할 수 있습니다. 간단한 작업이라면 png, jpg도 좋고 퀄리티를 더 내고 싶다면 targa로 선택합니다.
- **Size** : 저장하는 이미지 사이즈입니다. 최초 시작할 때 설정했던 사이즈는 화면에 보여주는 해상도 크기였고, 여기서 설정하는 부분은 저장하는 이미지의 사이즈라서 최초 설정보다 더 큰 이미지로 저장 가능합니다.
- **Padding** : 메쉬의 UV에 딱 맞게 이미지를 그려주는데 그렇게 하면 사용하는 이미지의 해상도가 낮을 때 바깥 영역의 색이 침범하는 경우가 생기곤 하는데 이것을 방지하고자 UV보다 좀 더 큰 영역을 칠해주는 기능입니다. 최적화가 크게 중요하지 않은 작업이라면 기본 옵션으로 해줍니다.

예제 속 나무 밑동은 너무 잘게 잘려있어서 다른 예제를 이용하여 옵션 별로 추출해 보았으니 본인이 원하는 대로 추출하면 됩니다.

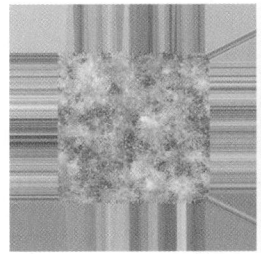
01_Dilation infinite

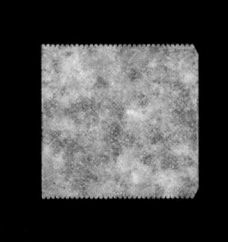
02_Dilation + transparent

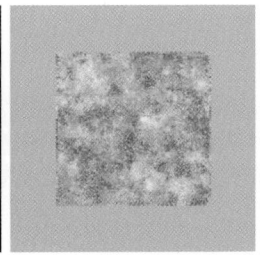
03_Dilation + defaultbackgroundcolor

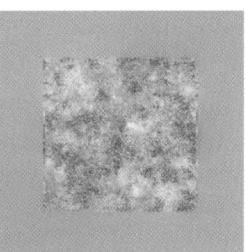
04_Dilation + diffusion

추출한 이미지를 확인해 보겠습니다.
잘게 잘려 있지만 확연한 차이를 확인할 수 있습니다. 최초 Diffuse Texture에서는 그림자가 선명했는데 많이 지워졌습니다.

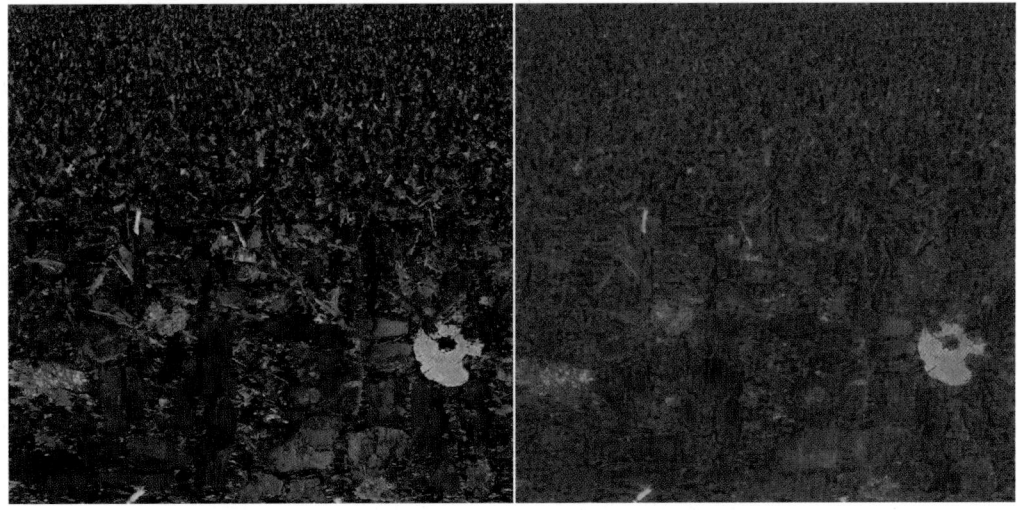

Before　　　　　　　　　　　　　　After

Normal Texture는 더 큰 차이를 확인할 수 있습니다. Reality Capture로 최초 추출한 Normal Texture는 메쉬의 수가 많아서 사용하기에는 적합하지 않은 퀄리티입니다. 그래서 Alchemist를 이용하여 디테일을 살짝 추가해주었더니 UV가 잘게 잘려 있음에도 디테일이 추가된 Texture를 확인할 수 있게 되었습니다.

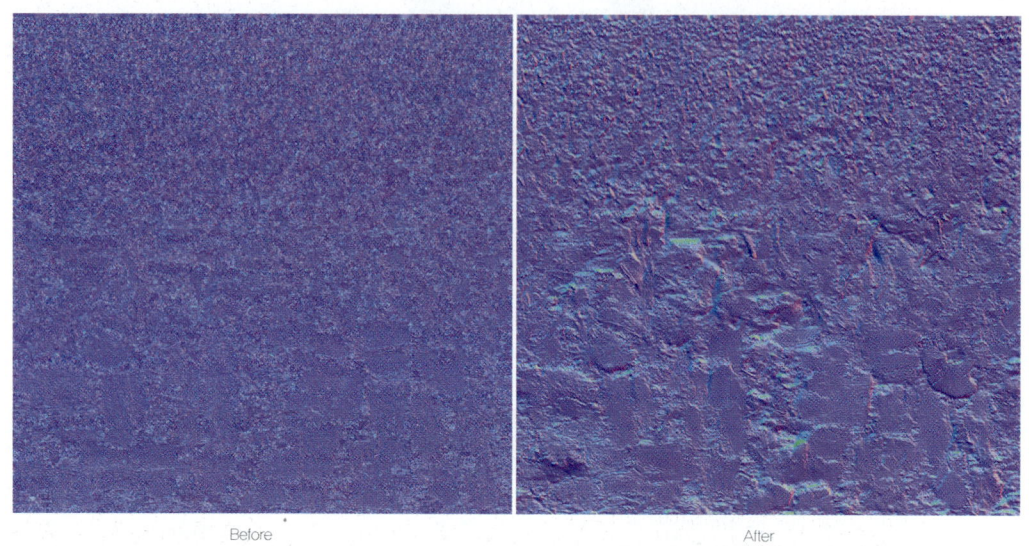

Before　　　　　　　　　　　　　　　　After

이렇게 Texture나 머티리얼 등을 추가하면 더 좋은 디테일을 살려줄 수 있을 것입니다. Substance Painter로 Texture에 디테일을 추가하는 방법은 여기서 소개한 것보다 훨씬 많습니다. 기능적인 부분을 활용하면 더욱 다양한 디테일을 추가할 수 있을 것입니다.

후처리 예제에서 진행하지 못한 다른 예제들의 작업들은 별도로 후처리를 진행하여 후처리 폴더에 넣었습니다. 함께 첨부된 메모장에 후처리 작업 내역을 기록해두었으니 참고해 보시기 바랍니다.

06 바위 수정하기 (결과물을 영상으로 추출하기)

Reality Capture에는 영상으로 만들어 줄 수 있는데 이 기능을 소개해 보겠습니다.
사실 3D 프로그램에서 결과물을 영상으로 만들려면 은근히 번거로운 과정을 거쳐야 하는데 Reality Capture에서는 손쉽게 처리할 수 있습니다.

예제 중 바위를 사용해서 확인해보겠습니다.
WORKFLOW 탭에서 3. Output > Create Video를 클릭합니다.

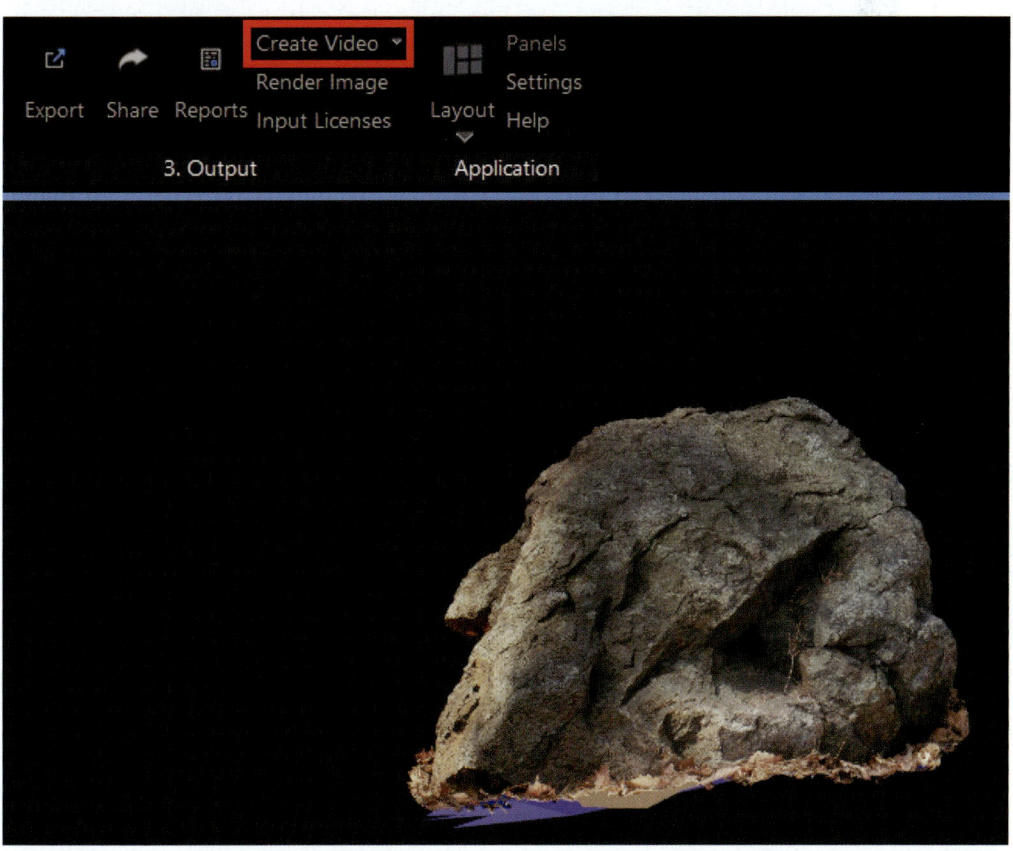

비디오 관련 UI가 하나 열리게 됩니다. 빨간색 아이콘, Add a key-frame을 누르면 키 프레임이 추가되면서 지금 현재 장면이 저장됩니다.

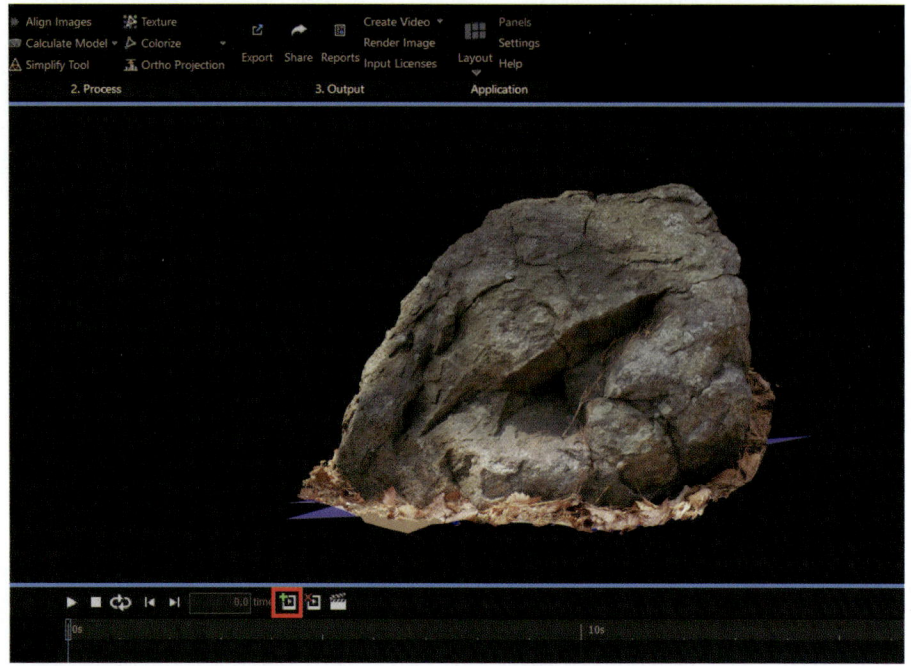

원하는 화면으로 화면을 회전 / 이동을 시키고 빨간 표시의 바를 원하는 시간대로 옮기고 다시 Add a key-frame를 클릭하면 키 프레임이 추가됩니다. 이런 방식으로 확대, 회전, 이동 등을 하면서 카메라의 움직임을 추가해줍니다.

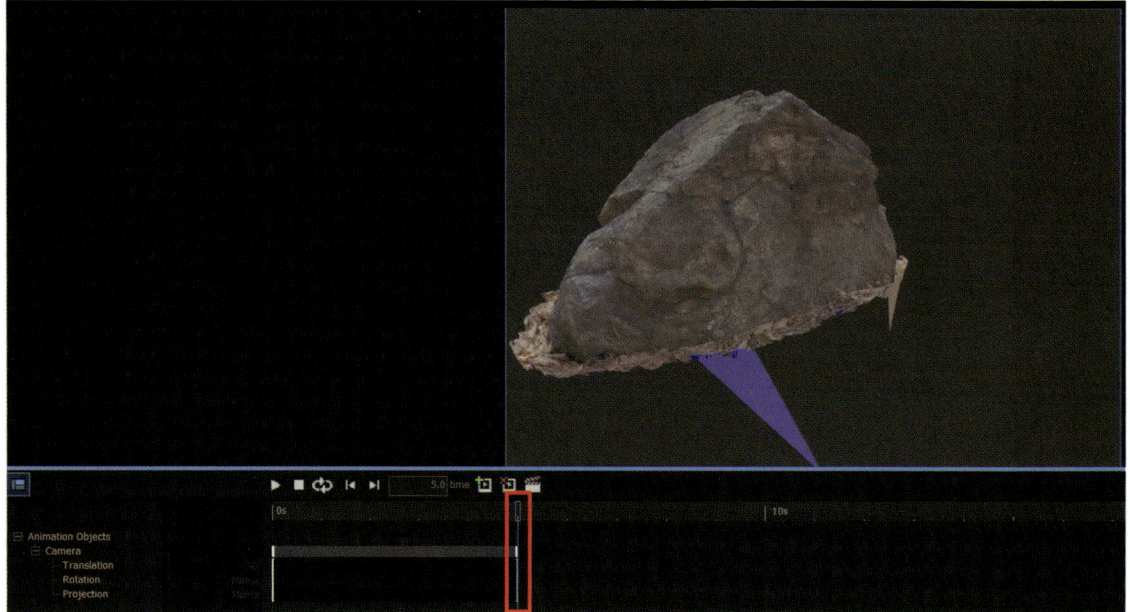

임의대로 추가해 보았습니다. 자세히 보면 카메라 아이콘이 있는데 추가한 키 프레임을 따라 생성된 것입니다. 또한 하단의 재생 버튼을 눌러보면 카메라가 움직이면서 결과물을 미리 보여줍니다. 모든 설정이 끝났다면 초록색으로 표시된 Render Video 버튼을 클릭합니다.

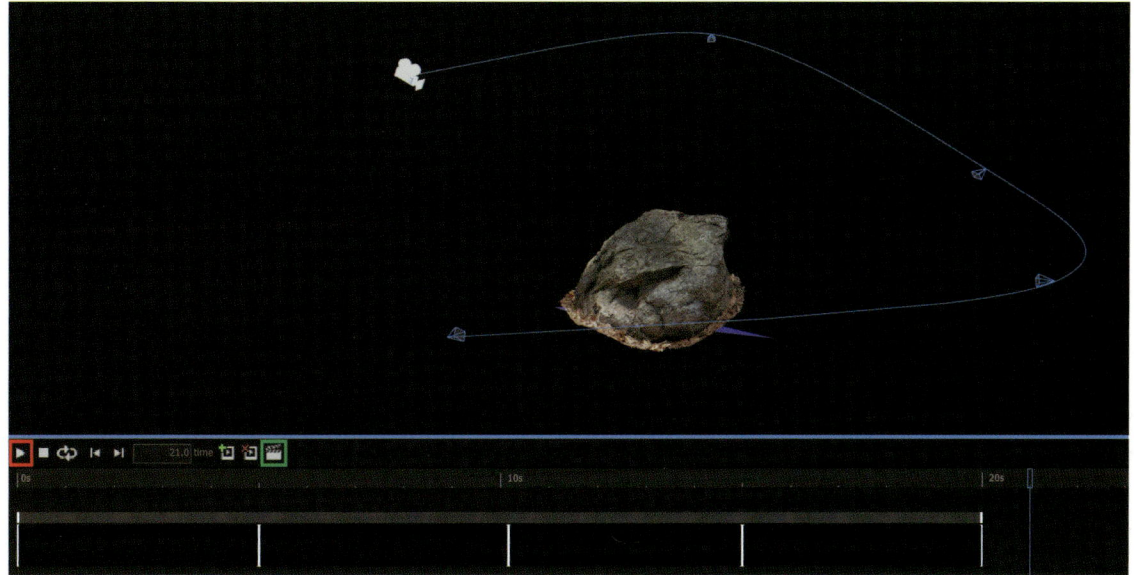

아래와 같이 추출 옵션이 나옵니다. 개인적으로는 Type 및 Resolution과 Number of frames between images, Background color 옵션을 주로 설정합니다. Type에는 총 4가지 옵션이 있는데 Vertex Color, Texture, Shaded가 있고 다른 하나는 위 3가지를 전부 보여주는 옵션입니다.

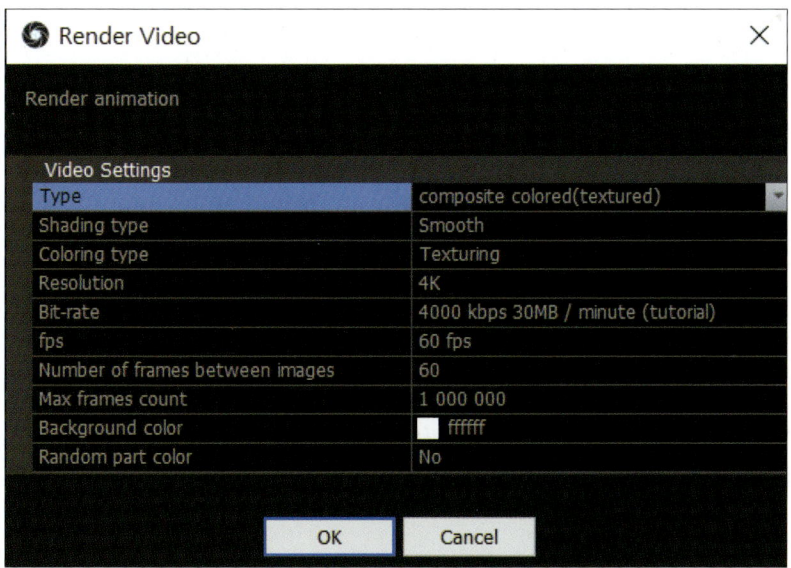

원본 이미지는 어떤 옵션이든 추가되어서 보여지고 각각 이미지를 보며 옵션을 선택하면 됩니다. 특별한 경우가 아니고서는 Texture로 하는데 3가지를 전부 보여주는 것도 재밌는 것 같습니다.

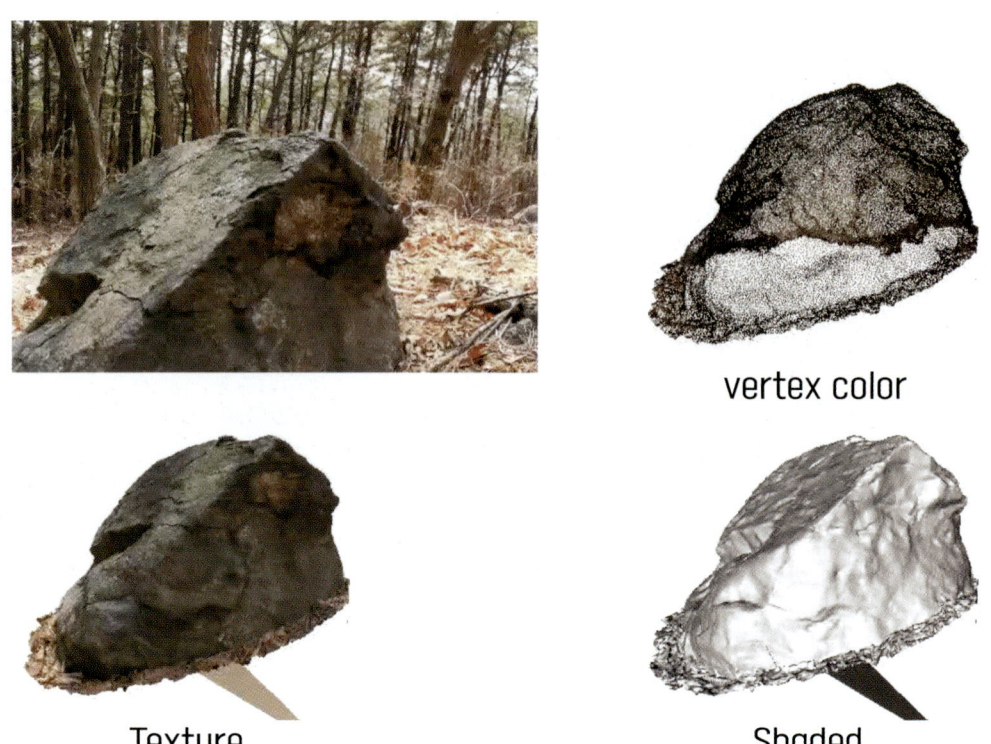

Resolution은 해상도라서 최대한 높은 화질로 선택했습니다.
Number of frames between images는 높을수록 부드러운 영상을 제작하기에 가장 높은 60fps를 선택했습니다.
Background color는 영상의 배경색을 고르는 옵션인데 다양하진 않아서 흰색으로 사용합니다.

이제 OK를 클릭하면 원하는 경로를 정하고 추출할 수 있습니다.
아무래도 영상툴이 아니다 보니 MP4만 지원해줍니다.

영상파일로 추출하면 메쉬와 함께 카메라의 위치에 따라 사용된 이미지도 같이 보여줘서 다른 사람에게 보여주기도 좋고 본인 스스로에게도 공부가 될 것입니다. 이 부분은 이렇게 적용되었구나 하면서 부족한 촬영이 있었다면 다음번에 보강하면 될 것이고 잘된 부분이 있었다면 확신을 갖게 해 주는 계기가 될 것입니다. 영상 추출 기능은 별도의 비용이 들지 않기 때문에 더욱 추천하는 기능입니다.

PHOTO SCAN GUIDE

PART 1

실패와 가능성을
확인한 사례

01 실패 사례들

지금까지의 예제를 보면 아쉬운 부분도 있지만 모두 결과물을 만들어낸 작업이었습니다. 하지만 처음부터 이렇게 성공적인 결과물을 만들진 못했습니다. 지금까지 포토스캔을 해오면서 절반 이상은 실패였습니다. 처음에는 아무것도 모르고 시작했기 때문에 어쩔 수 없었지만, 실패할 때마다 실패 자체가 새로웠기에 오히려 오기가 생겼던 것 같습니다. 개인 블로그에도 간단히 기록되어 있지만 여기서는 조금 더 자세하게 설명해보겠습니다.

실패 사례라고 했지만, 연구를 한 것도 있고 가능성만 본 작업도 있으니 참고해 주시기 바랍니다.

1 실패 사례 - 시소

첫 번째는 시소입니다.
포토스캔을 시작하고 야외의 사물을 촬영하기 시작한지 얼마되지 않았을 때입니다. 102장의 사진을 촬영했는데 위에서 본 이미지만 보면 그럴 듯하게 보이지만 아래쪽에서 본 이미지를 보면 다를 것입니다.

그렇습니다. 아래쪽 부분을 보면 처참합니다. 이때가 두 번째 야외 촬영을 했었는데 아래에서 보는 것을 생각을 못하고 촬영을 했었습니다. 또한 공원에 배치되어 있던 사물이었고, 사진 촬영에 부끄러움을 느낄 때라서 더욱 신경을 쓰지 못했던 작업이었습니다.

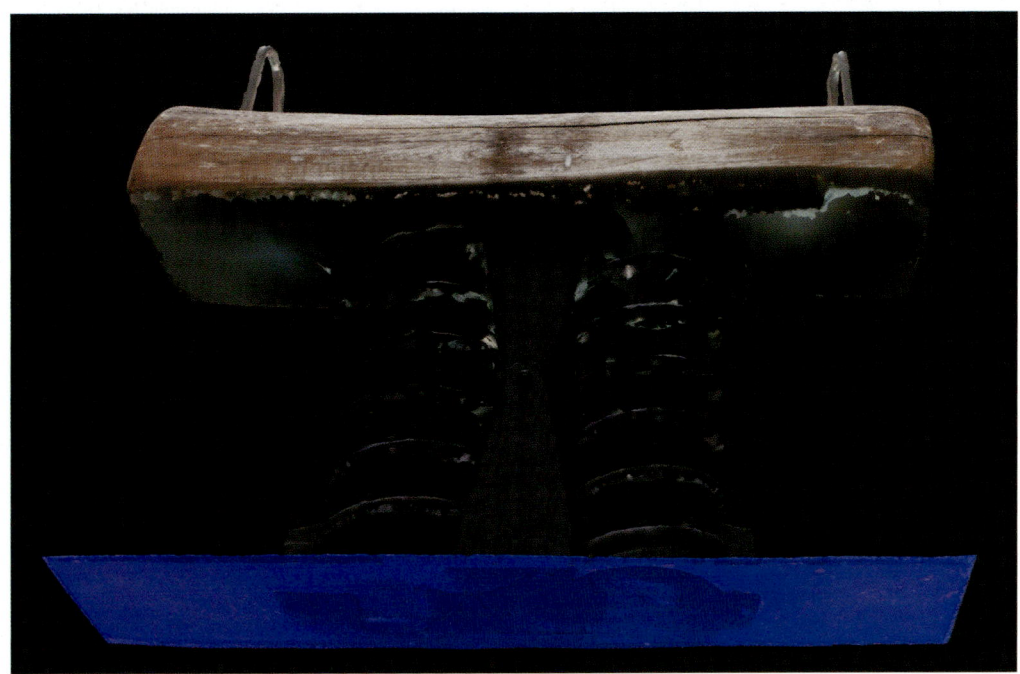

처음 하이폴 메쉬를 제작했을 때 폴리곤이 큰 부분은 망가져 있다는 것을 모르던 때여서 아랫 부분을 차마 보지 못하고 위에서의 결과물만 생각했는데, 결과는 처참했습니다.

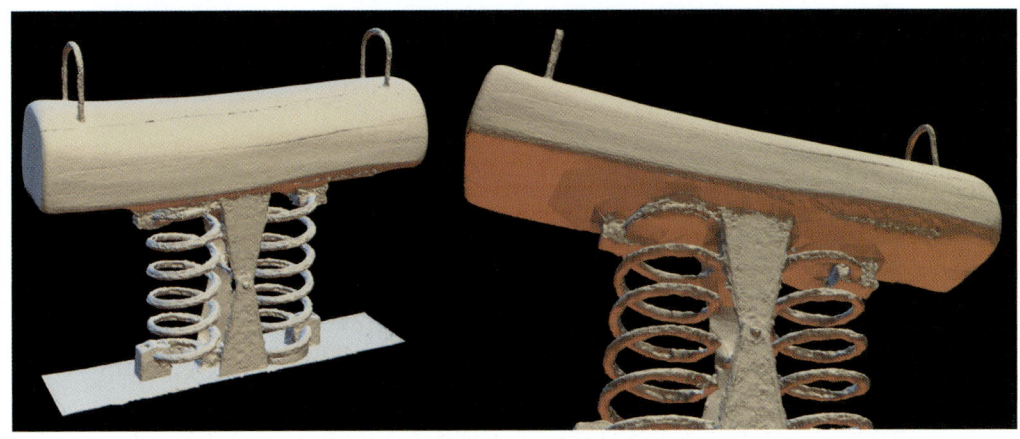

2 실패 사례 – 소주병

두 번째는 반사가 강한 소주병입니다.
이때는 반사도 높은 물체에 대해 실험적인 마인드가 있었습니다. 이렇게 하면 될까? 하는 생각에 무작정 진행해 봤던 첫 번째 실패입니다. 그래도 나름 잘 나온 편이지만 아쉬워서 수리하여 도전했습니다.

바로 반사를 제거해 주는 것입니다.
무광 스프레이를 뿌려서 표면에 반사가 잘 생기지 않도록 한 후 촬영을 했었습니다.

무광 스프레이를 뿌리지 않은 것보다 괜찮게 나왔지만, 표면이 너무 거칠게 나와서 로폴메쉬를 새로 제작해야 했습니다. 반사가 강한 물체는 이렇게 물체를 훼손시키면 가능하다는 것을 배웠는데 이때는 색 정보가 단순하면 결과물이 잘 나온다는 것을 모르고 무광 스프레이만 뿌렸었습니다. 스티커 같은 것을 붙였으면 더 좋은 결과물로 제작될 수 있었을 텐데 하는 아쉬움이 남는 결과물입니다. 그래도 배운 것은 반사가 강한 물체는 가급적 피하는 것이 좋다는 것을 배웠습니다.

3 실패 사례 – 바나나

세 번째는 바나나입니다. 이 작업을 할 때 한창 크로마키를 테스트하고 있었습니다.

배경을 전부 지우고 물체만 남겨보고 싶었었는데 크로마키도 실패하고 바닥 판의 반사도 제거할 생각을 못 했었습니다.

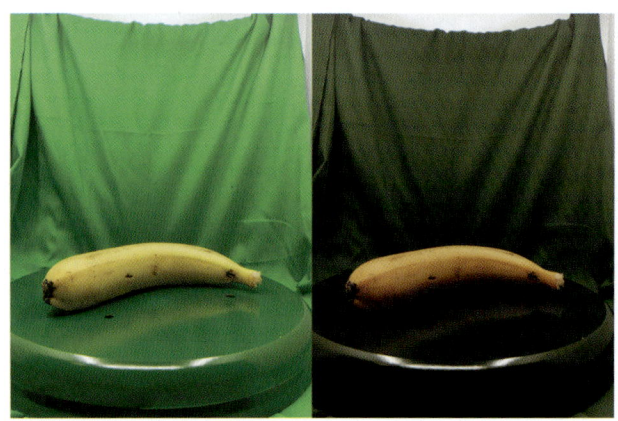

또한 사진마다 톤도 상당히 차이 나서 좋지 않은 결과물을 만들어졌었습니다. 지금 봐도 정말 낯 뜨거워지는 실수들입니다. 이런 실수들이 모여서 저런 처참한 결과물을 만들었었습니다.

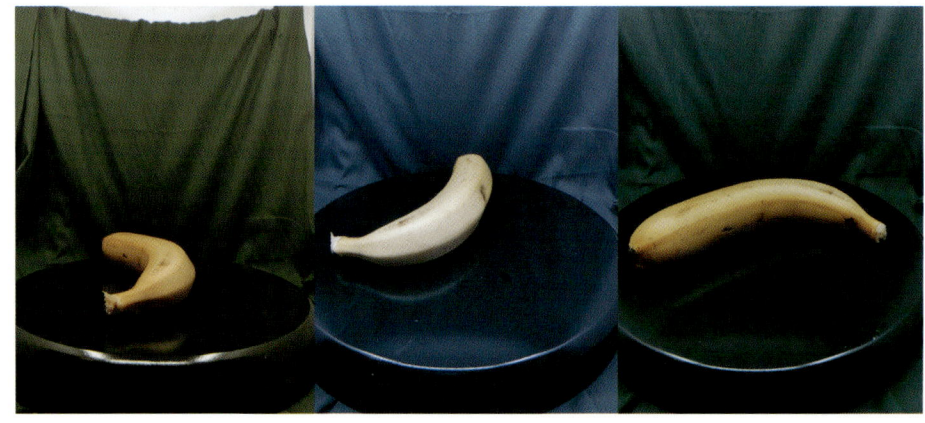

4 실패 사례 – 벤치

네 번째는 벤치입니다. 벤치는 사실 실패를 예상 못했었는데 결과물 자체가 아예 망가져서 나왔습니다.

이유를 추측해 보면서 사진을 보는 데 우선 메탈 부분의 반사가 나무 부분과 차이가 컸습니다. 나무 부분만 믿고 열심히 찍었는데 생각보다 반사가 강했던 것 같습니다.

또한 하단 부분을 촬영하기 위해 아래에서 위를 바라보며 촬영했는데 이것도 큰 문제가 된 것 같습니다. 빛이 강하던 시간대를 생각하지 못했기에 빛의 세기가 강하게 묻어나도록 촬영되었습니다.

또한 상단 부분을 보면 햇빛이 강한 탓인지 사진 3장의 톤이 전부 다릅니다. 빛의 침범 탓에 ISO를 하나로만 해 놓고 찍어서 강한 톤이 되어버린 것 같습니다.

그리고 가장 최악의 실수입니다.
바로 초점이 고정되지 않은 흐린 사진들입니다. 사실 야외 촬영할 때 혼자서 촬영하면 조금 부끄러울 때가 있는데 이 부분을 이겨내지 못했던 것 같습니다.

5 실패 사례 - 추출 과정

마지막은 조금 다른 종류의 실패입니다.
손에 꼽을 정도로 겪었던 실패인데 정말 간혹 가다가 Export가 안 되는 경우가 있습니다. 다음과 같은 메시지가 반복되면 프로그램의 문제인 경우가 있습니다. 이러한 메시지가 반복되었을 때 고객센터로 메일을 보냈더니 '미안하다. 그때는 안 됐지만, 오늘은 될 것이다.' 정도의 답변을 받고 테스트해 보니 잘 되었던 경우가 있었습니다. 무언가 문제가 생기면 고객센터에 문의해 보는 것도 좋은 방법입니다.

02 가능성을 확인한 사례들

1 가능성을 확인한 사례 – 꽃게

이것을 보곤 '무슨 짓일까' 하는 생각이 들었다면 뿌듯할 것 같습니다. 지금 생각해도 무턱대고 진행했던 실패인데, 당시 꽃게를 스캔하고 싶어서 촬영을 시도했었습니다. 급하게 수조를 구매했는데 사이즈 고려를 제대로 하지 못했더니 충분치 못한 공간에 담겨버렸습니다. 그래서 버리고 검은 배경에서 재촬영을 하였습니다. 그래도 가능성을 확인했던 부분은 물체가 물속에 들어가게 되면 반사가 많이 약해진다는 것입니다.

예시로 물속에 들어간 사람의 눈동자에는 하이라이트가 맺히지 않는 것처럼 이 꽃게도 표면에는 반사가 강한데 그 반사가 거의 없어졌습니다. 수조가 조금 더 컸더라면 테스트를 더 해볼 수 있었을 텐데 하는 아쉬움이 남는 작업이었습니다.

수조는 포기하고 검은 배경에 실에 매달고 찍었습니다. 그럴듯한 결과물이지만 큰 집게 부분을 보면 뜯어진 것처럼 메쉬가 깨져 있는데 저 부분의 반사가 강해서 나온 결과인 것 같습니다.

2 가능성을 확인한 사례 - 홍화문

두 번째는 창경궁의 정문인 홍화문입니다.

우연히 창경궁을 지나갈 일이 있어서 갔다가 간단히 40장 정도만 촬영했는데 생각보다 결과물이 잘 만들어져서 놀랐었습니다. 물론, 디테일을 살리고자 한다면 제대로 촬영했어야 했겠지만 생각보다 결과물이 너무 괜찮았고, 적은 촬영 장수로도 괜찮은 경우가 있겠다는 자신감도 들었던 결과물입니다.

스마트폰으로 찍은 40장이 이러한 결과물을 만들어 주었으니 놀라웠습니다. 색상 값을 기반으로 계산해서인지 비교적 결과물이 잘 나온 것 같습니다.

3 가능성을 확인한 사례 - 벚꽃

세 번째는 벚꽃입니다.

꽃 제작하는 예제에서는 조립하는 방식만 소개시켜드린 이유가 여기 있습니다. 기존 방식대로 제작했을 때 최대한 잘 나온 결과가 아래 이미지였습니다.

기존 방식에서는 일정한 빛으로 그림자를 없애 주는 방식으로 촬영하였는데, 꽃은 두께가 얇아서 오히려 그 부분이 방해되었습니다. 꽤 괜찮은 결과물에도 예제로 추가를 하지 않은 것은 완성이라고 말할 만한 퀄리티는 아니었기 때문입니다.

전체적인 부분을 봤을 때는 큰 이상이 없는 것처럼 보일 수 있겠지만 확대해 보면 결과가 처참합니다. 물론, 사람에 따라 이 정도도 괜찮다고 평가할 수 있지만 확실한 형태가 나오지 않아서 개인적으로는 만족하지 못했었던 것 같습니다.

식물이 이래서 참 어려운 부분인 것 같습니다. 해당 꽃 작업을 할 때는 촬영할 때마다 플래시를 켜놓고 촬영했었습니다. 기존과 다른 환경과 방법이었기에 지금과 같은 결과물을 얻을 수 있었다고 생각합니다.

제가 튜토리얼에서 제시했던 작업환경은 절대적이지 않기 때문에 결과물에 만족하지 못한다면 환경을 변경해보는 것도 좋은 시도가 될 수도 있습니다.

PHOTO SCAN GUIDE

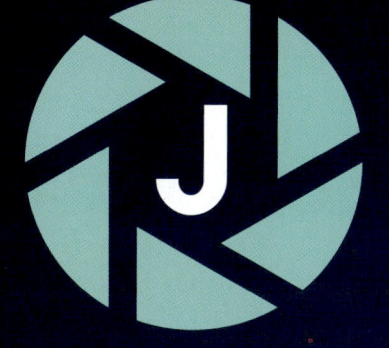

제작 관련 정보 및 그 후

리얼리티 캡처를 이용한 포토스캔 시작하기

1 드론 촬영을 위한 준비물

앞서 드론 촬영 예제에서는 방법을 다뤘었는데 여기서는 드론 촬영 준비에 대해 알아볼 것입니다. 드론을 구매하는 것도 좋겠지만 '해 볼까?'라는 생각이 있다면 장난감 드론으로 먼저 경험해보면서 재미를 느낀 후에 구매하는 것을 추천합니다.

여기서 설명하는 기준과 자격은 2022년 6월 기준의 최신 사항이니, 반드시 홈페이지를 방문하여 변동사항이 없는지 확인하시기 바랍니다. 드론의 브랜드와 가격이 정말 다양하기 때문에 특정 브랜드를 추천하긴 어렵지만 이번 예제에 사용된 드론은 DJI의 매빅 air 2s라는 제품입니다. 가격은 120만 원 정도의 고가 드론이고 이 책의 드론 예제를 제작할 때 사용되었습니다. 이 정도의 고가 드론은 초보자나 시작하는 단계라면 추천하지 않지만 100만 원 대의 드론 정도라면 드론 촬영에 큰 문제는 없는 것 같습니다.

드론은 보통 초경량 무인동력비행장치로 취급되고 그중 무인 멀티콥터로 분류됩니다. 최대이륙중량이 250g이 넘어가는 드론은 자격증을 취득해야 비행을 할 수 있습니다. 자격증이 없이 비행하게 되면 법적 처벌을 받을 수 있으니 주의해야 합니다.

현재 기준으로는 아래의 표를 참고하면 됩니다.
무인 멀티콥터의 4종은 250g~2kg까지입니다. 보통 취미 비행은 아예 필요가 없거나 4종에 포함이 됩니다. 앞서 예제로 이용했던 드론도 마찬가지로 4종입니다. 4종은 자격증 취득이 쉽습니다. 온라인 강의 이수 및 시험을 치르면 얻을 수 있어서 집에서 간편하게 진행할 수 있습니다.

무인 멀티콥터	1종	해당종류 비행시간 20시간 (2종 무인멀티콥터 자격소지자는 15시간 이상, 3종 무인멀티콥터 자격소지자는 17시간 이상, 1종 무인헬리콥터 자격소지자는 10시간 이상) * 최대이륙중량이 25kg을 초과하고 연료의 중량을 제외한 자체중량이 150kg이하인 비행장치	해당사항 없음	전문교육기관 해당 과정 이수
	2종	1종 또는 2종 무인멀티콥터 비행시간 10시간 (3종 무인멀티콥터 자격소지자는 7시간 이상, 2종 무인헬리콥터 자격소지자는 5시간 이상) * 최대이륙중량이 7kg을 초과하고 25kg이하인 비행장치	해당사항 없음	전문교육기관 해당 과정 이수
	3종	1종/2종/3종 무인멀티콥터 중 어느 하나의 비행시간 6시간 (3종 무인헬리콥터 자격소지자는 3시간 이상) * 최대이륙중량이 2kg을 초과하고 7kg이하인 비행장치	해당사항 없음	전문교육기관 해당 과정 이수
	4종	해당종류 온라인 교육과정 이수로 대체 * TS배움터(edu.kotsa.or.kr)에서 온라인 강의 이수(만 10세 이상인 사람)	해당사항 없음	전문교육기관 해당 과정 이수

국가자격시험 사이트를 방문하면 자세한 자격 정보와 시험 일정 등을 확인할 수 있습니다.
이렇게 해서 자격증을 취득하면 이제 바로 비행하느냐? 장비에 따라 다르지만 바로 비행하면 안 됩니다. 영리 목적인 경우 무게와 상관없이 반드시 장치신고를 해야 합니다. 비영리 목적인 경우에는 최대 2kg 초과 시 신고하면 됩니다. 또한 비행 및 촬영하기 위해서는 허가받아야 합니다.

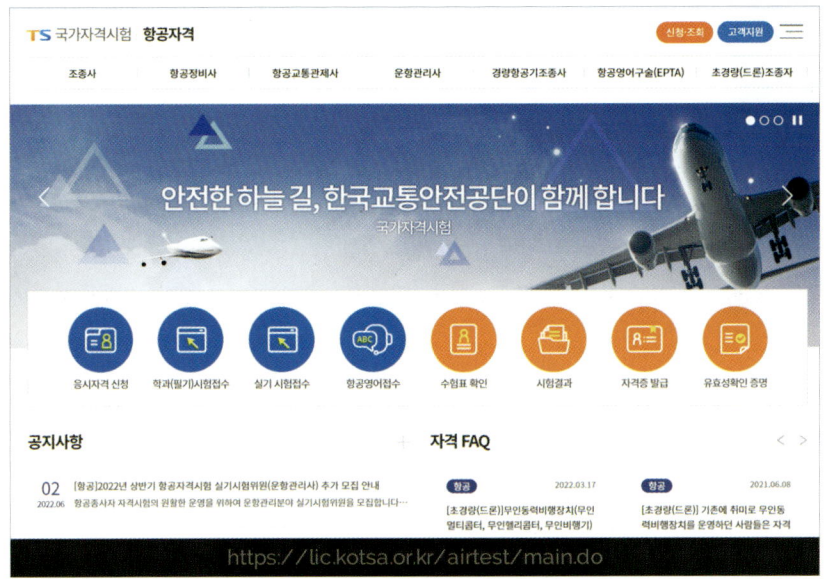

드론 원스톱 민원 서비스 사이트에서 해당 허가를 받을 수 있습니다.
해당 사이트에서는 비행장치 신고, 비행 승인 신청서 등록, 특별 비행 승인, 항공사진 촬영 신청서 등록 등의 드론에 관한 업무를 처리할 수 있습니다. 그 외에 드론에 대해 질문이나 헷갈리는 부분 등도 해당 사이트에서 확인이 가능합니다.

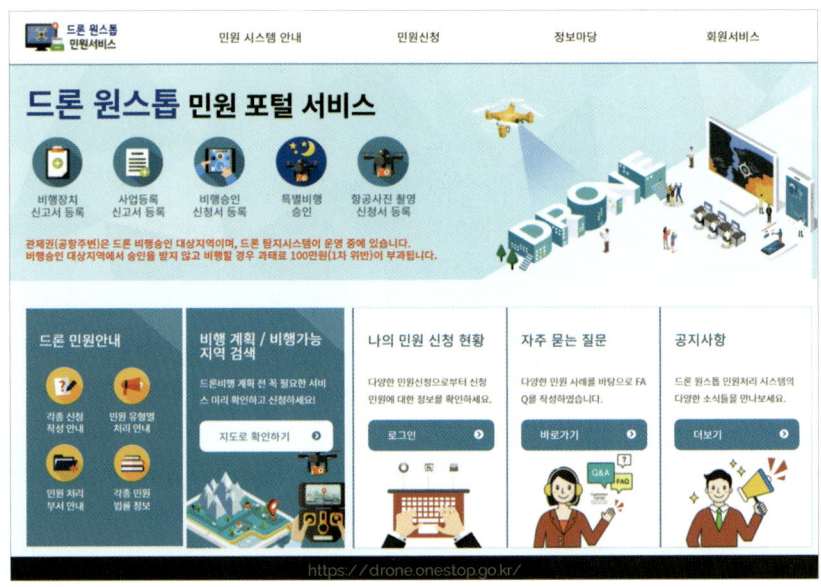

비행 및 항공사진 촬영 허가를 신청해 보겠습니다. 회원가입을 한 후 비행 승인 신청을 클릭합니다.

해당 신청서가 뜨니 표시된 칸에 내용을 기재합니다.

비행 계획 부분에서는 원하는 기간을 설정하고 비행 목적은 본인에게 적합한 목적을 선택합니다.

이번 경우는 사진/영상 촬영을 선택하고 비행 방식에는 사진촬영이라고 기재합니다.

그리고 비행구역 설정을 클릭합니다.

클릭하면 원하는 비행구역을 지정할 수 있습니다. 먼저 지도에서 원하는 곳으로 가서 클릭하면 파란 원이 생기는데 그 부분을 비행하겠다고 지정하는 것입니다. 원하는 곳을 지정하고 반경을 설정합니다. 최대 2km까지 가능하니 넉넉하게 설정해줍니다. 그 후 고도를 설정합니다. 150m를 넘어가면 허가받아야 하고 그 이하의 고도는 허가가 없어도 되긴 하는데 큰 이유 없으면 100m로 설정합니다. 100m도 충분히 높을뿐더러 150m로 비행하면 안전 문제가 생길 수 있으니 주의하면서 등록을 클릭합니다.

비행장치 탭에서는 드론에 대한 정보를 기재하여야 합니다. 종류는 무인 멀티콥터로 설정, 모델명은 개인 드론명을 기입합니다. 제작자는 드론 제조 회사, 규격은 무게를 입력합니다. 만약 영리 목적이라면 영리에 체크하고 신고번호도 기재해야 합니다. 자체 중량에서 해당 무게를 선택하고 전화번호 및 소유자에 본인 정보를 입력 후 추가를 클릭합니다.

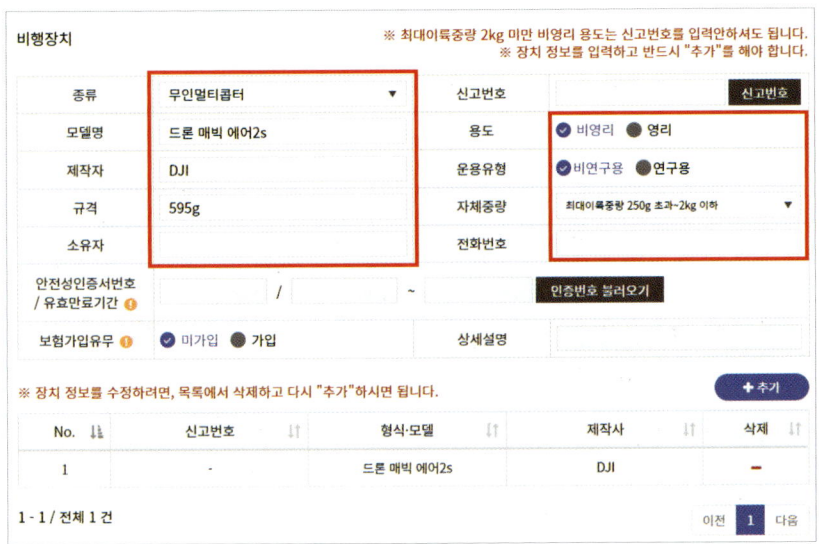

조종자 탭에서는 본인 정보를 기재합니다. 성명, 생년월일, 주소를 차례대로 입력하고 자격번호 또는 비행경력에는 보통 비행경력을 기입해줍니다. 비행을 시작한 날짜 기준으로 계산하여 기재하고 추가 클릭합니다.

마지막으로 첨부파일입니다. 4종 기준으로는 아래 3가지만 있으면 됩니다.

초경량비행장치 사진에는 본인 드론 사진을 촬영한 이미지를 첨부합니다.

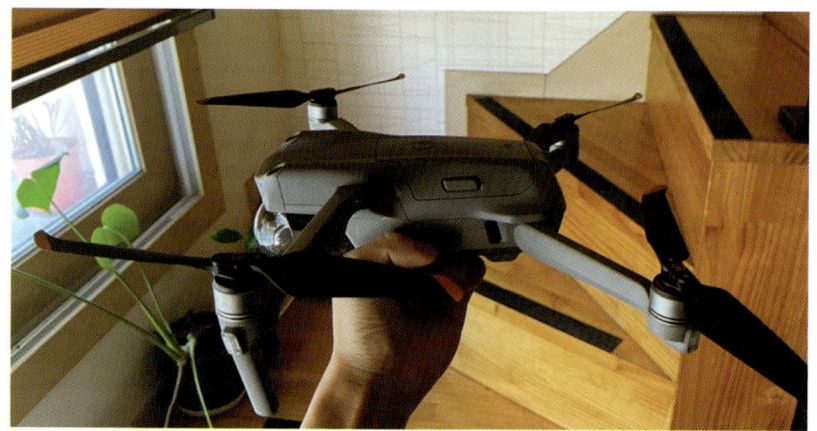

제원 및 성능표는 보통 드론 제조사 사이트에 가면 상세 스펙이 적혀 있으니 그 정보들을 캡쳐해서 첨부합니다.

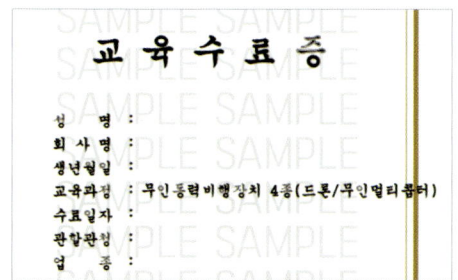

조종자 증명에는 본인의 자격증을 증명할 수 있는 수료증을 첨부합니다.

이렇게 작성을 하고 접수를 클릭합니다.

보통 처리는 기관이 달라서 다 다르지만 2~3일 정도면 되는 것 같습니다. 비행만 하겠다고 한다면 위 과정만 하면 됩니다.

그다음 항공사진 촬영 허가 신청을 해 보겠습니다.
아까 비행 승인 신청 메뉴가 있던 곳에서 항공사진 촬영 허가 신청을 클릭합니다.

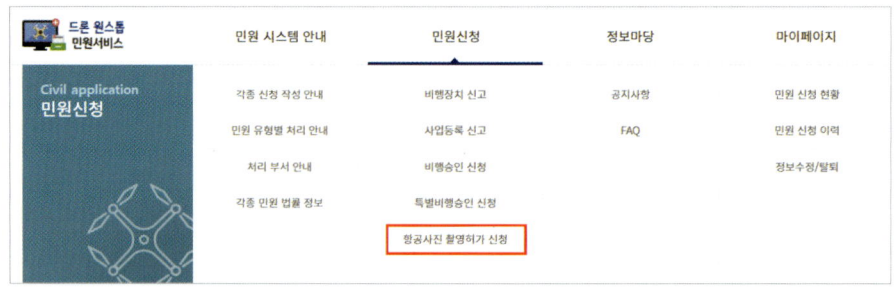

신청인에는 기존과 같이 본인 정보를 기입하고 촬영계획 탭에서는 기간을 정하고 목표물과 촬영 용도를 기재해야 하는데 목표물에는 본인이 촬영하고자 하는 목표에 대해 기입하고 촬영 용도에는 촬영하는 이유도 적당히 기재합니다. 그리고 우측 상단의 촬영 구역 설정을 클릭합니다.

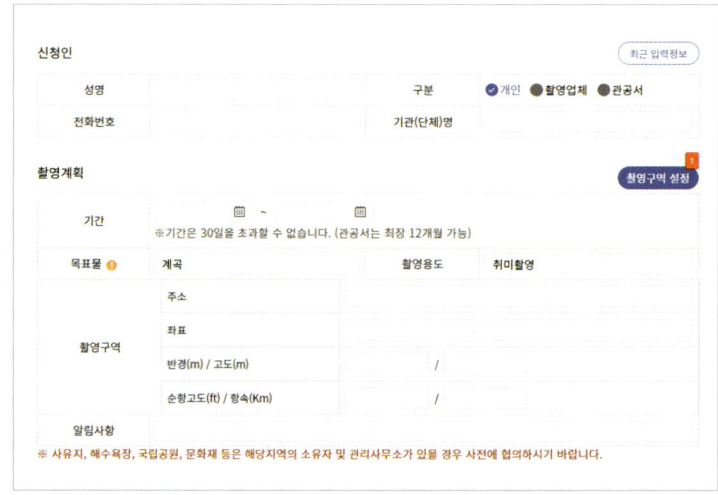

비행 신청 때처럼 원하는 곳을 클릭하여 지정해 줍니다.
반경은 원하는 대로 기재하고 고도는 혹시 몰라서 300으로 설정은 해 놨는데 너무 높지 않은 선에서 설정해줍니다. 순항고도는 드론이 비행하면서 촬영할 때의 높이를 생각해서 기재합니다. 항속은 드론의 비행속도를 정하고 기입합니다. 그리고 추가 클릭하여 등록합니다

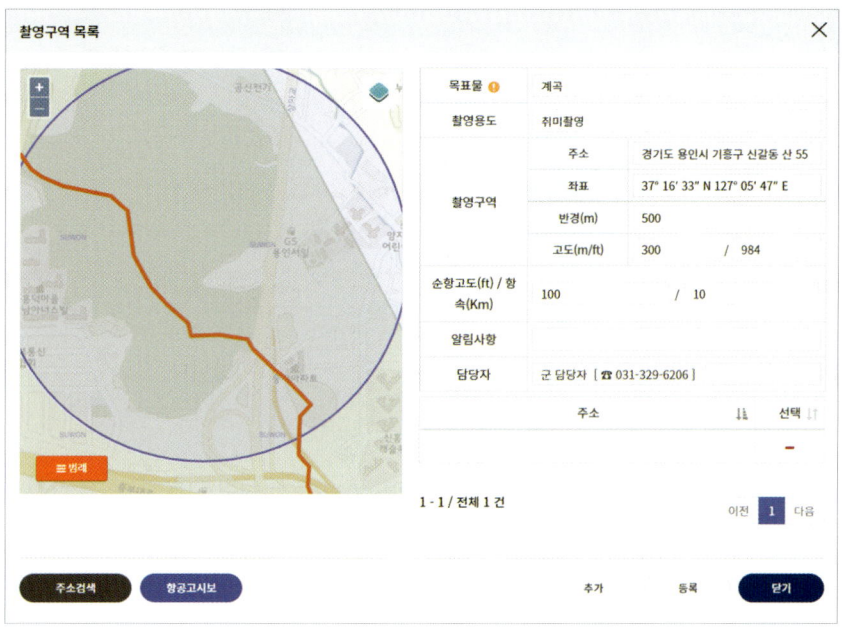

비행장치 탭에서 기입하는 내용은 비행신청을 할 때와 대부분 동일합니다. 다른 점은 촬영구분 및 사진용도인데 본인에 맞게 기입하고 나머지도 같이 기입한 후 추가를 클릭합니다.

조종자 탭에선 비행 신청 때와 비슷합니다. 조금 다른 부분은 소속과 직책인데 해당 소속이 있다면 기입하고 개인이라면 관련 내용을 기입하고 추가 후 접수를 클릭합니다.

이렇게 해서 비행 및 촬영 허가 신청을 하는 방법을 알아봤습니다.

비행 및 촬영 허가를 받고 비행하게 되면 조심해야 할 사항이 있습니다. 해가 진 상태에서 날리거나 허가 없이 비행하는 것은 불법입니다. 또한 사람이 많은 곳에서도 비행이 금지되어 있습니다. 법적인 항목은 사이트에 자세히 기입되어 있으니 참고하시고, 개인적으로 느낀 주의사항을 말씀드리겠습니다.

우선, 안전입니다. 고가의 드론은 정말 소리도 엄청 크고 대인 피해를 주기 쉽겠다는 생각이 들 정도로 위협적입니다. 그렇기에 반드시 주위를 잘 살피면서 비행해야 합니다. 요즘은 줄어들었지만 전깃줄부터 나무처럼 하늘에 있는 것들은 물론이고 건물 같은 큰 요소들도 조심해야 합니다.

두 번째는 풍속입니다. 기기 스펙에는 분명 예를 들어 10까지 버틴다고 되어 있는데 막상 날려보니 4에서도 불안한 모습을 보인 적이 있었습니다. 그렇기에 바람이 강한 날은 특히 신경을 써야 됩니다.

촬영을 하게 되면 해당 공간을 촬영하게 되는데 사유물이거나 지나가는 사람을 일부러 찍으면 절대 안 됩니다. 사람은 어쩔 수 없이 찍혔다 하더라도 사유물은 그러기 힘들기 때문입니다. 사람이 촬영한 사진에 섞여나오면 반드시 편집하고 사용해야 합니다.

이렇게 조심을 하고 비행 및 촬영을 해도 간혹 민원이 들어올 수 있습니다. 아무리 허가를 받았다고 해도 민원을 무시하기는 어려워서 최대한 촬영할 부분만 촬영하고 철수하는 것이 좋고 혹시나 문제가 생길게 우려된다면 신청서를 출력해서 챙겨가는 것을 추천드립니다.

알아야 할 것, 준비해야 할 것, 조심해야 할 것이 많은 드론이지만 그럼에도 이 방식에 확실한 가치는 있습니다. 카메라만으로는 촬영이 불가능한 거대한 것들을 촬영할 수 있으니 말입니다. 사진 촬영만으로는 부족하다고 생각이 들 때면 드론 촬영을 적극 추천드립니다.

2 제작한 3D 메쉬 업로드 및 판매해 보기

열심히 제작한 3D 메쉬가 결과물이 잘 나오면 제작자 입장에서는 당연히 기분이 좋고 뿌듯합니다. 그런데 이런 잘 나온 작업물을 남에게 보여줄 수 있다면 얼마나 좋을까요? 판매까지 가능하다면 어떨까요? 이번에는 이런 부분을 충족시켜줄 내용을 다루어 보겠습니다.
자신이 만든 작업물을 자랑하거나 판매하기 위해서는 우선 어디서 해야 할까요?
여기선 2개의 사이트를 추천하고 싶습니다. Sketchfab과 cgtrader입니다.

먼저 소개할 사이트는 Sketchfab입니다. 3D 모델을 이용한 작업을 남에게 보여주거나 판매하는 사이트 중 손꼽히는 규모의 사이트입니다. 이 사이트에서는 본인의 모델을 올리거나 판매도 할 수 있는데 이 사이트는 3D 모델을 사이트에서 바로 확인을 할 수 있다는 최고의 장점이 있습니다.

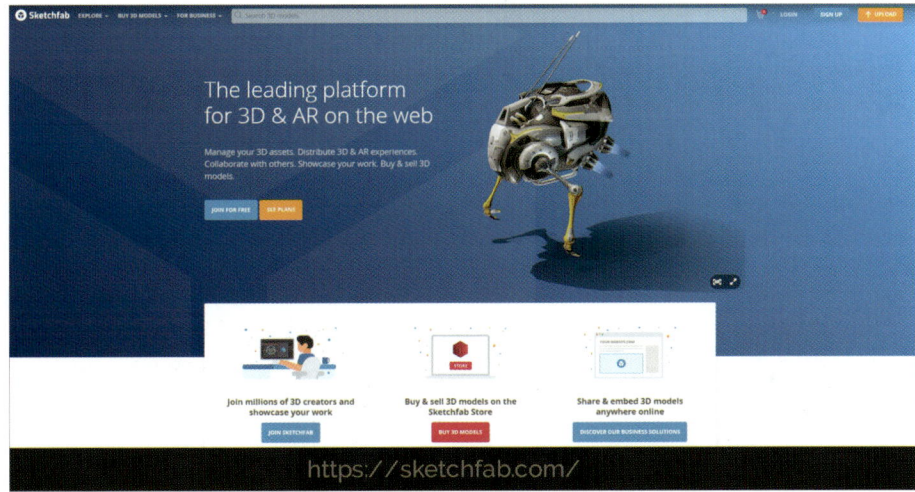

Sketchfab에서는 아래 그림처럼 화면을 돌려가며 모델의 확인이 가능하고 폴리곤을 수와 사용된 Texture 등 모델에 대한 상세한 정보도 확인이 가능합니다.

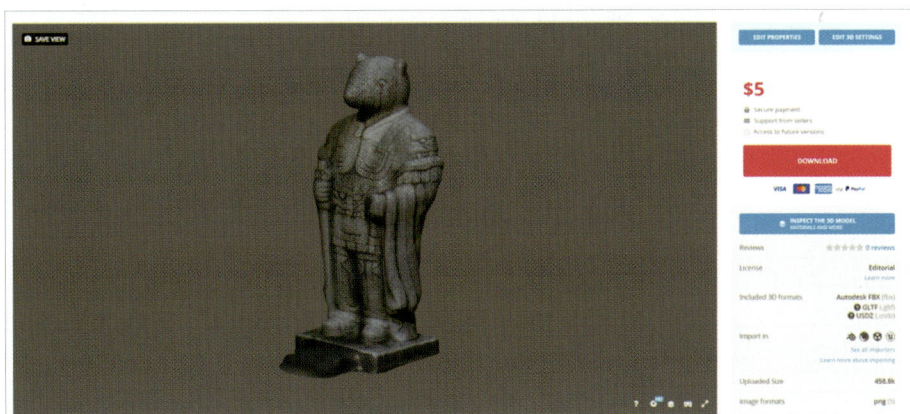

두 번째는 cgtrader입니다.

이 사이트는 보여주기에는 적합하지 않고 판매에 좀 더 특화된 사이트입니다. 모델에 대한 상세 정보는 기입된 정보로만 파악이 가능하지만 거래가 상당히 활발한 사이트입니다.

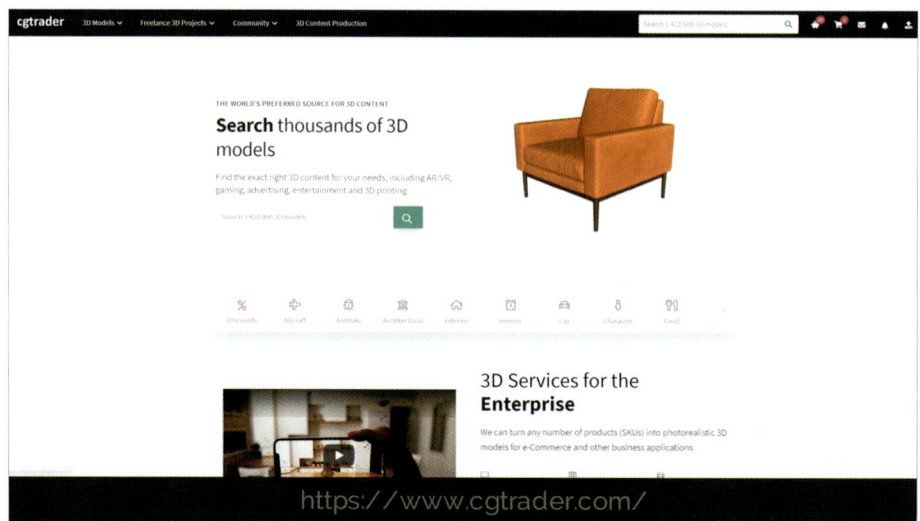

Sketchfab과는 다르게 이미지만으로 판단하고 구매하거나 판매하게 됩니다. 개인적으로는 여기서 더 많이 판매를 해본 것 같습니다.

이렇게 명확한 차이가 있는 두 사이트에서 메쉬를 판매하는 방법을 알아보겠습니다.

❶ Sketchfab에서 업로드 및 판매해보기

Sketchfab에 회원가입을 한 뒤 UPLOAD를 클릭합니다.

이렇게 뜨게 되면 원하는 모델링 데이터를 업로드 합니다.

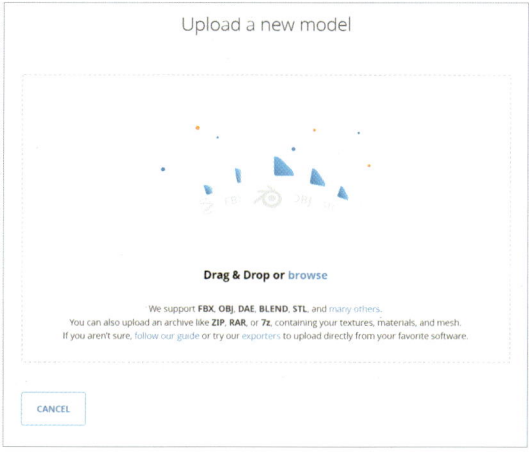

완료가 되면 모델에 대한 정보를 기재할 수 있게 됩니다. 내용을 기재하기 전에 EDIT 3D SETTINGS를 클릭합니다.

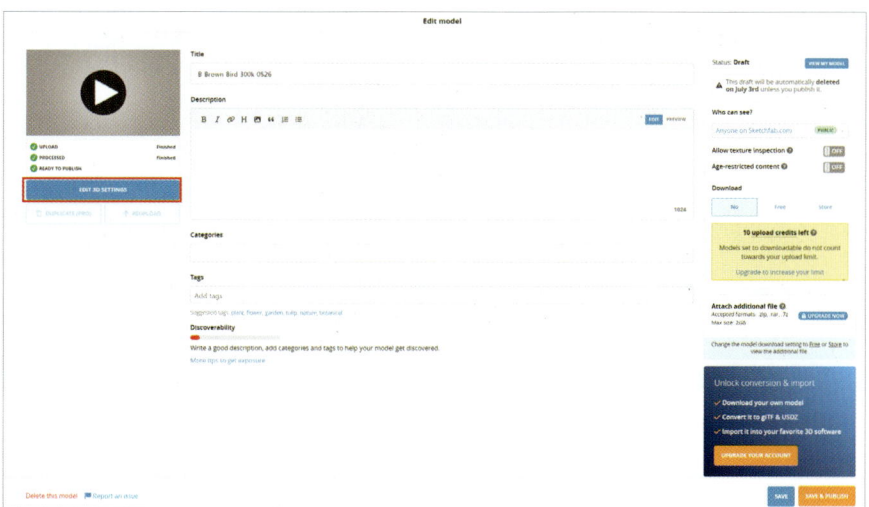

271

설정할 수 있는 메뉴가 나오면서 모델을 미리보기 할 수 있습니다.

하나씩 살펴보겠습니다.

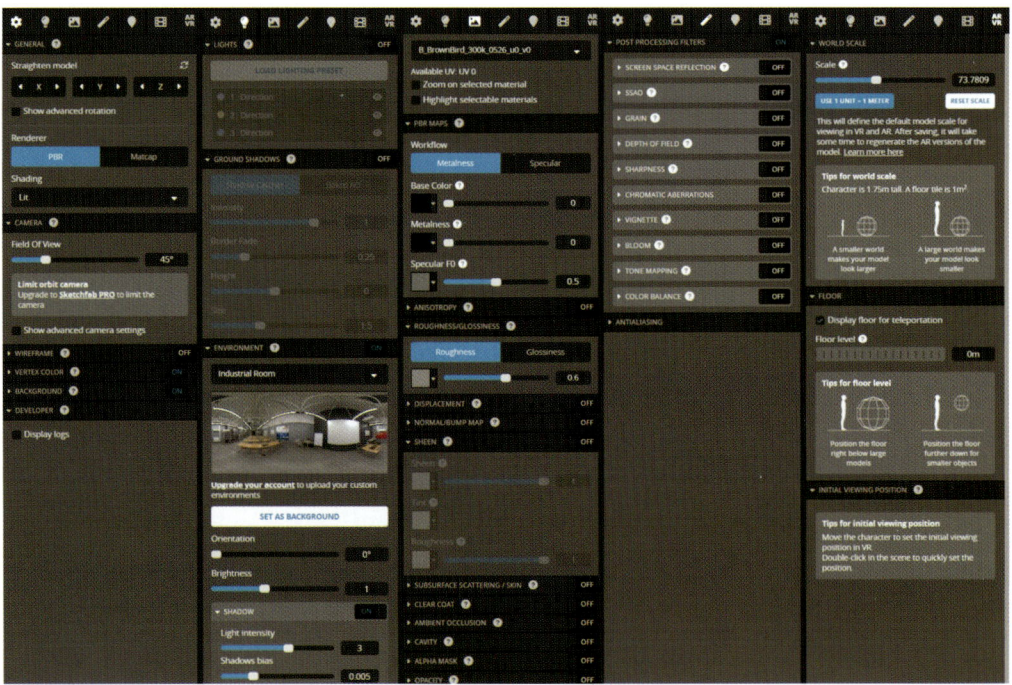

첫 번째 SCENE 탭입니다.

우선 Renderer를 살펴보면 PBR과 Matcap이 있는데, Matcap으로 설정하면 단색으로만 비춰주고 PBR은 Metal, Roughness등의 Texture를 활용할 수 있는 Renderer 입니다. PBR로 설정합니다.

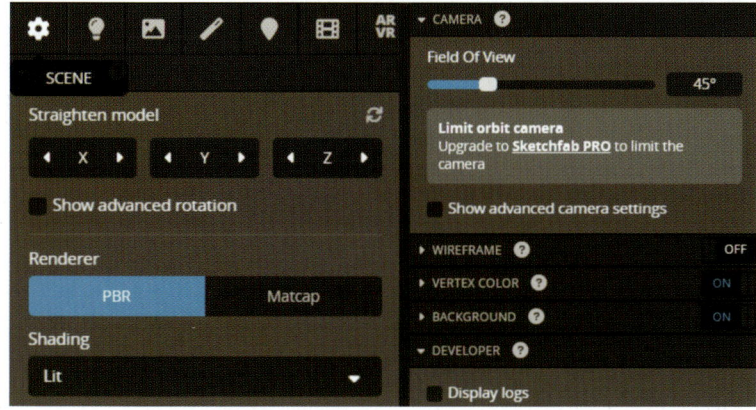

지금 Texture가 적용되지 않아서 Shading이 헷갈릴 수 있는데 Lit은 조명이 추가되어 그림자 및 하이라이트가 생기고 Shadeless는 단색만 보여줍니다. Diffuse만 제작했다면 Shadeless로 보여줘도 되고 이것저것 준비를 했다면 Lit을 추천드립니다.

Field of view 옵션은 화면 왜곡을 설정할 수 있습니다. 기본 45도가 투시가 적당히 들어가서 확인하기 좋고 숫자가 높아지면 왜곡이 심해지고 1일 때는 메쉬의 원래 형태로 보여줄 수 있습니다.

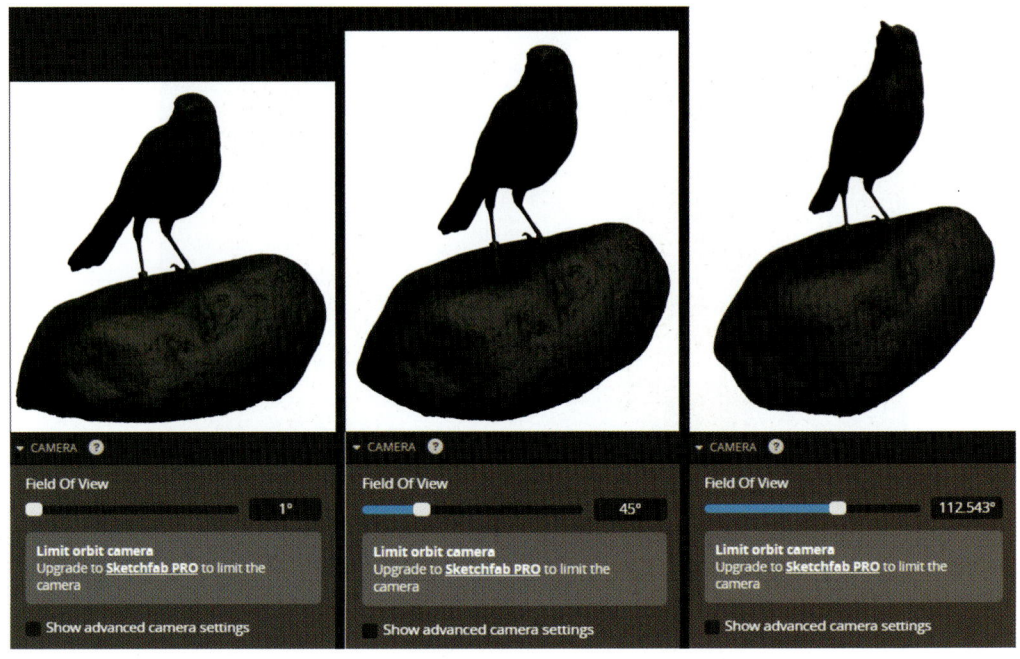

WIREFRAME은 모델의 Wireframe을 처음 켰을 때 보여주고 싶을 때 ON으로 설정해 놓고 그게 아니라면 OFF합니다. 여기서 ON을 하지 않아도 업로드 후에 본인이나 다른 유저들이 켜서 볼 수 있습니다. VERTEX COLOR는 버텍스에 들어간 색상정보를 표시하는 옵션인데 보통의 경우 Texture가 있으니 OFF로 바꿔 놓겠습니다.

BACKGROUND는 배경색입니다. 개인적으론 단색이 좋아서 Color로 했는데 Enviroment나 Image로 설정해도 됩니다.

첫 번째 SCENE 탭에서는 이 정도만 확인하고 넘어갑니다.

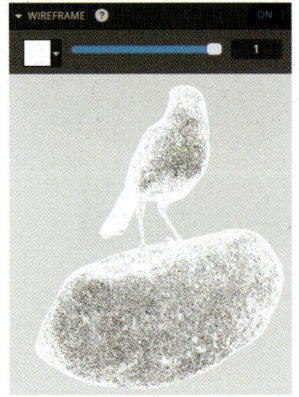 

두 번째 LIGHT 탭에서는 아래 Enviroment만 확인해보겠습니다.
아래 이미지를 다른 것들로 바꿀 수 있는데 저 이미지에 맞는 환경광을 메쉬에 적용시켜 줍니다. 본인이 원하는 분위기에 맞는 환경을 선택합니다.

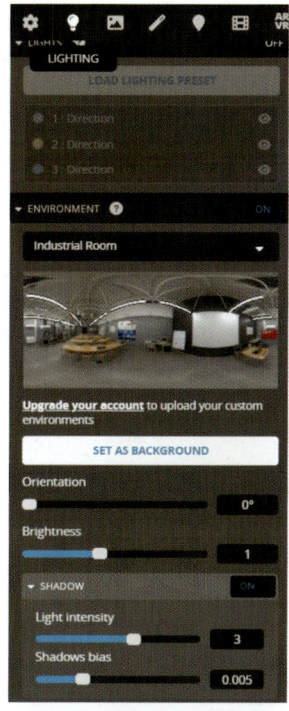

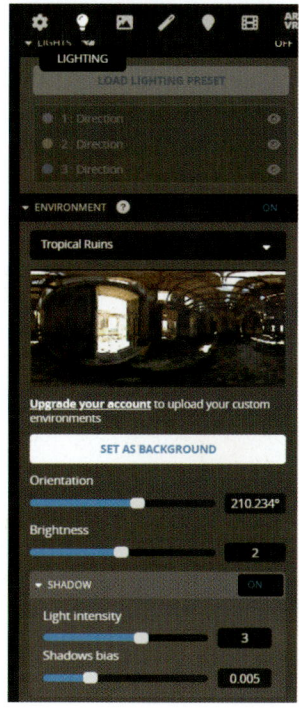

세 번째 MATERIALS 탭은 굉장히 중요한 탭입니다. Texture를 적용시킬 수 있기 때문입니다. Workflow는 기본 설정인 Metalness를 선택합니다. 특별한 의도가 없는 이상 PBR Texture는 Roughness / Metalness 기반의 PBR Texture로 제작됩니다.

Base Color를 클릭하여 TEXTURE 〉 IMPORT TEXTURES를 클릭합니다. 우측의 IMPORT TEXTURE를 클릭하여 제작했던 Texture를 모두 선택한 후 Base Color 메뉴니까 해당 Texture를 선택합니다.

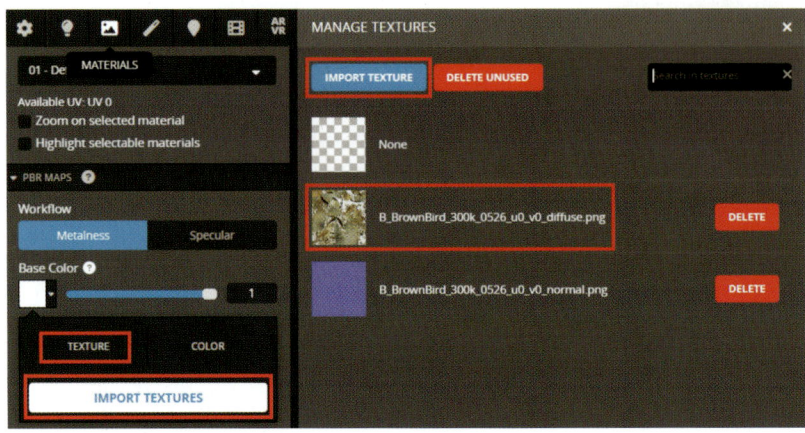

우선 이 모델은 Base color(Albedo)랑 Normal Texture만 있어서 이 2개만 Texture를 적용시켜 놓고 Roughness는 반짝이지 않을 정도로만 수치값으로 조절해 놨습니다. 보통의 메쉬들은 이렇게 적용하면 되는데 예외적으로 식물은 대부분 Alpha Texture를 사용하게 될 것입니다.

아래쪽 OPACITY에 Alpha Texture를 넣고 Format을 Luminance로 바꾸면 Alpha Texture의 흰색 부분만 남고 검정 부분은 이렇게 투명해질 것입니다.

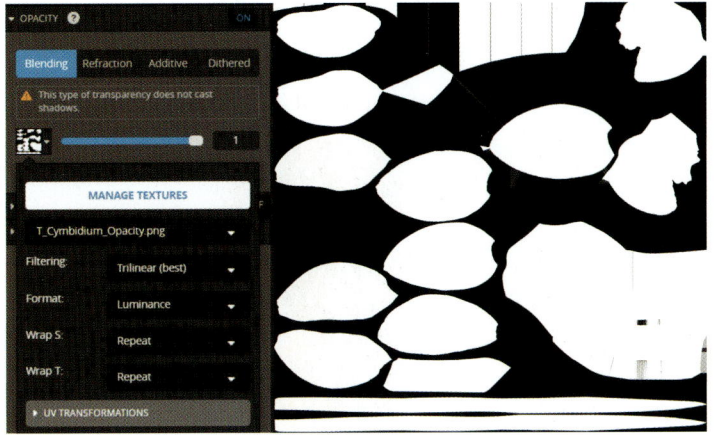

네 번째 POST PROCESSING FILTERS 탭은 기존 모델에 여러 필터를 추가해줄 수 있는 후처리 탭입니다. 기존 메쉬와 너무 다르게 보일 수 있어서 판매할 때는 강하게 사용하지 않는 편입니다. 그래도 그 와중에 SSAO는 AO, 마치 그림자가 생긴 것 같은 효과를 추가해주기도 합니다. 그 외의 옵션이 나쁜 건 아닌데 모델을 정직하게 보여주고 싶어서 사용하지 않겠습니다.

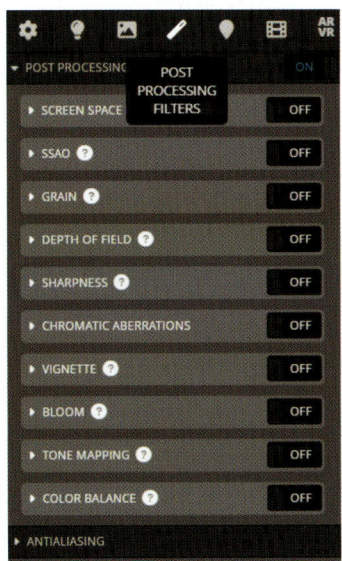

마지막으로 살펴볼 VIRTUAL REALITY AND AUGMENTED REALITY 탭입니다. 이건 설정하지 않아도 되지만 신기한 기능이라 소개시켜 드립니다. Sketchfab에서는 모델에 대한 정보도 확인이 가능하고 VR로도 확인해볼 수 있습니다. 그때를 위해서 스케일 설정을 하는 탭입니다. 염두에 두고 있다면 적당한 스케일로 맞춰 놓습니다.

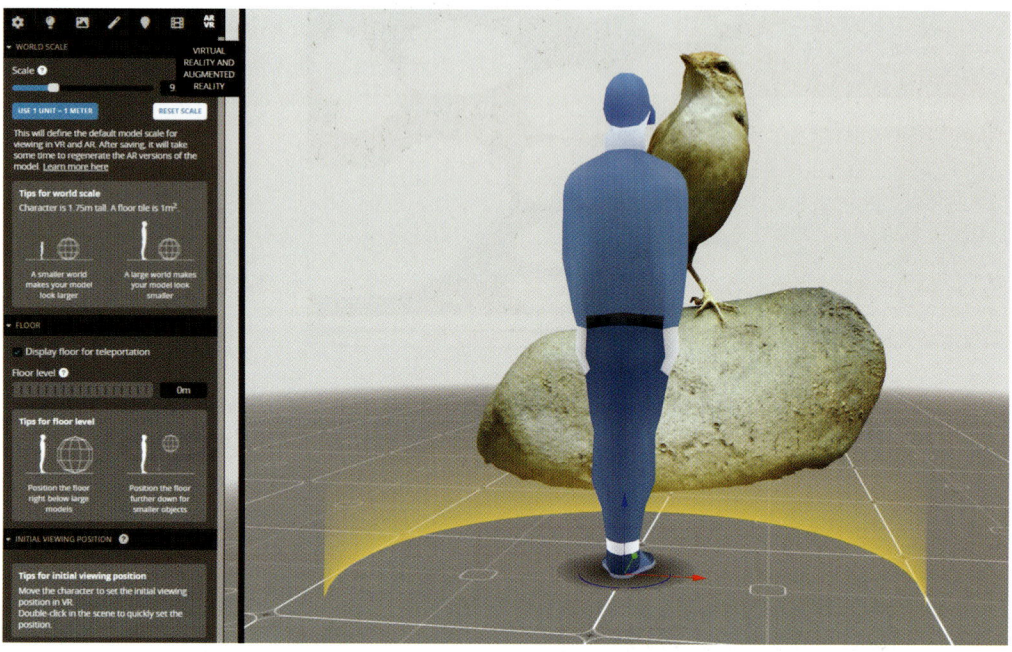

설정이 완료되면 이 모델이 처음 보이게 될 첫 장면을 설정해야 합니다. '이렇게 보였으면 좋겠다' 하는 대로 모델을 회전 및 확대, 축소한 후 우측 상단의 SAVE VIEW를 클릭하면 현재 화면이 저장되어 첫 장면으로 설정됩니다. 완료되면 SAVE SETTINGS를 클릭 후 EXIT를 클릭합니다.

그럼 다시 첫 화면으로 돌아오게 됩니다. 여기서 설명과 기타 첨부 등을 할 수 있습니다.

모델에 대한 설명을 기재해야 합니다. 전반적인 내용은 다른 사람들의 훌륭한 작업들을 참고해서 기재하는 것이 좋습니다. 놓치는 내용이 덜 하기 때문입니다.

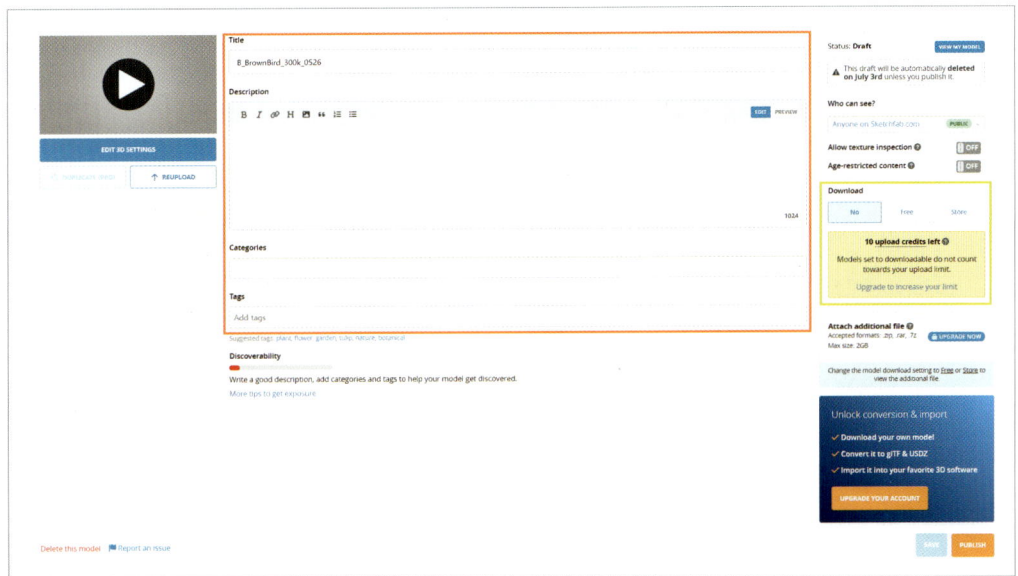

Title은 모델의 이름을 기재합니다. 그렇다고 그냥 이름만 기재하지 말고 본인이 만든 모델을 좀 더 설명해 주는 이름으로 적어줍니다. 게임용 데이터라면 Game model, PBR Texture가 사용이 되었다면 PBR model을 적어주는 식으로 모델에 대한 디테일을 좀 더 제목에 담아줍니다.

Description은 이 모델에 대한 전반적인 설명을 적어줍니다. '이 모델은 어떤 거고 판매용이면 몇 개의 Tri, Polygon으로 이뤄졌고, Texture는 이 정도 해상도에 몇 장, 여러 종류의 Texture를 사용했다.' 같이 상세 정보를 기재해주면 됩니다. 구매자의 입장에서 생각해보시면 어떤 정보를 추가해야 될지 판단하기 편하실 겁니다.

Categories는 본인이 제작한 모델이 해당하는 카테고리를 선택해주면 됩니다.
Tags는 관련 키워드를 입력해줍니다. 최대한 다양하게 기재해 주어야 해당 모델을 검색하고 클릭하는 유저들이 많아질 것입니다.

노란색 부분은 Download를 옵션입니다.
Sketchfab에서는 게시자가 허락하면 모델을 직접 받아서 확인해볼 수 있습니다.
No를 선택하면 불가능, Free를 선택하면 가능은 하지만, 게시자가 정해놓은 License에 맞게 2차 사용이 가능하고 Store는 판매를 하는 옵션입니다.
Store는 판매하는 옵션으로 본인이 원하는 가격과 라이선스를 설정한 뒤 UPLOAD FILE을 클릭합니다. 해당 모델에 대한 파일을 압축하여 업로드해야 합니다. 구매자는 구매하게 되면 해당 파일을 사는 것이기에 모델 파일, Texture 파일 등 해당 모델에 대한 관련 파일을 빠짐없이 넣어줍니다. 그렇다고 작업 파일을 전부 넣으라는 것은 아니고 결과물에 대한 관련 파일을 전부 넣으면 됩니다.
이렇게 설정이 끝나면 PUBLISH를 완료입니다.

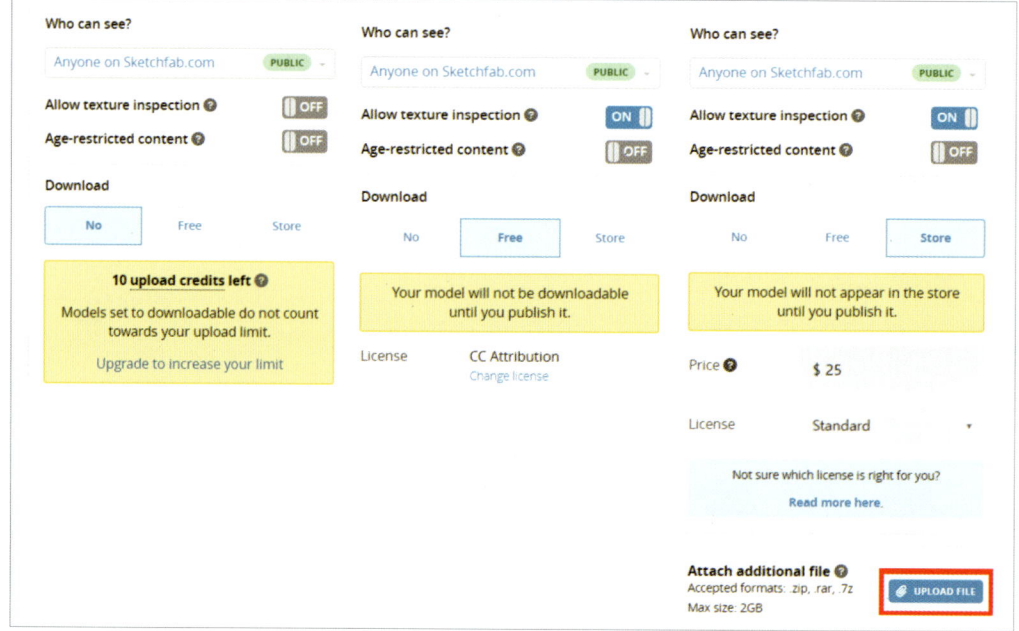

결과물을 확인해 봅니다.

빨간색 아이콘을 클릭하면 해당 모델에 대한 상세한 정보를 확인할 수 있습니다.

이렇게 Sketchfab에서 제작한 모델을 보여주거나 판매하는 방법을 알아보았습니다.

❷ cgtrader에서 판매해 보기

cgtrader에서는 sketchfab과 비교했을 때 다른 점이 있습니다. 하나는 앞에서 등록한 새처럼 3D 모델을 보여주거나 확인을 할 수는 없습니다. 또한 판매만 가능한 사이트입니다. 이러한 특징 때문에 2가지 사이트를 모두 이용하곤 합니다.

cgtrader는 판매만 가능하기 때문에 큰 설정이 필요 없는 대신 준비해야 할 파일들이 있습니다. 모델과 Texture는 당연하고 이 모델이 뭔지 알기 위한 미리보기 이미지를 따로 제작해서 같이 올려줘야 합니다. 포장지 역할을 하는 이미지를 어떻게 만드냐에 따라 동일한 모델이라도 판매량 차이가 생길 수 있으니 최선을 다해 예쁘고 멋있게 잘 꾸며주는 것이 좋습니다.

cgtrader에서 판매하는 방법을 알려드리겠습니다.

사이트에 로그인을 한 뒤 빨간색으로 표시된 아이콘을 클릭합니다.

그림 등록 메뉴가 나옵니다.

빨간색으로 표시된 부분에 파일을 넣으면 되는데, 여러 개의 파일을 넣어야 하다 보니 구분이 필요합니다. 미리보기 이미지들 / Texture 압축파일 / 모델 파일 이렇게 올리면 됩니다.

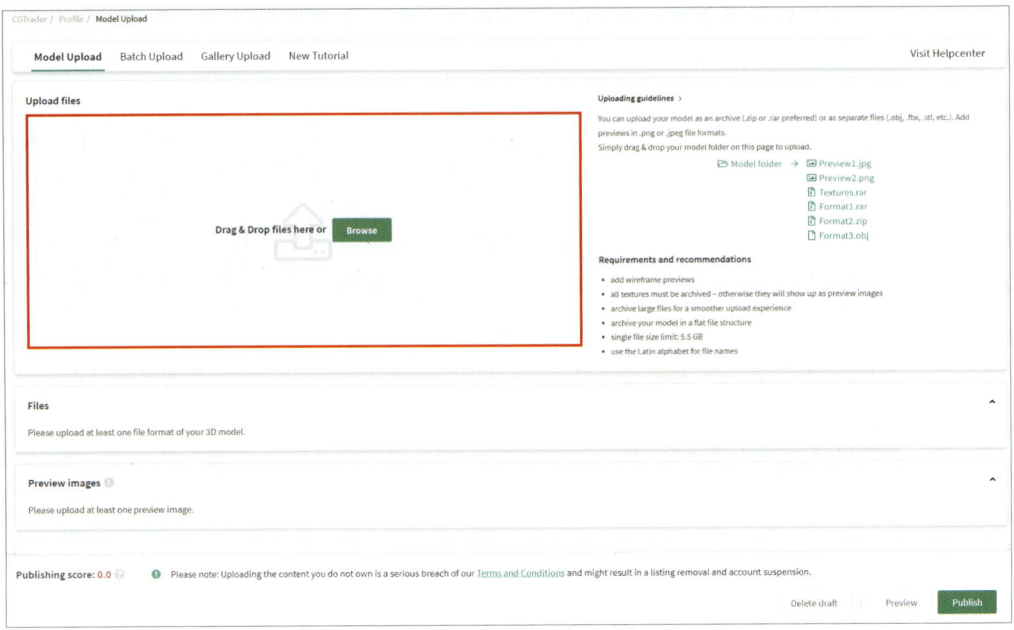

임의로 올린 파일들입니다. 올린 파일들 각각 주황색 표시된 부분에서 각각 알맞게 설정을 합니다. 노란색 표시된 부분에는 미리보기 이미지가 배열되므로 원하는 순서대로 설정을 해줍니다.

Embeds에서는 메쉬를 영상으로 보여주고 싶을 때 사용하는 탭입니다. Youtube, Vimeo 링크를 추가할 수 있고 Marmoset이라는 렌더링 프로그램에서 렌더링을 한 후 미리보기를 할 수 있게 해줍니다.

Details는 상세 설명입니다. 앞선 Sketchfab에서 했듯이 모델에 대한 상세 설명을 하면 됩니다. 다만 메쉬에 대한 상세 설명을 해 주는 구간이 따로 있어서 그 부분은 제외하고 기재합니다. Tags는 태그를 고르거나 기재하여 추가할 수 있습니다.

Technical details는 해당 모델에 대한 보다 상세한 정보를 기재해야 합니다.

Category는 해당하는 카테고리를 선택하여 지정합니다.

Pricing and license는 원하는 가격 및 라이선스를 선택하면 됩니다. 이렇게 설정하면 끝납니다.

좌측 하단에 보면 Publishing score라고 이 모델에 대한 전반적인 점수를 매겨서 보여줍니다. 이 점수가 높을수록 판매가 잘 될 것입니다.

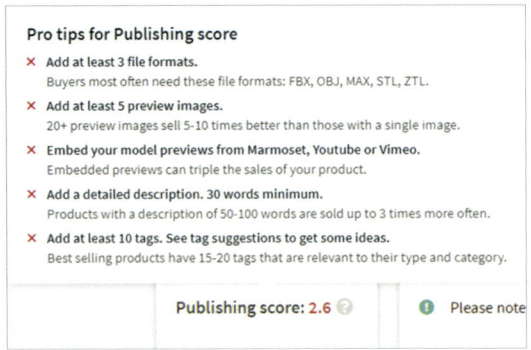

이렇게 제작한 모델을 보여주고 판매하는 방법을 알아보았습니다.

개인적으로 2개 사이트를 모두 사용할 것을 추천하는데 그 이유는 두 사이트마다 유저들의 성향과 특성이 다르기 때문에 이왕 제작한 모델을 더 많이 고객들에게 어필하고자 하기 때문입니다.

3 포토스캔 관련 도움되는 사이트

포토스캔은 지금처럼 적극적으로 사용 및 연구가 이루어진 시간이 그다지 길지 않습니다. 그래서 비슷한 연구를 한 사람도 많고, 이 분야를 공부하는 사람이면 많은 사람들이 비슷한 어려움을 겪었거나 겪고 있다는 것을 알고 있을 것입니다. 그래서 정보에 민감하게 대처하고 새로운 소식은 없는지 다른 사람은 어떻게 사용했는지를 알아보는 것은 필수입니다. 이러한 생각으로 공부하면서 찾아낸 사이트 및 커뮤니티를 소개해 보겠습니다.

첫 번째는 페이스북 그룹 커뮤니티입니다. 생각보다 SNS에는 3D 관련 작업이 상당히 많습니다. 그중 페이스북의 그룹에는 유저 수, 게시글이 상당하여 정보를 얻거나 본인의 작업물을 올려보기도 하고 질문이 생기면 물어볼 수도 있는 바람직한 커뮤니티가 많습니다. 저도 두 곳의 페이스북 그룹에서 좋은 정보를 많이 얻었고 다른 사람들의 작업물도 보고 제 작업물도 올려보면서 정보를 공유하고 있습니다. 참고가 될만한 좋은 작업물이 많으니 반드시 방문해 보시기 바랍니다.

Photogrammetry Group

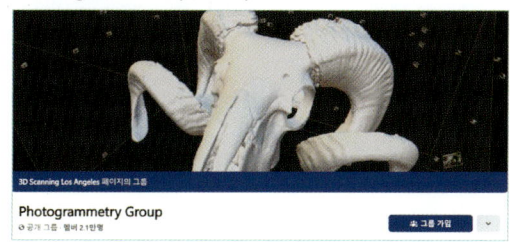

https://www.facebook.com/groups/3dphotogrammetry/

LiDAR and Photogrammetry Review

https://www.facebook.com/groups/652566088274471/

두 번째는 일본 사이트입니다. 일본의 생물 종류 및 서식지 등을 알 수 있게 정리해 놓은 ffish asia 사이트입니다. 해당 사이트는 일본의 생물이 있어서 한정적일 수는 있겠으나, 포토스캔이 효과적으로 사용된 분야처럼 3D로 변환이 정말 잘 되어 있는 곳입니다. 각 오브젝트들의 퀄리티가 손색이 없을 정도로 훌륭하며 Sketchfab으로 등록되어 있어서 편하게 확인할 수 있습니다.

ffish asia

https://ffish.asia

세 번째는 Capturing Reality 공식 홈페이지입니다. 에픽게임즈로 인수되기 전에는 홈페이지에서 얻을 수 있는 정보들이 직관적이지 않았는데 현재는 사람들이 어떤 작업을 했는지, 할 수 있는지 알 수 있습니다. 프로그램에 대한 정보 및 커뮤니티도 제공하니 한 번 방문해 보시기 바랍니다.

Capturing Reality

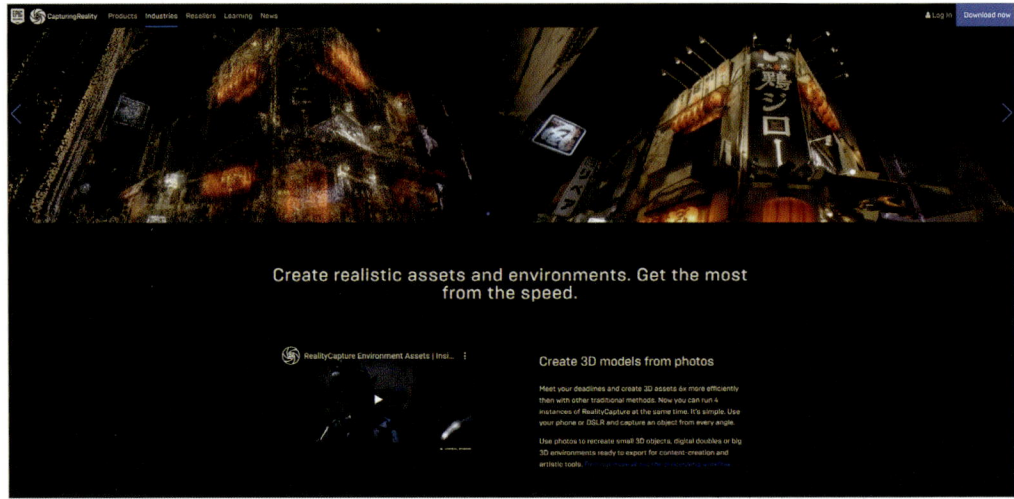

https://www.capturingreality.com

네 번째는 Quixel입니다. 언리얼엔진을 통해 사용했었던 Megascan(메가스캔)을 소유하고 있는 회사의 사이트입니다. 이 사이트를 통해서 Megascan 라이브러리를 간편하게 확인하는 것도 가능하고 최신 소식들을 확인하기 좋습니다. 스캔 모델들을 새로 추가하고 활용성도 소개해줍니다.

Quixel

https://quixel.com

4 정리하며

예제를 따라 하면서 포토스캔을 직접 경험해 보니 어떠셨습니까?
저는 아직도 신기하기만 합니다. 사진이 3D가 된다는 것 자체가 처음 경험하는 것이니 말입니다. 단순히 재미만을 느끼는 것으로 끝난다면 저는 이 책을 쓰지는 않았을 것입니다. 어느 정도 이 기술에 대한 가능성을 보았기 때문에 계속 시도해 봤던 것 같습니다.

먼저 개인적인 견해임을 밝히고 이야기를 이어 나가겠습니다.
기술은 필연적으로 사업 혹은 산업으로 이어져야 살아남을 수 있다고 생각합니다. 포토스캔은 충분한 경쟁력이 있다고 생각합니다. 특히 가령 문화재 보전의 영역에서 경쟁력이 있다고 생각합니다. 실물을 3D로 변환하면서 다른 형태로 보존할 수 있기 때문입니다. 외국에서는 3D 전환으로 기존 문화재, 표본 등을 보존할 수 있다고 믿기 때문에 활발하게 진행되고 있다고 생각합니다.

요즘 뜨거운 관심을 받고 있는 메타버스도 이러한 특징을 가진 포토스캔 기술들을 활용해볼 수 있을 것입니다. 인터넷으로 디지털 박물관을 만들어서 문화재를 3D로 접할 수 있을 것입니다. 예전에도 이런 시도가 없던 것은 아니었지만 지금보다는 품질이 낮았을 것입니다. 하지만 지금은 기술이 발전되어 결과물도 꽤 좋아졌습니다. 디지털에서 접하게 된다면 교육으로도 이어질 수 있을 것입니다.

측량에서는 이미 어느 정도 활용되고 있다고 알고 있습니다. 그도 그럴 것이 위성 사진보다는 직접 드론으로 촬영하는 것이 빠르고 정확할 것입니다. 정부 차원에서도 2018년 2월 '무인비행장치 이용 공공측량 작업지침 제정안'을 공표하여 드론측량에 대한 제도적 절차도 마련해두었습니다.

포토스캔은 장단점이 비교적 명확한 기술이라고 생각합니다. 명확한 특성 덕분에 어떻게 사용하면 좋을지에 대한 답도 본인이 쉽게 정할 수 있을 것입니다.

책을 집필하게 된 이유는 포토스캔에 대해 알리고 싶던 것도 있지만, 함께 의견을 나누면서 생산적인 연구도 하고 싶어서입니다. 이 책에서 소개하는 예제와 저의 경험을 통해서 누구나 쉽게 포토스캔을 시작해볼 수 있는 기회가 되었으면 좋겠습니다.

감사합니다.